ちくま新書

商店街の復権

——歩いて楽しめるコミュニティ空間

広井良典 編
Hiroi Yoshinori

1775

商店街の復権——歩いて楽しめるコミュニティ空間【目次】

第3章　エリアリノベーションと商店街の可能性　千葉敬介　125

第4章　コミュニティ的空間としての商店街　今井隆太　167

第6章 中心市街地再生と交通まちづくり政策

宇都宮浄人

はじめに

いま日本の各地を訪れると、人口二〇万人程度以下の地方都市の中心部はほとんど間違いなく〝シャッター通り〟となっており、三〇～五〇万人規模の都市でも中心部が空洞化していることが広く見られる。東京近辺のような大都市圏においてすら、一部の地域ではそうした状況が生じるに至っている。

「商店街」はやがて消滅していくべき過去の遺物であり、すべて郊外ショッピングモールにとって代わられる存在なのであろうか。活気や賑わいのある中心市街地といったものは、ノスタルジーにすぎないのだろうか。

一方、以上のような認識とは逆の、新たな動きも見え始めている。

たとえば若い世代がカフェやコワーキングスペースなど「コミュニティの拠点（またはコモンズ）」として商店街に関心を向けるケースや、〝遠くのモールにクルマで買い物に行くのが難しい〟高齢世代が、自然な形で商店街に足を向ける流れ。

また、完全に「道路と自動車」中心に作られてきたアメリカ的な都市・地域モデル――かつ、それを国を挙げて模倣していった昭和・平成の日本の姿――ではなく、人がゆったりと時間をすごし、またそこで様々なコミュニケーションや創発が生まれるコミュニティ空間としての「ウォーカブル・シティ＝歩いて楽しめるまち」を求める動きも各地で〝百花繚乱〟のように起こりつつある。

本書は、こうした商店街あるいは中心市街地のもつ新たな意味や価値に注目し、具体的事例や国際比較、まちづくり・交通などの公共政策等々、幅広い角度から分析や考察を行うとともに、これからの時代における商店街ないし中心市街地のありよう、そして再生に向けたステップを提案するものである。

本書の構成あるいは議論の流れは以下のようになっている。まず第1章は本書の総論と呼べる内容であり、国際比較の中で日本の商店街ないし中心市街地の現状を論じるとともに、再生に向けた一〇の論点を提起する。

第2章は、商店街の再生がどのような形で進んでいくかを、いくつかの事例に注目しながらその〝進化〟のプロセスないし時間軸に沿って分析し、商店街活性化に向けた条件を探るという、新たな試みである。

第3章は、シャッター通り化しつつある商店街において、空き店舗の再生ないし事業の承継を、地域全体を視野に入れつつ〝面的〟に行っていく「エリアリノベーション」という再生の方法論について、具体的実践を踏まえて論じる内容である。

第4章は、商店街という存在が単に〝モノを売り買いする場所〟ということにとどまらず、「コミュニティ」空間としての様々な機能をもった存在であることを、従来の研究のサーベイや独自の分析を踏まえて提示するものである。

第5章は、全国で唯一の、商店街の創生に関する都道府県レベルの組織である「京都府商店街創生センター」でのこれまでの活動を踏まえ、商店街ないし市街地再生に向けての課題や展望を論じるものである。

第6章は、商店街ないし中心市街地活性化、あるいは「歩いて楽しめるまち」の実現において鍵をにぎる公共交通のあり方について、「交通まちづくり」というコンセプトに即して行ってきた先駆的な研究成果を踏まえて多面的な角度から論じる内容である。

第7章は、日本の都市における「シャッター通り」と、農村における「耕作放棄地」が共通の背景から生まれていることに着目し、また両者ともに人口減少社会における「ストック」の未利用という同様の性格の問題であることを踏まえて、その再生がもたらす効果を新たな視点で分析し提言を行うものである。

第8章は、日本の各地における商店街再生の試みを、独自の観点から類型化しつつ評価し、今後の可能性を探る内容である。

コラムは、北海道の帯広市における、中心市街地再生に向けた執筆者自身の具体的な実践や取り組みを紹介しつつ、人口減少時代の日本における都市再生に向けたより普遍的な道筋や重要となるコンセプトを提起するものである。

本書が生まれた背景ないし経緯についてもここで簡潔にふれさせていただきたい。

本書の各章を執筆しているメンバーは、それぞれの立場や関心から商店街ないし中心市街地再生をめぐるテーマに関わってきた者であるが、何らかの形で編者（広井）と接点を持つようになり、そうしたプロセスを通じて、共通の問題意識をもったゆるいネットワーク・コミュニティと呼べるようなつながりができていった。

本書はそうしたネットワークから生まれた成果であり、多くの課題やさらに掘り下げられるべき内容を含むものの、商店街ないし中心市街地再生に関する従来の議論や類書から、新たな一歩を踏み出す書物になっていることを期している。本書の趣旨をポジティブに受け止めていただき、編集にあたり行き届いた配慮をしていただいた筑摩書房の松田健氏、また仲介をいただいた同社の増田健史氏にこの場を借りて感謝いたしたい。

本書の内容が、狭い意味での商店街や中心市街地をめぐる話題にとどまらず、日本における都市やコミュニティのありよう、人口減少時代における地域再生ないし地域経済の活性化、環境・福祉・経済のバランスのとれた「持続可能な福祉社会」の構想といったテーマに関心をもつ方々にとって、何らかのヒントとなれば、執筆者一同この上ない喜びと感じる次第である。

広井良典

第1章

商店街の復権——コモンズとしての中心市街地再生に向けて

広井良典

1　私の「商店街」経験——日本・アメリカ・ヨーロッパ

本章の記述を、商店街あるいは中心市街地というテーマに関する個人的な経験から始めることをお許しいただきたい。

私の実家は、岡山市の市役所近くの中心部にある商店街の、主に化粧品と文房具、洋品などを〝よろず屋〟的に扱う小さな小売店だった。

いま「中心部にある商店街」と記したが、岡山市の場合、岡山城下にある「表町商店街」という、アーケード付きの商店街がダントツに大きく（あるいは長く）、文字通り岡山市の代表的な商店街となっていた。

それに続いて、岡山駅周辺に「駅前商店街」および「奉還町商店街」という、規模からすれば上記の表町よりはかなり小ぶりの、しかし相応の賑わいを見せていた（やはりアーケード付きの）商店街があった。私の実家のあった商店街は、よく言えばそれらに次ぐ（市内四番手の）商店街だったが、アーケードもなく、ごく地味な性格のもので、しかし当時（一九七〇年代前後）はそれでもかなりの賑わいを示していたのである。

店の様子について記すと、扱っている商品あるいは売上げの中心が上記のように化粧品だったので、母親や祖母が特に忙しく、また〝全盛期〟には五、六名の女性の店員さんがいた。日本の場合、高度成長期を通じて、大都市圏になるほど「男性＝サラリーマン、女性＝専業主婦」というパターンが一般的になっていったわけだが、当時の地方都市は女性の就業率はかなり高かったのである。

この傾向はその後も一定維持されており、意外に認識されていない事実だが、実は東京は現在でも日本の中でもっとも「専業主婦率」が高い地域なのである。大学で東京に住むようになった頃、東京近辺出身の友人と話をすると、母親は専業主婦で、それが当たり前と思っていたという話を聞くことが多く、当時の私にとって新鮮な発見となった。

いささか余談めいて恐縮だが、商店街に関連する思い出話をもう一つだけ挙げると、岡山県の北部に津山市という、岡山県の中では岡山市、倉敷市に次ぐ都市がある。そこに「イナバ化粧品店」という商店があり、私の父親は化粧品組合の仕事などで接点があったようで、そこに私とほぼ同年代の「息子」がいることも聞かされていた。彼は大学の教育学部に入ったが音楽に没頭しているといった話も父親から聞いていたように記憶している。その人物が、やがて音楽グループ「B'z」のボーカリスト（稲葉浩志氏）として大ブレークすることになるとは当時想像もつかなかった。

以上のように、私の中での〝原風景〟としての商店街にまつわる様々な思い出は無数にあるが、それは個人的なレベルのものにとどまり、「商店街」あるいは中心市街地という話題を一つのテーマとして考えるといった発想はなかったし、ましてやそれを政策や研究と結びつけて考えることはなかったのである。

†「モール」との出会い――八〇年代末のアメリカ経験

それが変化し始めた最初のステップが、一九八〇年代末（一九八八～九〇年）のアメリカ滞在だった。この時私はアメリカ東部の都市（ボストン）で、大学院生として二年間生活したが、「モール」という言葉を初めて知ったのがこの時期だった。ちなみに日本においてイオンがそうした巨大ショッピング「モール」を作り始めるのは一九九〇年代前半以降であるから、その頃の私が「モール」という言葉を聞いたことがなかったのは自然なことだった。

当時のボストン郊外にはフラミンガム・モールとかデッドハム・モールという、文字通りの巨大モールが複数あり、私はその規模に驚き、またその〝便利さ〟――巨大な映画館も併設されていることなど――に単純に感心していた。

一方で、本書の後の議論ともつながるが、アメリカの場合、ともかく都市が完全に自動車・道路中心にできており、街の中心部に気軽に立ち寄れる商店などが少ないことや、貧富の差がきわめて大きいことから、中心市街地の一部が日本では想像できないほど荒廃していることが強く印象に残った。ボストンの場合も、市街地の中心部に、たとえば窓ガラスが破壊されたままの自動車が放置されて並んでいるようなエリアが各所にあったのである。

そして以上のようなアメリカの都市のネガティブな側面も感じつつ、日本の都市もやがてこのように完全に自動車・道路中心で「郊外ショッピングモール型」の姿となり、それにつれて「商店街」などという存在は消えてなくなっていくのかもしれない、と漠然と思っていたのが当時（一九八〇年代末）の私だった。

後であらためて整理するように、奇しくもこの時期（八〇年代末～九〇年代）は日本の商店街ないし中心市街地にとって一つの大きな分水嶺の時期だったと言える。つまり偶然にも当時、同時期に行われていたいわゆる日米構造協議を受けて、大型店舗をめぐる大幅な規制緩和がなされることになり、上記のようにイオンなどはまさにアメリカの「モール」という店舗ないし流通形態をほとんどそのまま日本に〝輸入〟し、急速に全国展開していったのである。

アメリカの玩具量販店「トイザらス」の出店が当時話題になったように、日米構造協議は本来アメリカ企業が日本に進出する際の〝非関税障壁〟を除去することに主眼があったわけである。ところが規制緩和のとりわけ大きな恩恵を受けたのが、奇しくもイオンなどの日本企業だったというのは、歴史の皮肉と言うべきなのだろうか（あるいはそうした国内大手企業も含めた裏舞台での了解があったということか）。

加えてちょうどその時期から、やはり日米構造協議を踏まえた日本政府の投資拡大（財政投融資拡大）を背景として、地方都市周辺のバイパス道路建設が進み、いわゆるロードショップないし郊外店が急速に増加していくことになった（こうした経緯について新［二〇一二］参照）。

このようにして、八〇年代末のアメリカで私が漠然と思ったように、日本の商店街あるいは地方都市の中心市街地の多くは、まさにその運命――「消えてなくなっていく」――をたどっていったのである。

†ヨーロッパでの「商店街」〝再発見〟――国際比較の重要性

一方、私自身について言えば、以上のようなアメリカそして日本での流れとは裏腹に、「商店街」あるいは「都市」というものの姿についての認識が大きく根本から変わっていったのが九〇年代後半以降の時期だった。

それは一言で言えば〝ヨーロッパの都市との出会い〟を通じてである。

それまでもヨーロッパの各地を訪れることはあったが、私自身の関心の変化もあり、商店街、あるいはそれを含む中心市街地や都市空間のあり方について明確に意識するようになったのは九〇年代の終わり頃からだった。二〇〇一年から〇二年にかけて再びボストンのマサチューセッツ工科大学（MIT）で客員研究員として過ごした時は、すでに私の関心はヨーロッパに向いており、夏・冬はイギリス、フィンランドにそれぞれ二カ月滞在するなど、その前後からヨーロッパの都市を訪れる機会が増えていった。ドイツ、北欧、オランダ、フランス、イタリアなどの各国の都市を折にふれて訪問し滞在したが、特にドイツの都市に魅かれる部分が大きく、二〇〇三年以降は基本的に毎年必ず一度はドイツの地方都市をめぐるようになった。

私にとって非常に印象的だったのは、先ほど述べた**アメリカの都市と比べて対照的なこととして、ヨーロッパにおいては、地方の中小都市においても「商店街」が地域にしっかり根づいた形で存続し、活気ある賑わいを示しており、子どもから高齢者まで、様々な世代がゆっくりとくつろいで過ごせる「コミュニティ空間」となっていること**だった（この点は次節において写真などに即して見てみたい）。

また、これはヨーロッパにおける一九七〇～八〇年代頃からの「政策」的な対応の帰結でもあるが、そこでは都市の中心部から自動車がほとんどシャットアウトされ、歩行者が「歩いて楽しめる」場所になっている。そしてそれが野菜などを売る市場やカフェ、パン屋、お洒落な雑貨店、レストラン等々と一体になって、魅力ある都市空間を形作っていた。

アメリカとの対比で見たとき、そうした都市のあり方は非常に新鮮で、私にとって**「成熟社会の豊かさ」**とは、そのような空間において醸成される、居心地の良い「ゆったりと流れる時間」、人と人とのゆるやかなつながりや交流、そして「コミュニティ感覚」と呼びうるものに示されていると感じられたのである。

同時に以上のことは、次のようなことも意味した。先ほどアメリカの「モール」との出会いに関する私の経験について述べた際、〝「商店街」などという存在は消えてなくなっていくのかもしれない〟と思ったと記した。それは、アメリカという国ないし社会のあり方が〝進んだ〟ものであり、したがってどの国の都市・地域のあり方も「アメリカのように」なっていくというう、日本にいると持ちがちな発想に由来するものだろう。商店街に関して言えば、それは先述のように完全に自動車・道路中心の都市・地域像である。

しかしそれは誤りなのだ。すなわち、**ヨーロッパの都市の姿、あるいは商店街をめぐるヨーロッパ、アメリカ、日本の違いが明瞭に示しているように、「商店街」や都市・地域、あるいは道路や公共交通のありようがどのような姿となり、また進化していくかは、それぞれの国の政策や社会システム、人々の行動や価値観等々によって大きく異なるのであり、一つの定まっ**

た方向があるわけではない。

商店街や中心市街地、あるいは都市・地域や交通のあり方と今後を考える際に重要なのは、こうした国際比較の視点であり、いわば「比較商店街学（または比較中心市街地学）」とでも呼べるようなアプローチや分析が様々な形で可能だろう。その上で、望ましいと考えられる商店街や中心市街地、都市・地域のあり方を構想あるいはデザインし、その実現のための方策を明らかにしていくことが求められているのである。

2 「歩いて楽しめるまち」のイメージ——コミュニティ空間としての都市

†ドイツの事例から

ヨーロッパにおいては地方の中小都市においても「商店街」が地域にしっかり根づいた形で存続し、活気ある賑わいを示しており、様々な世代がゆっくりとくつろいで過ごせる「コミュニティ空間」となっていると述べた。こうした点について、日本でのこれからの展望を考えていくためにも、ドイツを中心にその具体的なイメージを見てみよう。

写真1は、これまでの拙著の中でも何度か紹介してきたが、ドイツのエアランゲン（人口約

一一万人〉という地方都市の中心市街地の様子である。

私自身がずっと印象強く感じてきたことだが、エアランゲンに限らず、ドイツの地方都市はどこもこうした姿であり、つまりそこでは都市の中心部において自動車が完全にシャットアウトされ、人々が「歩いて楽しめる」空間になっている。そして写真のように、ベビーカーをひいた女性や車椅子の高齢者がごく自然に過ごすことができる場所になっている。

こうした広い意味での「福祉」的メリットに加えて、自動車交通が規制されていることで、それはガソリン消費あるいは二酸化炭素排出の抑制という、「環境」的な面でも優れた面をもっていると言える。つまりこうした都市のあり方を実現していくことは、現在もっとも大きな社会的関心事の一つとなっている「脱炭素」にも貢献するのだ。

写真１　都市中心部の自動車規制と「歩いて楽しめるまち」（エアランゲン〔人口約11万人〕）
→環境・福祉・経済の相乗効果

「福祉」「環境」面でのメリットについて述べたが、これらに加え、何より私にとって印象的なのは、人口一〇万人規模の地方都市の中心部がこれだけの「賑わい」を示しているという点だ。残念ながら、後ほど確認するように、現在の日本では、二〇万人程度以下の地方都市はほぼ間違いなくシャッター通りになっており、場合によっては三〇〜五〇万人規模の都市でも同様の空洞化が見られるのが実情である。

いずれにしても、こうした「歩いて楽しめる」まちないし都市空間を作っていくことは、

●「福祉」的な効果……高齢者や子どもを含む多様な人々にとって過ごしやすいコミュニティ空間づくり、〝買い物難民〟減少、認知症ドライバー減少など
●「環境」的な効果……ガソリン消費や二酸化炭素排出抑制、脱炭素など
●「経済」的な効果……中心市街地の賑わいや地域経済活性化、雇用創出など

といった、多面的かつ相乗的な効果をもたらすのである。そうした都市の姿は、持続可能性に関わる「環境」的な側面と、〝誰一人取り残されない〟という「福祉」的な側面を包含した、SDGs的な理念と重なるものとも言える。

ところで先ほど「脱炭素」との関連について述べたが、一般に「脱炭素（ないしカーボン・ニュートラル）」というと、何かを〝我慢〟したり、経済にブレーキをかけたりするという印象が強い。

しかし以上のような「歩いて楽しめるまち」を実現していくことは、脱炭素にも寄与すると

同時に、商店街・中心市街地がシャッター通りとなり空洞化しているのに比べて、人々の「生活の質」や〝ウェル・ビーイング〟にもプラスに働き、また地域のヒト・モノ・カネの循環にも貢献するだろう。つまりこうした都市・地域のありようを追求し実現していくことは、〝脱炭素とウェル・ビーイングそして経済活性化との両立〟にもつながるのである。

具体的な例をもう少し見ていこう。写真2はザールブリュッケンという人口約一八万人の地方都市の写真である。これは鉄道駅から街の中心に向かう途中の場所なのだが、自動車の姿が全く見えないことに気づかされる。

写真２　都市中心部の自動車規制と「歩いて楽しめるまち」（ザールブリュッケン〔人口約18万人〕）

ここで注意してほしいのは、だからと言ってドイツは〝自動車台数が少ない〟わけでは決してないという点だ。BMWなどドイツと自動車のイメージは結びつきやすいが、実際、ドイツにおける一人あたり自動車保有台数は日本よりも多いのである（一〇〇〇人当たり乗用車台数は日本四六五台に対しドイツ五一七台〔総務省統計局「世界の統計二〇一四」宇都宮〔二〇一五〕参照〕）。

ではなぜここに示されているような姿が可能なのか。それはドイツの場合、いわゆるアウトバーンのような「都市

写真3　歩行者専用空間と「座れる場所」の存在（フランクフルト〔人口約76万人〕）

間交通」と、中心市街地での「都市内交通」を明確に切り分け、かつ都市内交通については〝人と自動車の空間的住み分け〟ということを計画的にデザインし実現しているからである。要するに、問われているのは自動車台数あるいは自動車の〝量〟の問題ではなく、都市空間のデザインや交通政策のありようなのだ（こうしたまちづくりと交通政策との関連については本書の第6章〔宇都宮氏執筆〕で詳しく論じられる）。

　このような政策的背景もあり、ドイツの都市においては、比較的大規模の都市から、一〇万人前後の都市、またそれより小規模の都市に至るまで、中心市街地が賑わいを保っており、商店街が活き活きとした空間として「持続」している。

　写真3は、ドイツではもっとも大きな都市規模に属するフランクフルトの中心部の、「ツァイル」と呼ばれるショッピング・ストリートの様子である。

　ツァイルは一九七二年、自動車の侵入が禁止された歩行者だけの街路となった。この例にも示されるように、ドイツの都市は初めから自動車が排除された「歩いて楽しめるまち」だったのではない。つまり他の先進諸国と同様、一九六〇年代前後は急速に「モータリゼーション」

が進み、交通事故の増加や大気汚染等の問題が指摘されるようになった。その反省をへて、一九七〇年代前後から歩行者中心の都市づくりに向けた政策転換が進められていったのである。この点はヨーロッパ各国において大なり小なり共通しており、ある意味でアメリカとの〝分岐〟はこの時期に生じたと言ってもよい。

　もう一つ、写真3から示唆されることとして、「座れる場所」の存在という点がある。ある意味で単純なことだが、街の中に「座れる場所」が多くあるということは、言い換えれば街が単なる〝通過するだけの空間〟ではなく、そこで何をするともなくゆっくり過ごせるような場所であることを意味している。まさに「コミュニティ空間としての都市」である。

写真4　中小都市の中心市街地の賑わい（コブレンツ〔人口約11万人〕）

写真5　中小都市の中心市街地の賑わい（ゲッチンゲン〔人口約12万人〕）

　こうした点に関し、以前、日本を訪れた外国人に対するアンケート調査で、日本

写真6　中小都市の中心市街地の賑わい（アイゼナハ〔人口約４万人〕）

写真7　中小都市の中心市街地の賑わい（エッカーンフェルデ〔人口約２万人〕）

に来ていちばん不便を感じたことは何かという質問に対してもっとも多かった回答が、「街の中に座れる場所が少ないこと」だったという報道に接し、半ば意外に思うとともになるほどと思ったことがある。

写真4・写真5は、コブレンツ、ゲッチンゲンという、いずれも一〇万人強の地方都市の中心市街地ないし商店街の様子で、賑わいとともに、様々な世代が歩いて楽しめるコミュニティ空間となっている。写真6・7は、アイゼナハ、エッカーンフェルデという、五万人以下の規模の地方都市の中心部の様子である。

一方、一定規模以上の都市の場合は、路面電車（ないしLRT〔次世代型路面電車システム〕）が維持されて大きな役割を果たしており、このことが過度に自動車に依存しない都市の姿を可能にし、歩行者にとって「歩いて楽しめる」まちを可能にしている。写真8・写真9はそれぞれマンハイム、ヴュルツブルクの市街地の様子で、北米で言うところの「トランジットモール」（歩行者と公共交通のみの都市空間）が実現し、カフェ的スペースなどとも一体になって、魅力ある都市のコミュニティ空間や街の賑わいに寄与している。

写真10はフーズムという、人口約二万人の「まち・むら」といった規模の地域だが、こうした小規模の街でも、高齢者がゆっくり買い物を楽しむ市場が中心部に広がっている。このような場所がまちの中にあることは、まちの魅力や生活の質（QOL）を高めると同時に、介護予

写真8　路面電車（LRT）が可能にする都市のコミュニティ空間（マンハイム〔人口約31万人〕）

写真9　路面電車（LRT）が可能にする都市のコミュニティ空間（ヴュルツブルク〔人口約13万人〕）

写真10　高齢者もゆっくり楽しめる市場や空間（フーズム〔人口約２万人〕）

写真11　中小都市の中心市街地の賑わい（フランス・メッス〔人口約12万人〕）

写真12　中小都市の中心市街地の賑わい（デンマーク・ヘアニング〔人口約５万人〕）

防などの効果にもつながるだろう（認知症との関連を含む、まちづくりと健康の関係については今中雄一編著［二〇二三］参照）。

以上、ドイツの例を中心に見てきたが、このように都市の中心部において自動車交通が規制され、「歩いて楽しめるまち」が実現しているのは、ドイツに限らずヨーロッパの都市には広く見られることである（たとえば写真11はフランスの地方都市メッス、写真12はデンマークの地方都市ヘアニングの中心市街地の様子）。

先ほども言及したように、ヨーロッパとアメリカの都市の姿にはきわめて大きな相違がある。戦後の日本が良くも悪くも圧倒的にアメリカの都市・交通モデルの影響を受け、半ば無自覚のうちにそれに追随してきたことを相対化する必要があるだろう。

†日本の現状

以上、ドイツを中心にヨーロッパにおける都市や商店街の様子を、「歩いて楽しめるまち」という視点を中心に見てきた。続いて日本の状況について見てみたい。

私はここ一〇年以上、コミュニティや地域再生に関する話題を研究テーマの柱の一つにしてきたので、あるいはもともと〝まちあるき〟が好きなこともあり、日本の各地の都市・地域を仕事や旅行で訪れる機会が一定以上あり、現在に至っている。

そうした過程で痛感してきたのは、すでに様々な形で論じられてきた話題であるが、日本の地方都市の中心部の空洞化、あるいは〝シャッター通り〟化の深刻さである。

すなわち現在の日本の各地をまわると、先ほども述べたように、人口二〇万人程度以下の地方都市は、ほぼ間違いなく中心市街地が空洞化し、シャッター通りが広がっている。場合によっては三〇～五〇万人ないしそれ以上の人口規模の都市でもそうした状況が見られるのが実際だ。私は日本各地の地方都市を訪れた際、折にふれて商店街ないし中心市街地の写真を撮ってきたが、いつの間にか『日本シャッター通り紀行』というタイトルがつけられるような本ないし写真集ができるのではと思えるほど、各地のシャッター通りの写真がたまっていった。

地方都市の現状に関する多少の例を挙げてみよう。写真13は鳥取市の中心市街地の商店街の様子だが、こうした二〇万人規模の都市は、県庁所在地であってもシャッター通りが広がっている。

写真14・15・16はそれぞれ愛媛県今治《いまばり》市、宮崎県延岡《のべおか》市、石川県小松市の中心市街地の商店街だが、このように二〇万人よりも少ない規模の都市になると、上記のようにほぼ間違いなく中心部の空洞化が進みシャッター通りとなっている。

ただし、二〇万人前後かそれ以下の人口規模の地方都市でも、たとえば佐世保市（約二三万人）、沼津市（約一八万人）、山口市（約一九万人）、尾道市（約一二万人）のように、商店街が一定の賑わいを保っているか、なんとか命脈を保っているというケースが例外的に見られ、これはさまざまな意味で希望の持てる状況と言えるだろう。

一方、上記のように三〇～五〇万人ないしそれ以上の人口規模の都市であっても、中心市街地の空洞化やシャッター通り化が生じている場合がある。冒頭で私の郷里の岡山についてふれたが、岡山市は人口七〇万人規模の都市であるものの、最大の商店街である表町商店街でさえ一部では空き店舗が目立ち、二番手、三番手の商店街になるとシャッター通り化が明瞭である

写真 13　日本の地方都市の現状（鳥取市〔人口約 18 万人〕）

写真 14　日本の地方都市の現状（今治市〔人口約 14 万人〕）

写真 15　日本の地方都市の現状（延岡市〔人口約 11 万人〕）

写真 16　日本の地方都市の現状（小松市〔人口約 10 万人〕）

のが現状である。写真17は広島県福山市の商店街の様子である。

いずれにしても、ここであらためて先ほど見たドイツの地方都市のことを思い出すと、その相違の大きさに単純に驚かざるをえない。

注意すべき点だが、拙著『人口減少社会のデザイン』でも述べたように、こうした日本の地方都市の空洞化ないしシャッター通り化は、「人口減少」が必然的にもたらす帰結なのではない。人口減少という点で言えば、ドイツにおいてはむしろ日本よりも早くから人口減少が進んでいた。本章の冒頭でアメリカも含めた国際比較の重要性について述べたが、都市や地域、〝まち〟

写真17　日本の地方都市の現状（福山市〔人口約45万人〕）

のあり方がどのような姿になるかは、その国の政策や社会システムのありようが大きいのである。

次節であらためて整理するように、戦後の日本は、まず高度成長期を中心に圧倒的に「道路・自動車」中心の国土づくりを進めてきた。そして八〇年代末からは、先ほども述べた日米構造協議を受けた対応の中で、「郊外ショッピングモール型」の都市・地域像を（当時の建設省、通産省を含め）国を挙げて追求してきた。

その結果が、ここで見ているような地方都市の空洞化やシャッター通り化という現象なのであり、その意味では、こうした**日本の地方都市の現状は政策の〝失敗〟の帰結なのではなく、むしろ**（政策が目指したような形で事態が進行していったという意味で）**政策の〝成功〟の結果と言える**のである。

†新たな展開の兆し

以上はネガティブな記述に響いたかもしれないが、しかしそれは逆に言えば、**都市や地域、〝まち〟の姿は、政策の方向や目指すべきビジョン、あるいは人々の価値観や行動が変わって**

いけば、**大きく異なるものになる**ということを意味している。

また実際、本書の「はじめに」でも言及したように、そして本書の以下の各章において様々な角度から見ていくように、中心市街地の空洞化やシャッター通り化とは逆のベクトルの動きが、日本の各地で〝百花繚乱〟のように始まりつつある。

たとえば写真18は姫路駅の駅前の様子で、駅前の空間から姫路城に向かう道路の途中までを、歩行者と公共交通機関（路線バス）のみの空間（トランジットモール）にしたという、画期的な試みである。なお課題が残るだろうが、まさに本節で述べてきたような「歩いて楽しめるまち」づくりであり、これは地元の関係者の先駆的かつ地道な努力によってなされたものだ（その実現に至る経緯等は『建築雑誌』の座談会でも紹介されている〔内平他［二〇一七］〕）。類似するものとして、熊本市では熊本城近くのバス・ターミナルだった空間とその周辺を「まちの大広間」づくりというコンセプトの下で、大幅に歩行者専用の空間を拡充する形で再編しつつあり、これも「コミュニティ空間としての都市」というビジョンに重なるものである。

写真18　姫路駅前：歩行者と公共交通のみの「トランジットモール」化

一方、企業が商店街あるいは中心市街地の再生に乗り出す

写真19　前橋市・中央通り商店街での無印良品出店

写真20　2階はコワーキングスペース

という新たな動きも始まっている。

その象徴的なケースは良品計画（無印良品）の試みで、たとえば同社は昨年（二〇二三）年二月、シャッター通り化が進んでいる群馬県前橋市の中心部の商店街（中央通り商店街）に店舗を出店した（写真19・20）。

その理念は「店舗は各地域のコミュニティセンターとしての役割を持ち、地域の皆さまと課題や価値観を共有し、共に地域課題に取り組み、地域への良いインパクトを実現すること」とされており（同店パンフレットより）、加えて店舗の中に、商店街への出店を検討する人が期間限定で出店できる「一坪開業スペース」というエリアを設け、中心市街地での若い世代の起業を支援する試みを展開している。

ちなみに同社は前橋市と「まちなかの活性化に関する連携協定」を結んでおり、また、同店舗の二階は、市民団体の前橋リビングラボが運営するいわゆるコワーキングスペースとなっていて、起業に関することを含めてコミュニティの拠点となることが企図されている。

加えて良品計画は、前橋市のケースとほぼ同時期の二三年三月に、岡山市の中心市街地の商店街——本章の中で幾度か言及した表町商店街——にも同様の趣旨で店舗を出店しており、しかも興味深いことに、商店街近辺の「回遊性」を高めるねらいから、一定の距離を置いて二店の店舗を同時にオープンさせた。

私は前橋市の中央通り商店街を最近訪れてみたが、昭和レトロ的な味のある店舗と、若い世代が始めたと思われる現代的な風情の店が思ったより多く存在していることに印象づけられる一方、日本の多くの地方都市と同様、シャッター通り化が相当進んでいることも明らかだった。こうした場所で出店するというのは、企業にとってはかなりのリスクのある試みだろうというのが正直な印象だが、地域への貢献という理念を掲げて企業がこのような事業に乗り出すことは大きな希望であり、拍手を送りたいというのが率直な思いである。

†高齢化そして「デッド・モール」

ここでもう一点、商店街の復権ないし中心市街地の再生と、日本が世界の〝フロントランナー〟となっている高齢化との関連についてふれておきたい。

私は日本の場合、いわば高齢化を一つの〝チャンス〟として、ここで述べているような「歩いて楽しめる」都市の姿を作っていくという視点が重要と考えている。

すなわち高齢化の進展に伴って、〝遠くのモールに自動車で買い物に行く〟のが難しい層が増えており、そうしたことも相まって、いわゆる「買い物難民」は全国に六〇〇～八〇〇万人等と推計されている（二〇一五年の農林水産省・農林水産政策研究所の推計では八二五万人〔食料品アクセス困難人口の推計〕）。

加えて、池袋での悲惨な事故に象徴される、「高齢ないし認知症ドライバー」をめぐる問題に示されるように、過度のクルマ依存社会は交通事故等の面でもきわめて多くのリスクをはらんでいる。

道路・自動車を中心とする「郊外ショッピングモール型」の方向に進んできた日本の都市・地域のありようは、高齢化の急速な進展の中で多くの問題や矛盾を抱えるようになっており、こうした背景からも、いま新たな視点から商店街の復権、そして「歩いて楽しめるまち」を構想し実現していく時代になっているのである。

一方、流通あるいはデジタル化をめぐる次のような時代の構造変化も注目すべきだろう。すなわち、興味深いことにネット通販などが急速に普及した影響などから、アメリカでは巨大ショッピングモールの閉鎖が目立つようになり、それらは「デッド・モール（死んだモール）」と呼ばれている。〝シャッター商店街〟ならぬ〝シャッター・モール〟が広がっているのだ。

つまり一時は〝最先端〟の消費形態のように見えた郊外ショッピングモールが、ネットの浸透等の中で中途半端なものとなり、逆に「身近な場所にあるリアルなコミュニティ空間」としての商店街ないし中心市街地の固有の価値が再発見されるという面があるのだ。都市や流通、消費あるいはモビリティのあり方はこうした点でも新たな段階を迎えていると言える。

3 中心市街地空洞化／シャッター通り化の背景と展望

†シャッター通り化の三つの要因

前節ではドイツなどの都市の中心市街地と日本のそれを対比的に概観し、課題の所在や近年の新たな萌芽を示したが、今後の日本における商店街あるいは中心市街地再生に向けた展望や道筋を得るためにも、ここでは日本の都市において市街地の空洞化やシャッター通り化が進んでいった要因あるいは背景について吟味してみたい。

まず大きくとらえると、中心市街地空洞化やシャッター通り化の要因は、以下の三つに集約されるだろう。

(1)【政策サイドの要因】道路・自動車中心の都市・地域モデル
(2)【供給サイドの要因】商店の後継者問題（家族を越えた事業承継の困難）
(3)【需要サイドの要因】消費者にとっての魅力（空間／個店）

(1)は、ここまで述べてきたような、「郊外ショッピングモール型」の都市・地域の現状に至る戦後日本の政策展開だが、若干の整理を行うと、それには次のような二つのステップがあったと言えるだろう。

①第一ステップ：いわゆる高度成長期（一九五〇〜七〇年代頃）――〝ムラ〟を捨てる政策

この時期は一言で言えば「農村から都市への人口大移動」の時期であり、それを支援する種々の強力な政策が行われた。東京など大都市近辺での大量の公的住宅ないし団地整備はその一例で、それは地方から大都市圏に移り住んでくる当時の若い世代への強力な〝移住支援策〟であった。

同時に注意したいのは、この時代には日本の地方都市は（商店街を含め）かなりの賑わいを保っていたという点である。実際、農村からは（東京などの大都市に限らず）地方の中小都市にも人口が流入していたので、モータリゼーションが進む一方で、**地方都市の商店街や中心部がもっとも賑わっていたのが実はこの時代だった**のである。

全体として、この時期は〝「工業化」最優先〟の政策がとられ、農業ないし農村の価値は大幅に下げられ、あるいはそれらは工業化に必要な労働力の供給源としての〝手段的〟な位置づけとなっていった。その結果、この時期から日本の食料自給率は一貫して低下していったのだが、図1に示されているように、これは先進諸国の中で日本だけと言えるほどの特異なパターンなのだ。

日本社会というのは、いったん一つの方向に向かい出すと、その方向に〝突き進み〟歯止めがきかなくなる傾向の強い社会だと私は思う。実際、戦後の高度成長期においては、上記のように「工業化一辺倒」の方向がとられ、実質的に**「〝ムラ〟を捨てる政策」**と呼べるような政策展開がなされたのであり、日本の農村部の「持続可能性」はこの時期に大きく損なわれたのである。

②第二ステップ：一九八〇～九〇年代頃――〝マチ〟を捨てる政策

さらにそれが大きく変容するのが第二ステップの時期である。本章ですでに述べてきたように、この時期は「アメリカ・モデル」と呼ぶべき都市・地域のあり方が政策面でも全面的に導

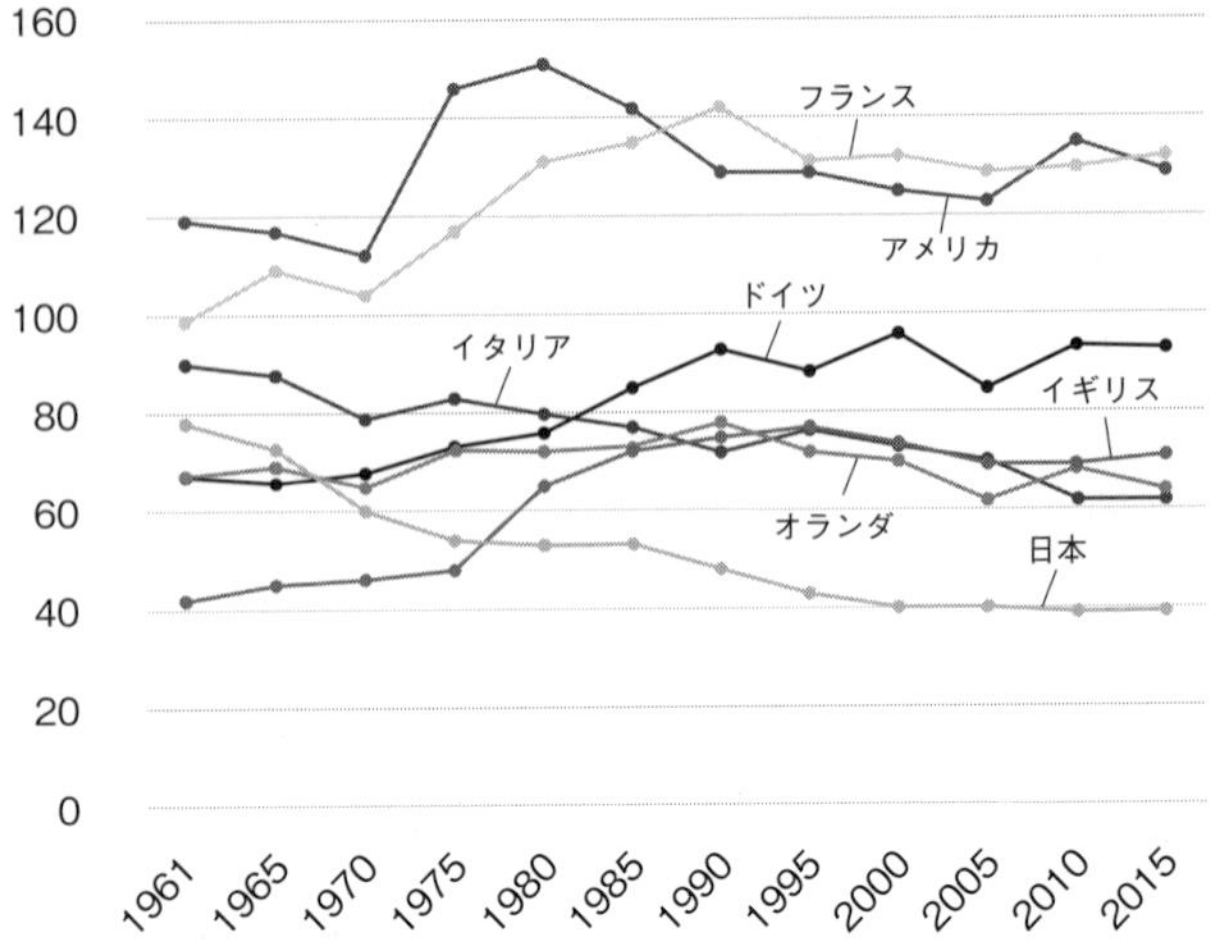

（出所）農林水産省資料より作成。

図１　主要先進諸国の食料自給率（%）の推移（1961 年-2015 年）
日本のみが一貫して低下

入され、すなわち日米構造協議を受ける形で、流通・経済政策（当時の通産省）と道路・交通政策（当時の建設省）のいずれもが強力に「郊外ショッピング・モール型」の都市・地域像に向かう政策を実施した。

前者に関しては、実質的に大型店の出店を（地元の中小小売業者を保護する趣旨で）抑制する機能を果たしていた大規模小売店舗法（一九七三年制定）が一九九一年に改正されて大幅な規制緩和が図られ、二〇〇〇年には法律自体が廃止された（代わりに店舗面積の規制をもたない大規模小売店舗立地法が制定され、これと並行して、同法及び改正都市計画法、中心市街地活性化法から成るいわゆる「まちづくり三法」が制定された）。

そしてこうした動きに呼応する形で、イオンなどの大型モールが登場し、全国に広がっていった（イオンの最初の大規模モールは一九九二年〔青森〕、九三年〔秋田〕）。このような過程を通じて、日本の地方都市の中心部は急速に空洞化していくことになったのであり、その意味でこの時期は、実質的に**「〝マチ〟を捨てる政策」**がとられたと言うことができる。

ちなみに二〇〇六年における上記「まちづくり三法」の改正において、大規模モールに関する立地・面積規制など、そうした方向が是正される対応がとられたが、この時点ですでに日本の地方都市は空洞化が進んでおり、遅きに失したと言わざるをえない。

†大規模店舗規制をめぐるドイツと日本との比較

この話題をもう少し深掘りするため、前節で見たドイツにおいて、大規模店舗の規制がどのような展開をたどってきたかを見てみよう。

興味深いことに、ドイツでは一九六〇年代頃に、上記の日本の大店法（一九七三年制定）に似たような性格をもつ規制が行われるようになり（一九六八年の連邦建設法改正など）、さらに八〇年代、九〇年代を通じて連邦政府及び自治体レベルで規制の強化（店舗の面積や品揃え等を含む）が進んでいった（詳しくは村上［二〇一七］参照）。

日本との相違は二点あるように思われる。第一は、上記のように日本では九〇年代以降「規制緩和」が進められたのに対し、逆にドイツの場合は「規制の強化」を段階的に行っていったこと。第二は、日本における大店法は、基本的に商店街の中小事業者（個店）の利益を保護するという点に主眼があった（そのため単なる〝既得権保護〟ではないかという批判がなされていた）のに対し、ドイツの大規模店舗規制は、法律の性格も都市計画関係のものであり、「都市の公共空間（ないしコモンズ）」の保全という趣旨を含んでいたという点である。

第二の点は私の解釈が入っており、より詳細な検討が必要な論点だが、本書のテーマである「商店街というものの公共性」あるいは「コモンズ」性をどう考えるかという、基本思想に関わる重要な点と思われる。言い換えれば、次節であらためて論じるように、これからの時代の商店街は、（「個店」の利益のみにとどまらない）「公共性」ないし「コモンズ」としての性格を有してこそ、その存在意義が再定義され持続可能なものとなると考えられる。

†【供給サイドの要因】商店の後継者問題について

次に、中心市街地空洞化ないしシャッター通り化の二番目の要因として挙げた、商店の後継者問題に移ろう。

本書の第7章（加藤氏執筆）でも紹介されているが、中小企業庁の平成二八年度商店街空き店舗実態調査（中小企業庁、平成二九年三月）によれば、空き店舗が生じた原因については「商店主の高齢化・後継者の不在（六七・七％）」が最も多く、次いで「経営不振のため廃業・撤退（六二・三％）」、「大型店の進出、撤退の影響を受けたため（二二・一％）」の順となっている。

まさに「後継者の不在」、つまり事業の承継がうまくなされないことが、空き店舗が生じる第一の原因とされているのであり、シャッター通りとはこれらが累積して生まれる結果に他ならない。

一方、実施している空き店舗対策については「特に何もしていない（六一・一％）」が一位で、空き店舗所有者への利用策の提案については「ない」が七六・一％を占め、また、たとえ提案したとしても空き店舗所有者から同意が得られ「ない（四一・二％）」となっている。

これらから浮かび上がるのは、同章で加藤氏も指摘しているように、商店街の空き店舗となっている土地の地権者は「過去の蓄財、不動産収入、年金暮らしで生活の心配がなく、将来の不動産価値に期待しつつ、更地に戻すと固定資産税が六倍になるために空き店舗を放置し、資金を出してリニューアルする気力もない」という現実である。

こうした点をもう少し掘り下げてみよう。先ほど確認した「後継者の不在」という点と併せて、ここには日本社会特有の次のような事情が働いていると考えられる。

それは、**第一に「家族主義」、第二に「土地所有権の絶対性」**という点だ。

前者（家族主義）は、日本の場合、文化人類学者の中根千枝氏がその著書の中でも論じたように（中根［一九六七］）、家族の「ウチ」と「ソト」、あるいは「身内」と「他人」という区別が強固であり、その結果、家族を超えた形での事業の承継が行われにくく、したがって親の事業を子どもが継がないと、そこで途絶えてしまい、放置されたままになりやすいという点である。

後者（土地問題）は、作家の司馬遼太郎氏が『土地と日本人』などで述べたテーマと関わっている。同氏はそこで、日本社会の様々な問題の根底には「土地」問題があり、日本において土地は〝私的所有〟の対象であるとの意識が根強いが、今こそ「土地の公共性」というテーマを正面から議論していくべきことを論じたのだった（司馬［一九八〇］）。

やや卑近な言い回しを使うならば、〝俺の土地をどう使うかは（放置するかどうかを含めて）俺の勝手で、他人が口出しするな〟といった、土地の所有・利用に関する排他的意識が日本社会においては深く沈殿しているのであり、それが商店街の空き店舗ないしシャッター通り問題の根底にある。

このように考えていくと、家族主義にしても土地所有権の絶対性にしても、シャッター通りをめぐる課題は、日本社会のかなり〝根深い〟部分に関わる問題であることが浮かび上がってくるだろう。

†シャッター通りと耕作放棄地

もう一点、ここで提起しておきたい視点がある。それは、商店街（地方都市）におけるシャッター通り問題と、農山村におけるいわゆる「耕作放棄地」問題との関係だ。

耕作放棄地、つまり農業の担い手がないまま放置されている土地が広がっていることは以前から様々な形で論じられており、そうした全国の耕作放棄地の面積を合わせると約四二・三万ヘクタールに及び（二〇一五年農林業センサス）、それは富山県の面積にほぼ匹敵する規模とされている。

こうした「耕作放棄地」の問題と、商店街の「シャッター通り」という二つの話題は、一見すると全く別の問題のように見えるので、これまで異なる文脈で語られてきた。しかし私はある時期から、実はこの両者は共通の背景から発生している問題であると思うようになった。「共通の背景」とは、まさに先ほどの「家族主義」及び「土地所有権の絶対性」であり、つまり上記のように、農業であれ商店経営であれ、親の事業を子どもが引き継がないと、それで途絶えてしまい、家族以外の者への承継がなされず、土地がそのまま放置されることになる。したがって形は異なっているが、**商店街におけるシャッター通り問題と、農業における耕作放棄地問題は共通の背景から生じている**のだ。

ここで、先ほどシャッター通りに関する要因①の「政策サイド」のところで、戦後の日本において は「〝ムラ〟を捨てる政策」「〝マチ〟を捨てる政策」が一定のタイムラグを伴う形で順次実施されたと述べたことを思い出してほしい。

いま述べている話題との関係で見るならば、「〝ムラ〟を捨てる政策」の帰結として生じたのが「耕作放棄地」問題であり、「〝マチ〟を捨てる政策」の帰結として生じたのが「シャッター通り」問題ということになる。こうした意味で、**「シャッター通り」**(**地方都市の空洞化**)**と「耕作放棄地」**(**農山村**)**は、戦後の日本社会が構造的に生み出したいわば〝双子の問題〟とも言えるのだ。**

このようにシャッター通りと耕作放棄地という二つの問題は、①ここで論じているような日本社会の特質(家族主義及び土地所有権の絶対性)と、②急速な工業化ないし農村から都市への人口大移動という、戦後日本の構造変化及びそれに伴って実施された政策と不可分に関わっており、こうした把握を踏まえた上での対応が求められているのである(このテーマと対応策は第7章において掘り下げられている)。

†【需要サイドの要因】消費者にとっての魅力——空間/個店

中心市街地の空洞化ないしシャッター通り化が進んだ要因の三番目に挙げるのは、商店街を利用する、あるいはそこで買い物などをする消費者ないし個人の側からの視点である。

ある意味でこれはシンプルなことで、要するに商品の品ぞろえの面からも、あるいは価格の面からも、ショッピングセンターないしモールのほうがはるかに魅力的であり、そこで働く純粋な市場メカニズムを通じて、商店街は消費者の支持を失い、淘汰されていったという理解である。

これは紛れもない事実であるが、しかし商店街というテーマを考える際、以上には尽きない、次のような側面もあることも忘れてはならないだろう。

たとえば流通史の研究者である満薗勇は、著書『商店街はいま必要なのか――「日本型流通」の近現代史』の中で、大学の講義での学生のレポートやりとりから浮かび上がってくる、最近の若い世代にとっての商店街の意味について以下のように述べている。


「商店街がさびれていくことに対しては、多くの学生から「残念」「悲しい」「さみしい」といった声が寄せられますし、商店街を「好き」だと言う学生も数多くいます。授業の中で、私が「商店街はこのままなくなってしまってもよいか?」という問いを発すると、「よくない」「いやだ」「さみしい」といった声が多く挙がり、「なくなっても構わない」と答える学生は、ごく少数にとどまります。

しかしながら、それに続けて私が、「では商店街で買い物をしているか？　買い物をしたいと思うか？」と問いかけると、学生からは、まず間違いなく「していない」「したいと思わない」という答えが返ってきます。」

「要するに、**消費者としてモノを買う立場から、いわば「消費者の利益」という観点に照らすと、商店街で買い物をするという選択肢は選ばない。けれども、街路の賑わいやコミュニケーションの場、地域コミュニティの担い手という面からは、商店街の存続を強く願っている。**これが私の接する学生の最大公約数的な姿ということになりそうです。」（満薗［二〇一五］強調引用者）

満薗がここで述べている点は、たしかにその通りだろうと感じられる内容であり、実際、若い世代がたとえばユニクロで服を買うことはあっても、商店街の洋服店――そうした店を見かけること自体ほとんどなくなっているが――で買う姿は考えにくいといった話にも通じる内容である（ただし、商店街にお洒落なカフェがあったり、おいしいパン屋があったりすれば、若者がそうした店を利用することは十分考えられるだろうし、先述の無印良品の前橋市や岡山市での出店はこうした話題とも関わっている）。

いずれにしても、商店街の価値あるいは存在理由ということを考える場合、単純に〝モノ

（商品）を売り買いする場所〟という視点だけでなく、満薗が指摘しているような「街路の賑わいやコミュニケーションの場、地域コミュニティ」といった点は重要であり、それは他でもなく、前節でドイツの都市や商店街に即して述べた話題――歩いて楽しめる「コミュニティ空間」としての商店街――とそのまま重なっている。

†「地域密着人口」の増加と商店街

以上に加えて、純粋に「消費」の場という観点だけを考えても、これからの時代においては商店街が新たな存在意義をもつようになると私は考えている。それは私が**「地域密着人口」の増加**と呼んできた現象と関わっている。

ここで「地域密着人口」とは「子どもと高齢者」を指した言葉である。これはさほど難しい話ではなく、人間のライフサイクルを考えた場合、子どもの時期と高齢の時期は、いずれも〝土着性〟ないし地域との関わりが強いという点が特徴的だからである。これに対して現役世代は「カイシャ」つまり職場との関わりが圧倒的に強く、地域との関わりは薄くなりがちだ。

この点を踏まえた上で、図2をご覧いただきたい。これは人口全体に占める「地域密着人口（＝子どもプラス高齢者）」の割合の変化を示したものだが、一九四〇年から二〇五〇年という長期トレンドで見た場合、それが比較的きれいな「U字カーブ」を描いていることが顕著である。

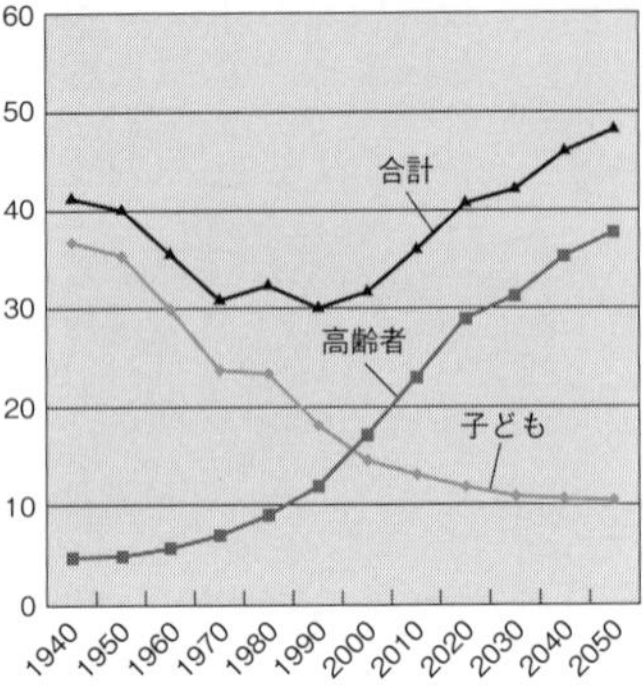

図2 「地域密着人口」の増加
人口全体に占める「子ども・高齢者」の割合の推移（1940-2050年）

（注）子どもは15歳未満、高齢者は65歳以上。

（出所）2010年までは国勢調査、2020年以降は「日本の将来推計人口」（平成29年推計）を基に筆者作成。

すなわち、人口全体に占める「地域密着人口」の割合は、戦後の高度成長期を中心に一貫して低下を続け、それが世紀の変わり目である二〇〇〇年前後に「谷」を迎えるとともに増加に転じ、今後二〇五〇年に向けて今度は一貫して上昇を続ける、という大きなパターンが見て取れる。もちろんその中心となるのは高齢者である。

こうした事実に注目すれば、〝地域で過ごす時間〟が多く、自ずと消費の場も地域が中心である層が着実かつ急速に増えていくのがこれからの時代である。そして前節でも述べたように、高齢化の進展に伴い、〝遠くのモールに自動車で買い物に行く〟のが難しい層が増えており、実際、近くに個店や商店街がないことが、六〇〇〜八〇〇万人等と推計されている「買い物難民」の背景になっているわけである。

同時に、近年では若い世代においても「ローカル志向」が強まり、また〝職住近接〟への関心も高まっており、これは学生などを見ていても明らかに感じてきたことである（広井［二〇一一］等参照）。いわば広義の「地域密着人口」と呼べるかもしれない。

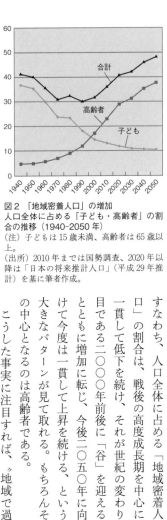

こうして高齢化、そして若い世代の志向の変化を背景とする「地域密着人口」の増加という構造変化が、商店街の新たな価値を浮かび上がらせているのである。

4 「コモンズとしての商店街」に向けて

本章のここまでの議論を踏まえ、最後に「コモンズとしての商店街」あるいは中心市街地の活性化に向けてのいくつかの提案をまとめておこう。なお、これらの諸点に関するより詳細な説明や論の展開は、本書の以下の各章においてなされている。

表1をご覧いただきたい。ここでは一〇の提案を「政策ビジョンのレベル」、「事業承継に関するレベル」、「消費者（市民）にとっての魅力に関するレベル」の三グループに分けて示しているが、これらは前節での中心市街地空洞化／シャッター通り化の背景に関する「①政策サイドの要因、②供給サイドの要因、③需要サイドの要因」の三者に概ね対応している。

まず(1)の「歩いて楽しめるまち（ウォーカブル・シティ）の実現」は、すでに本章のここまでの記述の中で、ドイツの都市の具体的なイメージなどを参照しつつ繰り返し論じてきた内容だ。そして先述のように、そのような姿の都市・地域をつくっていくことは、「福祉」「環境」そして「経済」のいずれにとってもプラスの意味や効果をもつという把握が重要である。幸い、こ

【政策ビジョンのレベル】
(1) 歩いて楽しめるまち（ウォーカブル・シティ）の実現
(2)「多極集中」の国土デザイン

【事業承継に関するレベル】
(3) エリアリノベーションの展開
(4) 情報サイト（事業承継・空き店舗）の充実
(5) ワーカーズコープ（労働者協同組合）など事業主体の多様化
(6) 若者支援政策とのリンク
(7) 空き屋税など空き店舗への公的関与の強化

【消費者（市民）にとっての魅力に関するレベル】
(8)「コミュニティ商店街」の展開
(9) 農業・農村とのリンク
(10) デザイン・まちづくり系人材との連携と養成

表1 「コモンズとしての商店街」に向けた10の提案

うした方向に向けた都市づくりは現在日本の各地で活発化しつつあり、また（遅ればせながらという感もあるにせよ）近年では国土交通省も「ウォーカブル・シティ」ということを積極的に打ち出すようになっている。

†「多極集中」のビジョン

次に(2)の「多極集中」についてはどうか。「多極集中」とは、私が以前から提起している、これからの日本社会の空間デザインに関するコンセプトである（広井［二〇一二］）。

すなわちそれは、「一極集中」とも、その対概念としての「多極分散」のいずれとも異なる都市・地域のあり方であり、**国土の中に「極」となる都市やまち・むらは多く存在する一方、そうした極となる場所は、本章で「歩いて楽し**

めるまち」について述べてきたイメージに示されるように、できる限り「集約的」で、歩行者中心の「コミュニティ空間」であることを重視した姿になっているというものだ。

なぜ「多極集中」が重要なのか。思えば「一極集中」と、その反対の「多極分散」とは、いずれも高度成長期ないし人口増加の時代に提起されたコンセプトで、実は互いに〝表裏〟の関係にあるものだった。つまり当時は人口全体が着実に増加し、かつ東京等の大都市圏への移動が進む中で、それを「一極集中」として批判しつつ、その逆の姿として「多極分散」が唱えられたのである。

しかし考えてみよう。現在のような人口減少時代にあっては、「多極分散」という姿はかえって〝低密度〟すぎる、拡散的な――いわば〝スカスカ〟の――地域を招いてしまうことになる。そうであるがゆえに「多極集中」、つまり多極的でありつつ各々の極は集約的であるような都市・地域像が求められるのであり、先ほど見たドイツなどがまさにそうしたイメージと重なる。

この点に関して、次の事実も押さえておきたい。すなわち、東京への「一極集中」ということがしばしば指摘されるが、実はこれは誤った認識である。すなわち、札幌、仙台、広島、福岡といった地方都市について見ると、これらの都市の人口増加率はかなり大きく、特に福岡の人口増加率は東京を上回っている（たとえば二〇一〇→二〇一五年の人口増加率は、東京二三区が三・七

％であるのに対し、札幌二・一％、仙台三・五％、広島一・八％、福岡五・一％となっている）。加えてここ数年、これら地方四都市の地価上昇率は東京圏を上回っているのである。

したがって、**現在進みつつあるのは「一極集中」というよりもむしろ「少極集中」とも呼べる事態**なのだ。これをさらに上記の「多極集中」に展開していくことがこれからの日本の国土デザインとして重要であり、本書のテーマであるコモンズとしての商店街再生や中心市街地活性化をめぐる課題は、そうした大きなビジョンの中で考えられていく必要がある。

†「エリアリノベーション」と情報サイト

以上は全体的な「政策ビジョン」に関する内容だが、次により具体的な事業承継に関するレベルに関する提案を示したい。

まず(3)の「エリアリノベーションの展開」について。前節で、日本においては「家族主義」そして「土地所有権の絶対性」という発想が根強いため、〝土地をめぐる、家族を越えたバトンタッチ〟がなされにくく、したがって親の事業を子どもが引き継がないと、家族以外の者への承継がなされず、そのまま放置されることが生じやすいという点を指摘した。

こうした状況を打破する対応策の一つが「エリアリノベーション（またはリノベーションまちづくり）」という手法であり、それは文字通りリノベーション（改築）ということを、個々の家屋ではなく地域全体を視野に収めながら進めるということである。具体的には、空き店舗ないし空き家と、地域で事業を始めたいと考えている若者などをうまくマッチングし、しかもそうした個々の土地や事業承継に関するコーディネートを、地域全体をデザインするような〝面〟的な視点に立って行うのである（馬場［二〇一六］、嶋田［二〇一五］）。

これは、上記のように〝家族を越えた土地のバトンタッチ〟が日本ではなかなか進まないのを改善すべく、地域全体を視野に入れつつ第三者がコーディネート的な役割を果たすということであり、こうした手法は全国の自治体や地域において今後展開されていくべきだろう（東京都は二〇一九年度からエリアリノベーションへの支援を開始した）。そしてこうした点については、本書の第3章（千葉氏執筆）において具体的に論じられている。

続く(4)の「情報サイト（事業承継・空き店舗）の充実」は、情報ネットワークあるいはデジタル技術をうまく活用して、空き地・空き家の所有者ないし事業承継を希望する者と、開業等を希望する者をマッチングする試みであり、本書の第8章（小池氏執筆）で詳しく紹介されている。

たとえば空き屋の活用や再生に関する情報サイトとしては「カリアゲ」、事業承継に関するものとしては「relay」といったサイト（事業承継マッチングプラットフォーム。宮崎市に本社がある株式会社ライトライトが運営）がすでに存在する。これらは上記のエリアリノベーションなどとの組み合わせも含め、今後大きく発展していく可能性があるだろう。

†ワーカーズコープと商店街、あるいは参入主体の多様化

次の「(5)ワーカーズコープ（労働者協同組合）など事業主体の多様化」については若干の説明が必要かもしれない。

「ワーカーズコープ」という言葉は聞いたことがない人が多いかと思うが、いわゆる生協（生活協同組合）が消費者の協同組合であるのに対し、労働者あるいは生産者の側がつくる協同組合がワーカーズコープである。日本にはこれに関する一般的な法律がなかったが、二〇二〇年一二月に「労働者協同組合法」が成立し、二二年一〇月施行された。通常の企業ないし会社と異なり、個人が組合員として出資しつつ、事業の企画や運営に従事するという形態の組織である。

私自身はささやかながらこうした「ワーカーズコープ」と二〇年来の接点があるが、ここでこうした組織についてふれたのは、本書のテーマである「コモンズとしての商店街」という話題とワーカーズコープが、実は深い関わりをもっていると考えるからである。

すなわち、上記の法律ではその第一条において、ワーカーズコープという組織が「多様な就労の機会を創出することを促進するとともに、当該組織を通じて**地域における多様な需要に応じた事業が行われることを促進**し、もって**持続可能で活力ある地域社会の実現に資する**ことを

目的とする」とされている（強調引用者）。

こうした性格を踏まえると、今回新たに法制化されたワーカーズコープという組織は、商店街における事業の担い手の一つとして重要な意味を持っていると言える。実際、たとえば兵庫県尼崎市の「はんしんワーカーズコープ」のように、従来から商店街活性化や地域食堂などに積極的に取り組んできた例も見られるのである。

思えば前節で論じたように、ドイツないしヨーロッパにおける商店街と対比した場合、日本の商店街の多くが衰退の道をたどっていったのは、「個店」つまり個々の商店の経営や利益という発想が中心で、それを超えた「コミュニティ」や公共空間づくり、事業承継を通じた持続可能性といったことへの意識が薄いことに要因の一つがあるのだった。ワーカーズコープはこうした点からも、これからの日本における「コモンズとしての商店街」の担い手の一つとして重要な意味をもつのである。

†商店街における企業の役割——資本主義の構造変化？

一方、本章の第2節で、無印良品が前橋市などの衰退しかけている商店街で（若い世代向けの「一坪開業スペース」の提供といった試みと併せて）店舗を出店させている例について述べたが、このような新たな形で民間企業（株式会社）が商店街に〝進出〟することも、積極的にとらえてよいだろう。商店街の個店は地元の「自営業者」によって運営されるのが望ましいという考えもあるだろうが――ヒト・モノ・カネのいわゆる〝地域内経済循環〟の観点などから――、事業の承継性や、あるいは学生の〝就活〟を含めて若い世代にとって商店街が魅力ある「就職先」として浮かび上がってくるためには、こうした民間企業の役割は大きいのではないか。

あるいは別の角度から見ると、先ほど高齢化などに伴う「地域密着人口」の増加が商店街の新たな価値を浮かび上がらせているという点を指摘したが、民間企業にとっても、**中心市街地が「消費」の新たな場として再浮上している**という近年の構造変化が生じていると考えられる。

さらに言えば、(たとえばユニクロのように)海外の安価な労働力をフル活用して低価格の商品を提供するというビジネスモデルは、新興国ないし途上国が経済発展して賃金も上昇していく中で、従来のような形では次第に維持できなくなっていくはずだろう。

つまりそれは次のようなことである。大きく見れば、資本主義は常にその〝外部〟(安価な労働力の供給元)を必要としているが、**地球上の各地域が資本主義というシステムに巻き込まれていく中で、逆説的にもそうした〝外部〟が次第に消失していくという構造変化が生じている**のである。したがって、どこかでそうしたビジネスモデルを〝**ローカルな地域を出発点に、内部で循環させる**〟という方向に転換していく必要があることになる。

それは「グローバル市場(外部)依存型」のモデルから「ローカリゼーション」、すなわち地域内経済循環から出発してナショナル、グローバルへと積み上げていくモデルへの移行とも言え（こうした話題については広井［二〇一九］参照）、このような文脈でもローカルな場所に根ざした商店街のもつ新たな意味が浮上しているのである。

†商店街再生×若者支援

さて、続いて「⑹若者支援政策とのリンク」は、事業承継や商店街の再生に関する政策を、若者支援に関する政策と結びつけて展開するというものである。

ここで詳述する余裕はないが、これまでの拙著で様々な形で論じてきたように、日本においては教育、雇用、住宅等に関する若い世代への支援が国際的に見ても非常に低く、他方、若い世代の雇用や生活が不安定であることが、未婚化・晩婚化そして少子化や人口減少の背景の一つともなっている。

私はそうした若い世代（や子ども）への支援を「人生前半の社会保障」と呼んできたが（広井［二〇〇六］同［二〇一九］等参照）、まさに「人生前半の社会保障」の拡充や強化が日本では強く求められているのであり、それを事業承継や商店街の再生とリンクさせて展開することが重要になっている。

ここでイメージしているのは、たとえば商店街の空き店舗ないし空き地を自治体が買い上げ、それを何らかの事業ないし活動を希望する若者などに比較的安い価格で貸し出したり、開業・改修費用の支援を行ったり、コワーキングスペース等として提供するといったことであり、それがうまく機能すれば、**若い世代への雇用支援と商店街・中心市街地再生とが結びつくような効果**が生まれるだろう（先ほどもふれた無印良品の「一坪開業」の試みもこの一種である）。

関連する例として、比較的若い世代が応募することが多い「地域おこし協力隊」の活動と、商店街再生がつながるようなケースはすでに各地で生まれている。私が身近で見たケースでは、滋賀県の東近江市の本町商店街——ほぼシャッター通りとなっていた——で、地域おこし協力隊の若者が空き店舗を改装して始めた飲食店やカフェの事業が、地域のコミュニティ拠点のような機能をもつようになり、そこから賑わいが徐々に広がりつつあるといった例がある。

いずれにしても、商店街再生を様々な「若者」支援政策とかけあわせて展開することが重要になっているのである。

†空き店舗への公的関与の強化

一方、「(7)空き屋税など空き店舗への公的関与の強化」はどうか。

京都市において、二〇二六年度から全国初の「空き屋税」（正式名称は「非居住住宅利活用促進税」）が導入されることが公表され話題になった。これは京都市が二二年四月に同税に関する条例を制定し、それに総務大臣が二三年三月に同意し確定したものである。

空き家については、国レベルで二〇一五年に「空屋等対策の推進に関する特別措置法」が施行され、倒壊の危険のある「特定空き屋」を行政代執行で解体できるようにしたり、住宅が建つ土地についての固定資産税の減免措置を廃止したりするなどしており、さらに二〇二三年になされた同法改正では、特定空き屋の前段階の「管理不全空き屋」についても減免措置から外されることとなった。

空き家の数は全国で約八五〇万戸とされ、すでに全国の住宅の実に一三・六%を占めており（平成三〇年住宅・土地統計調査特別集計〔総務省統計局〕）、なお着実に増加している。

この場合、日本の空き家率は諸外国と比較してもかなり高く、また、諸外国では税制上のペナルティや強制措置、中古不動産の流通促進など、様々な公的介入が行われている（米山編著〔二〇一八〕）。背景にあるのはやはり前節でも指摘した「土地の公共性」に関する認識である。

商店街のシャッター通りにあてはめて考えると、シャッターが閉まっている空き店舗は、上記の法律における「管理不全空き屋」になっている場合もありうるが、その前段階の〝空き家〟にはなっていないが〝廃業（店じまい）の状態〟のものが多いであろう。

対応の大きな枠組みとしては、空き屋になり上記法律での対象に至った場合にはペナルティや強制的措置が必要である一方、いわば〝予防的〟対応として、できるだけ早い段階から、本章でも述べてきた事業承継に関する様々な施策（エリアリノベーション、情報サイトを含むマッチング、開業支援、改修補助等）を組み合わせた対応を進めていくことが求められている。

同時に、京都市で導入が決まった「空き屋税」のような税制上の措置を、空き家に至る前段階の空き店舗についても何らかの形で広げ、ある種の強制的な介入を行っていくことが、シャッター通りへの対応として重要な意味をもっていくと考えられる。

†「コミュニティ商店街」の展開

以上、本章の〝「コモンズとしての商店街」に向けた一〇の提案〟のうち「事業承継に関するレベル」について述べたが、最後に「消費者（市民）にとっての魅力に関するレベル」に関する三つの提案について述べてみたい。

まず(8)「コミュニティ商店街」の展開」だが、これは前節で、これからの時代の商店街の価値あるいは存在理由は単純に〝モノ（商品）を売り買いする場所〟という視点だけでなく、人々がそこでゆるやかな時間を過ごし、あるいは様々なコミュニケーションや交流が生まれるような「コミュニティ空間」あるいは「コミュニティの拠点」といった視点から考えていくべきことを論じた点と重なっている。

「コミュニティ商店街」のイメージとしては、そのエリアの中に、通常の意味の商店ないし店舗だけでなく、子育て支援や高齢者ケア関連、コミュニティ・カフェ的空間、コワーキングスペースやサテライト・オフィス、学習ないし教育・文化関連スペース（含図書室）、職業訓練・リスキリング関連等々の場所が含まれているような一画が想定される。こうした例はすでに各地に多く存在するし、また本書の第4章（今井氏執筆）や第5章（神﨑氏・前田氏執筆）ではそうした事例や「コミュニティ空間としての商店街」の意義が論じられている。先述の前橋市などでの無印良品の試みも、その理念や「一坪開業」の試み、コワーキングスペースの併設を含め、他でもなく「コミュニティ商店街」ないし「コミュニィ空間としての中心市街地」のコンセプトに重なるものである。

さらに場合によっては、それは狭い意味の「コミュニティ」という話題にとどまらず、そこで様々な人が出会い交流し、そこから**新たなアイデア創発や創造、イノベーションや協創**が生まれる場所といった意味をも持つかもしれない。

アメリカの都市経済学者リチャード・フロリダが『クリエイティブ資本論』で論じたのも、これからの時代の創造性やイノベーションにとっての「場所」の重要性だった（フロリダ［二〇〇八］）。実際、本書のコラム（柏尾氏執筆）で紹介される帯広市での試みは、そうした「まち」ないし中心市街地の姿を念頭に置きつつ展開されているのである。

ところで、ここで述べている「コミュニティ商店街」は、私がこれまで拙著の中で論じてきた**「コミュニティ経済」**という考え方と関係している。「コミュニティ経済」とは、市場経済というものを、本来その土台にあったはずのコミュニティ（や自然）と結びつけて発展させていくというコンセプトである。

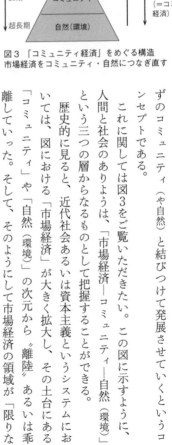

これに関しては図3をご覧いただきたい。この図に示すように、人間と社会のありようは、「市場経済―コミュニティ―自然（環境）」という三つの層からなるものとして把握することができる。

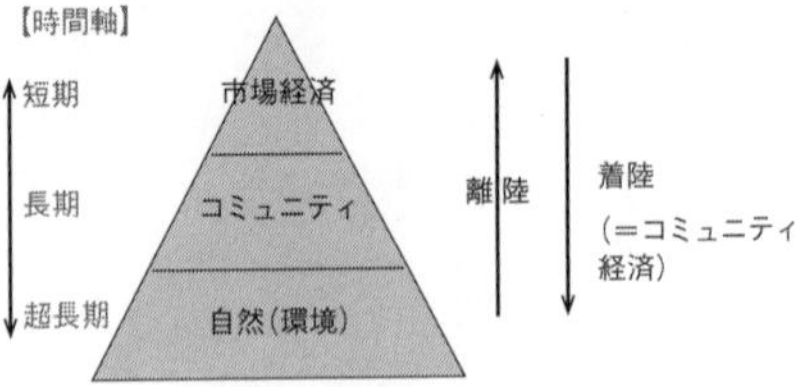

図3　「コミュニティ経済」をめぐる構造
市場経済をコミュニティ・自然につなぎ直す

歴史的に見ると、近代社会あるいは資本主義というシステムにおいては、図における「市場経済」が大きく拡大し、その土台にある「コミュニティ」や「自然（環境）」の次元から〝離陸〟あるいは乖離していった。そして、そのようにして市場経済の領域が「限りない拡大・成長」を追求していくことと表裏一体に、コミュニティとの関係では人と人とのつながりの希薄化や格差の拡大が進行し、自然との関係においては様々な環境問題や生態系の喪失が進んでいったのである。

このように考えていくと持続可能な社会とは、「市場経済」をもう一度新たな形で、その土台にある「コミュニティ」や「自然」へとつないでいくこととして把握することができるだろう。これが「コミュニティ経済」の趣旨であり、具体的にはいま述べている⒜コミュニティ商店街のほか、⒝再生可能エネルギー関連、⒞農業関連、⒟伝統工芸ないし地場産業関連、⒠「ケア」関連など種々のものが考えられる（広井［二〇一五］参照）。

コミュニティ商店街あるいはコモンズとしての商店街というテーマは、こうした大きな文脈においても理解することができるのである。

†商店街と農業・農村をつなぐ

次に「⑼農業・農村とのリンク」について。「商店街」と「農業・農村」という二者は、にわかには結びつきがたいと感じる読者が多いかもしれないが、本書のコラム（柏尾氏執筆）で述べられている先述の帯広市での試みはまさにそうした内容であり、また第7章（加藤氏執筆）ではそのような展望に関する分析や提案が論じられており、第8章（小池氏執筆）でも該当する事例が紹介されている。わかりやすいイメージとしては、商店街の中に野菜など農産物の直売所があったり、小規模の農園ないし市民農園のようなスペースがあったりするような姿である。

思えば日本の「都市」と「農村」は、歴史的な背景や、高度成長期を中心に都市の外縁が限りなく無秩序にスプロール化していったことから、その両者の境界が曖昧で〝連続的〟であると言われてきた。

しかしながら実際のところは、人々の意識においては、むしろ**「都市」と「農村」の〝断絶〟ないし〝分断〟が強まっていったのが戦後の日本**ではなかっただろうか。前節で指摘したような、圧倒的な「工業化」路線の推進の中で、農村や農業といったものは人々の主たる関心からははずれていき、都市に住む人々にとって、農業や農村、あるいは食料生産といったものは、着実に〝遠い〟存在になっていったと思えるのである。

また、このことは前節で「シャッター通り」と「耕作放棄地」の同型性について論じた点とつながっている。つまりそこでは、この両者は「家族主義」及び「土地所有権の絶対性」という共通の背景から生じていると同時に、それは戦後の日本において「〝ムラ〟を捨てる政策」そして「〝マチ〟を捨てる政策」が一定のタイムラグを伴いつつ順次実施されたことから派生した現象であることを述べたのだった。

こうした把握を踏まえると、地方都市の「シャッター通り」と農山村の「耕作放棄地」は一体的にとらえ返していく必要がある。そして、高度成長期以降の日本において断絶ないし分断が強まっていった「都市」と「農村」の関係性をもう一度つないでいくことで、様々なソリューションや地域経済活性化、コミュニティ再生の道筋が浮かび上がってくると考えられる。コラム執筆の柏尾氏と第7章執筆の加藤氏（日立京大ラボ）とも連携した私たちの帯広でのプロジェクトはこうした関心を踏まえてのものである。

それは最近関心が高まっている食糧安全保障のテーマとも関連するだろうし、また先ほど「コミュニティ経済」というコンセプトにそくして述べたように、市場経済をもう一度コミュニティそしてその土台にある「自然」につなぐ意味をもつのである。

†商店街×デザイン

最後に、提言の「⑽デザイン・まちづくり系人材との連携と養成」について述べてみたい。

商店街というと、一般にはビジネス・経済系あるいは「流通」をめぐる話題のように響く面があるが、実際には各地の商店街再生に大きな役割を果たしてきたのは、まちづくりやデザインないし建築系の領域の人々である。

それは商店街という話題が、都市あるいは地域のありよう、ひいてはそこでの空間構成やコミュニティとまさに直結するものであるからだし、裏返して言えば、大都市圏に限らず地方都市や田舎を含めて、「ローカル」なものや個別の「場所」に関心を向けてきたのはまちづくり・建築系の人々だったからだ。

実際、たとえば先ほど提言⑶で述べた「エリアリノベーション（またはリノベーションまちづくり）」を進めてきたのもそうした人々だったし――本書の第3章（千葉氏執筆）もそうした試みに関わるもの――、小規模都市における新たな商店街再生の試みとして知られる「トビチ商店街」（長野県辰野町）を進めているのも建築系の方（赤羽孝太氏）である（第8章参照）。

こうした点に関する最近の興味深い展開として、武蔵野美術大学と日本総合研究所が、日本の各地での地域再生に関する「自律協生社会のデザイン」という共同プロジェクトを始めた。これまであまり接点のなかったデザイン、アートと地域経済を結びつける試みであり、私も多少の接点を持たせていただいているが、そこから輩出されるデザイン系人材が各地の地域再生に関わっていくのは意義深いことだろう。また、地域再生やまちづくりに積極的に関与していく「デザイン系人材」の養成ということは、国や自治体レベルの政策としても行われていくべきだろう。

†日本の商店街の「アーケード」の独自性

やや脱線めくが、商店街とデザインというテーマに関連して、ここでふれておきたいのが商店街の「アーケード」である。日本の商店街のアーケードが、ヨーロッパで言うところの本来の意味のアーケードとは異なった形態ないし性格のものであることは注目してよい事実であり、イギリスの都市デザイナーのバリー・シェルトンが、日本の商店街のアーケードを神社の鳥居と参道に類するものとしてとらえているのは興味深い（シェルトン［二〇一四］）。本章の2節で私は主にドイツの商店街ないし中心市街地について述べたが、そこでの写真からもわかるように、ドイツを含めてヨーロッパの商店街には日本の商店街のようなアーケードはほとんど見られず、また思えばロンドン、ブリュッセル、ミラノなどにはアーケード付きの商店街（ショッピング・ストリート）はあるが、日本のものとは趣向がかなり異なっている（日本の場合、率直に言ってしまえば〝安っぽい〟印象のものも多い）。

そもそも日本の商店街に急速にアーケードが作られていったのは一九六〇～七〇代前後の時代であり――正確に言えば、この時代に商店街そのものが急速に増えたのである――、商店街振興組合への補助金もアーケード設置のインセンティブとして働き、またヨーロッパに比べて明らかに〝雨の多い〟日本の風土にはそれなりに合ったものだったと言える（商店街振興組合法が施行されたのは一九六二年で、アーケードの建設は「商店街近代化事業」の中に位置づけられた〔新［二〇一二］〕）。

そして本書の関心から見て重要なのは、アーケードのある商店街の空間は、通常、自動車の進入が禁止ないし規制される「歩行者中心のコミュニティ空間」として保全されたことであり、いま思えば、これが**高度成長期における急速なクルマ社会化から、ささやかながら日本の都市空間を〝守った〟**のである。

そして現在でも、地方都市を訪れた際、アーケードのある商店街の空間が、ほとんどシャッター通り化している場合でも、ある種の「コミュニティ空間」としてのたたずまいや風情、機能を残している場合がある（たとえば少し前に鳥取県米子市の商店街を歩いた時にそうした感覚をもった）。

国際的に俯瞰して見れば、**日本の商店街のアーケードは、〝追いつき追い越せ〟型の近代化・都市化を行ってきたアジアの辺境国・日本における「産業遺産」ないし「文化遺産」的な意味合い**をも持っている。シャッター通り化が進む中で撤去される例も多いが、上記のような「コミュニティ空間」としての価値はなお貴重であり、何らかの形で活用していくことも重要と思われる。

†地域経済・産業論とまちづくり・空間デザインの統合

「商店街とデザイン」という視点に関していくつかの話題にふれたが、もう少し大きなスケールで論ずるとすれば、私はこれからの時代の地域再生においては、**「地域経済・産業論とまちづくり・空間デザインの統合」**と呼べるようなアプローチが重要と考えている。

それは次のような趣旨である。日本の高度成長期のように「工業化」が基調をなす時代においては、〝ある地域に産業（特に工場）ができ、そこで雇用が生まれ、人々が集まり、その結果として都市や地域が繁栄する〟という発想が基本であり、実際、日本の各地域の多くの都市はそのようにして発展したのだった。

ところが現在は、産業構造は大きく変わり、日本における産業分類別の就業者数は「（農業を中心とする）第一次産業＝三・二％、第二次産業＝二三・四％、第三次産業＝七三・四％」となっている（二〇二〇年国勢調査）。この場合、第二次産業の内訳は製造業一五・九％、建設業七・四％であり、したがって製造業は雇用全体の一五％強に過ぎない。

もちろん製造業が核となってその周辺に第三次産業の雇用が生じることはあるにしても、こうした時代においては、上記のような〝工業化社会をモデルとした都市・地域の発展パターン〟に関する認識は大きく修正されなければならない。

そこで私が問題提起をしたいのは次の点である。すなわち、「産業（製造業）→雇用→都市・地域の発展」という、いわば工業化社会の都市・地域パラダイムから脱却できていないことが、シャッター通り化を含め、日本各地の都市の空洞化や衰退の根本的な原因となっているのではないか。

重要なのは次のような発想の転換だ。すなわち、現在のような**ポスト工業化社会あるいは第三次産業（特にサービス業）が雇用の過半を占める時代においては、〝産業・雇用のある場所に人が集まる〟という工業化社会のモデルとは逆に、〝人が集まる（魅力ある）場所に雇用・産業が生まれる〟という反対向きのベクトルが生成する**のである。

つまり、都市が魅力的な空間であること、歩いて楽しめるコミュニティ空間であること、ちょっとした時間を過ごす場所やカフェ的スペースがあること、あるいは〝住み心地のよい〟場所であることが、人々を引き寄せる大きな要因となり、その結果としてそこに様々な雇用が生まれ――サービス産業にとっては人が集まることが雇用につながるのである――、都市や地域が発展することになる。逆に言えば、シャッター通りが広がって中心部が空洞化し、場所ないし空間としての魅力が失われているような都市・地域では、若い世代などの流出が進んでいくだろう。

こうしたポスト工業化の時代においては、先ほど指摘したような「地域経済・産業論とまちづくり・空間デザインの統合」という発想が重要になる。そして本章で述べてきたような、様々な人々が過ごし、交流するような〝「コミュニティ空間」としての中心市街地〟という視点が何より求められる。

このような取り組みは日本においてまだ少ないが、たとえば北海道の苫小牧市は、二〇二一年に策定された「苫小牧都市再生コンセプトプラン」の中で、まさに以上と同様の発想に立ったプランを提示している。すなわちそこでは、デザイン・アート系の視点を重視した「クリエイティブシティ」のコンセプトと「次世代産業の展開」（再生可能エネルギーや他の脱炭素技術等）の両者を結びつける形でのビジョンが示され、「ウォーカブルなまちづくり」を通じた歩行者空間づくりと雇用創出といった方向性が提起されている。

私は二〇二二年に苫小牧を訪れる機会があった。率直に言って、同市の現状は（他の多くの地方都市と同様に）空洞化が進んだ状況にあり、上記のようなビジョンとはなおほど遠い現状にある。しかし以上のようなまちづくりの展望や思想は先駆的なものであり、今後の具体的展開が大いに期待される。

同様に、本書のコラム（柏尾氏執筆）で紹介されている帯広市の試みも、デザイン・まちづくりと地域経済・産業をつなぎ合わせて発展させていくという点で同様の発想に立つものだ。加えて「リゾベーション」（リゾート＋イノベーション）というコンセプトに示されるように、そこでは観光を含む域外の人々との交流や、多様な人々が出会う都市のコミュニティ空間から様々なイノベーションが生成するといった考え方が組み込まれている。

これもまだ緒についたばかりだが、現在こうした試みが各地で展開されつつあることは、商店街再生や市街地活性化に関する新しい時代の風が吹き始めていることを示しているだろう。

今こそ「商店街の復権」、そして「コモンズとしての中心市街地」を構築していく時代なのである。

【本章のポイント】

①商店街ないし中心市街地がどのような姿をとるかは、その国の政策や社会システムによる部分が大きく、このことは日本・アメリカ・ヨーロッパの商店街や都市を比較すると明らかにな

る。

②日本の場合、高度成長期そして九〇年代以降の時代において、完全に道路・自動車中心そして「郊外ショッピングモール型」の都市・地域像を国を挙げて推進してきた結果が、現在の地方都市の空洞化の大きな背景となっている。

③そうした都市・地域の姿が、高齢化の急速な進展や若い世代のローカル志向の中で、根本的な転換期を迎えているのが現在であり、商店街ないし中心市街地を「歩いて楽しめるコミュニティ空間」として再編していくことが、環境（脱炭素を含む）、福祉そして経済（地域経済の活性化）にとってもプラスに働く。

④以上の認識を踏まえ、商店街ないし中心市街地再生に向けた一〇項目の提案を、「政策ビジョンのレベル」「事業承継に関するレベル」「消費者（市民）にとっての魅力に関するレベル」の三領域に即してまとめた。

参考文献

新雅史（二〇一二）『商店街はなぜ滅びるのか——社会・政治・経済史から探る再生の道』光文社新書

五十嵐敬喜（二〇二二）『土地は誰のものか——人口減少時代の所有と利用』岩波新書

今中雄一編著（二〇二三）『認知症にやさしい健康まちづくりガイドブック——地域共生社会に向けた15の視点』学芸出版社

宇沢弘文（二〇〇〇）『社会的共通資本』岩波新書
内平隆之他（二〇一七）「多様な立場を包摂する公共空間」『建築雑誌 Vol. 132, No. 1699』日本建築学会
宇都宮浄人（二〇一五）『地域再生の戦略――「交通まちづくり」というアプローチ』ちくま新書
司馬遼太郎（一九八〇）『土地と日本人（対談集）』中公文庫
嶋田洋平（二〇一五）『ほしい暮らしは自分でつくる　ぼくらのリノベーションまちづくり』日経BP
バリー・シェルトン（二〇一四）『日本の都市から学ぶこと――西洋から見た日本の都市デザイン』片木篤訳、鹿島出版会
鈴木文彦「路線価でひもとく街の歴史」『ファイナンス』各号連載
高松市蔵（二〇〇八）『ドイツの地方都市はなぜ元気なのか』学芸出版社
中根千枝（一九六七）『タテ社会の人間関係』講談社現代新書
馬場正尊／OpenA 編著（二〇一六）『エリアリノベーション――変化の構造とローカライズ』学芸出版社
広井良典（二〇〇六）『持続可能な福祉社会――「もう一つの日本」の構想』ちくま新書
同（二〇〇九）『コミュニティを問いなおす――つながり・都市・日本社会の未来』ちくま新書
同（二〇一一）『創造的福祉社会――「成長」後の社会構想と人間・地域・価値』ちくま新書
同（二〇一五）『ポスト資本主義――科学・人間・社会の未来』岩波新書
同（二〇一九）『人口減少社会のデザイン』東洋経済新報社
リチャード・フロリダ（二〇〇八）『クリエイティブ資本論』井口典夫訳、ダイヤモンド社
満薗勇（二〇一五）『商店街はいま必要なのか――「日本型流通」の近現代史』講談社現代新書
村上敦（二〇一七）『ドイツのコンパクトシティはなぜ成功するのか』学芸出版社
吉原祥子（二〇一七）『人口減少時代の土地問題――「所有者不明化」と相続、空き屋、制度のゆくえ』中

公新書
米山秀隆編著（二〇一八）『世界の空き家対策――公民連携による不動産活用とエリア再生』学芸出版社

第2章

成長局面からみた商店街再生の実践ステップ

遠藤浩規

1　商店街を取り巻く現状と本章の目的

†社会課題解決の場として再評価される商店街

　戦後復興期から高度成長期前半において、旺盛な需要に支えられた商店街は、地域の買い物を支える重要な役割を果たすことで、一九六〇年代から七〇年代にかけて最盛を迎えていた。その後、中小小売業を取り巻く環境変化が急激に進み、小売店舗数の減少に歯止めがかからなくなると、一九九〇年代からの、人口減少に伴う需要縮小、規制緩和による大型店との競合、電子商取引の普及などにより、商店街を取り巻く環境変化はさらに激しさを増した結果、多くの商店街はかつてのにぎわいを失っていく。

今般、人々が持つ商店街に対する印象は、かつての活況を呈したものではなく、いわば衰退の象徴として見なされている実情は誰もが知るところであろう。

中小企業庁商店街実態調査によると、足下では七割近くの商店街が衰退の景況感を示しており、この割合は商店街の衰退が叫ばれ始めた八〇年代以降変わっていない。また高齢化による後継者不足を問題視する商店街の割合は、毎回統計を取るごとに増加しており、この高齢化・後継者不足が起因となる空き店舗問題についても長年にわたって商店街が抱える深刻な課題となっている。この空き店舗問題は、地権者との関係が一層複雑化の要因となっており、今後も約半数の商店街が空き店舗の増加を見込んでいる。

またアーケードなどハード面の老朽化についても、高齢化問題の次に重要視されている課題であり、多くの商店街はソフト、ハード両面において根深い問題を長年にわたり抱え続けている。

特に近年、新型コロナウイルス感染症による影響は商店街にとって甚大であった。同じく商店街実態調査によると、感染拡大前においては、豊富なインバウンド需要などを背景に国内外の観光客数は増加傾向にあり、商店街にも一定の恩恵を与えていたが、感染拡大後においては八割以上の商店街において来街者数の減少が見られ、実に全体の九割以上において売上高減少の影響が出ている。

二〇二〇年度に大阪府が実施した大阪府商店街感染症対策等支援事業商店街アンケート調査によれば、コロナ禍によるイベント中止、来街者の減少、売り上げ低下による休業閉店を背景に、九割以上の商店街において需要喚起に向けた取り組みが検討されており、このような活動を支援するため、コロナ禍で影響を受けた商店街のプロモーション活動を支援する中小企業庁「がんばろう！　商店街事業」など、国や自治体、支援機関による需要喚起策が展開された。

一方で、このような厳しい状況下だからこそ、新しい視点や技術を活かした商店街活動が多く生まれている。今般の商店街活動は、コロナ禍への対応に限らず、ＳＤＧｓなど持続的な社会に対する意識の高まりを背景に、単なる需要喚起に留まらない幅広い目的を持って展開されており、地産地消の推進、高齢者対応、再生可能エネルギーの活用といった社会課題・地域課題の解決に資する活動に加え、デリバリーシステムの開発、地域通貨の導入、ＶＲによる仮想商店街の実現などデジタル技術を活用した取り組みなどが顕著な傾向となっている。

これらの多くの取り組み事例は、各支援制度の事業報告書を始め、経済産業省「はばたく商店街」、全国商店街支援センター「ＥＧＡＯ」など、行政や支援機関による数多くの媒体によって窺い知ることができる。

まさに今、商店街は厳しい環境下に置かれながらも、地域や社会のニーズに応える社会課題解決の場として再評価されつつある。

†主体性と持続性の重要性

数多く見られる商店街活動の中には、行政やコンサルタント事業者といった、商店街以外の外部組織が企画の主体を担い、商店街は名義貸的な関わりに留まっている事例が現実的には存在する。

当然ながら、商店街関係者のみでは補えない知見や人材・資本面などの資源を、外部組織との連携において補填し、活動の質を高めていくことは非常に有意義なものであるが、商店街をフィールドとした活動において、商店街側がその活動の根幹となる趣旨・目的の企画段階において主体的な関わり合いを持てないのであれば、外部支援の有無によって活動の継続性が左右されることとなり、結果、商店街活動が持続的に展開されていく可能性は極めて低い。

商店街活動を「主体的」「持続的」に展開していくためには、商店街が自らの意思で企画を練り、自発的に外部組織との連携を図り、活動の趣旨・目的に対する認識を商店街関係者間で共有しながら実施していくことが極めて重要である。

商店街が「主体性」を持ち、活動を「持続的」に拡大・発展させ続けている事例は全国において数多く存在する。

そこで本章では、この「主体性」と「持続性」の二つの視点を重要な論点とし、商店街活動を「主体的」「持続的」に展開している事例から、特にその活動を担う人材面に着目し、「なぜ今日のような主体性や持続性を持つに到ったのか、その変遷において多くの商店街に共通する何かしらの要因があったのではないか」という仮説に基づき、その要因を整理、考察するものである。

またその商店街活動は、どのような目的を持って展開され、商店街へどのような価値を還元しているのか、そして商店街の未来に何を与えてくれるのか、その可能性についても検証したい。

なお本章は、筆者が経済産業省近畿経済産業局において商店街振興業務担当時に公表した「関西企業フロントラインNEXT「主体的、持続的な商店街活動のための人材育成について～更なる「強い個店」の創出に向けて～」(令和四年三月)」を論考の基礎とし、複数の商店街関係者から話を聞き、かつ実際に活動に参加することで得られた実体験に基づき、個人としての視点から整理・分析したものである。したがって本章は筆者が所属する組織の見解を示すものではないことを申し添える。

2 主体性と持続性

†商店街の分類

まず初めに一口に商店街とはいえ、歴史的文化遺産を始めとする観光資源の有無や、公共交通機関の利用者数、近隣に居住する住民数など、商店街周辺の環境条件は千差万別であり、前提となる条件を統一化し、商店街全てを横並びに比較対象とすることは現実的に不可能である。

商店街の種類（タイプ）については、例えば前記商店街実態調査では「近隣型商店街」「地域型商店街」「広域型商店街」「超広域型商店街」といったように、来街者の距離範囲や最寄品・買回り品といった取り扱う商品の種別によって分類されており、また中小企業庁「地域の持続的な発展に向けた政策の在り方研究会」では、課題と対応の方向性から、今後の商店街の在り方として「単独型」「複合型」「転換型」の三つに分類されるなど、調査分析や政策支援対象の明確化を目的とした分類がされている。

本章の分析の基となった商店街は、「近隣型・地域型・複合型」を中心とした商店街であるが、商店街活動を展開するにあたって、どのように主体性・持続性を持つに到ったかという、

近隣型商店街	最寄品※中心の商店街で地元主婦が日用品を徒歩又は自転車などにより買物を行う商店街
地域型商店街	最寄品及び買回り品※が混在する商店街で、近隣型商店街よりもやや広い範囲であることから、徒歩、自転車、バス等で来街する商店街
広域型商店街	百貨店、量販店を含む大型店があり、最寄品より買回り品が多い商店街
超広域型商店街	百貨店、量販店を含む大型店があり、有名専門店、高級専門店を中心に構成され、遠距離から来街する商店街

※最寄品：消費者が頻繁に手軽にほとんど比較しないで購入する物品。加工食品、家庭雑貨など。

※買回り品：消費者が2つ以上の店を回って比べて購入する商品。ファッション関連、家具、家電など。

表1　商店街のタイプ（中小企業庁商店街実態調査より）

	単独型	複合型	転換型
特徴	都市部の駅前や著名な観光資源の近くに立地し、商業機能のみで十分な来街が期待できる。	生活圏の近くに立地し、地域住民のアクセスが容易。	過疎化が進む地方に立地し、地域住民の減少に伴い、来街が期待できない。
課題	来街者の更なる利便性の向上。 域外の潜在来街者の受入体制整備・情報発信。	地域住民が求める多様なニーズの把握。 商業機能に加え、多様な住民ニーズに対応できるマルチな機能の担い手へと変革	少ない住民にとって必要な商業機能を維持するための域外の事業者（アグリゲーター）との広域的な連携
対応の方向性	利便性向上、域外からの来街者の誘客などにより、多様な商業需要を取り込む対応。	商業需要以外の多様なサービス需要も取り込む対応。	個々の小売業者が連携先事業者を通じて住民に買物の機会を提供する対応。

表2　類型別の課題と対応の方向性（「地域の既存ハード（商店街等）の利活用最適化に関する中間取りまとめ」より〔令和2年6月 地域の持続可能な発展に向けた政策の在り方研究会〕）

人材面に着目した成長要因の分析においては、商店街の型を問わず共通項として捉えることができるものと考える。

†主体性と持続性の正体

そこで活発な活動を展開する複数の商店街から見えた、主体性・持続性の正体について整理してみたい。

まず「主体性」であるが、専属の職員を有し、予算も潤沢に確保されているなど、商店街組織として安定した体制が構築されている場合であっても、その商店街の価値や将来像を自らが認識し、決断していく意欲をもつ店舗が存在していなければ、それは商店街として主体性があるとは言い難い。

当然ながら、公的支援制度を活用する場合など、契約行為や予算管理上の事務局として、商店街組織が表向きの活動の主体とされる事例は多いが、主体的な活動を展開している商店街の多くは、商店街内の店舗有志が積極的に活動を企画・実行しており、商店街以外の外部組織や人材が中心となった活動の場合においても、商店街を構成する店舗の多くが活動に理解を示し、広報面で主体性を発揮するなど、各店舗が自身の役割や目的を認識した上で活動を受け入れている実態がある。

すなわち、商店街組織も紐解けば商店街を構成している店舗によって構成されているものであり、求められる主体性の要素は、組織としてではなく、商店街を構成している各店舗に対して、またその店主や従業員といった人材に対して求められるものである。

そして活発な活動を展開している商店街には、多くの店舗がその活動内容における企画やコンセプト作りにおいて、自らの役割を認識し、決定していく意欲をもって取り組んでおり、外部組織、外部人材、専門家、行政といった商店街以外のプレイヤーを、「巻き込まれる」のではなく、「自らが巻き込んでいく」のである。すなわち、商店街活動を行うにあたっての主体性とは、巻き込み力が強く、能動的な意欲を持つ店舗が、どれだけ多くその商店街に存在しているかが重要な要素といえる。

前記商店街実態調査によると、全国の商店街組織のうち、七五％近くが専従の職員を確保できておらず、また半数以上において組合員数が減少しているなど、商店街組織の組織力低下が商店街活動の主体性に与える影響は非常に大きいものであるが、本章では商店街組織の在り方といった組織論には言及せず、商店街を店舗の集合体として捉え、あくまで店舗単位に考察の対象をフォーカスする。

そして、「持続性」であるが、商店街組織の運営が安定しており、将来的な活動予算が確保されていれば、持続性が強く担保されることは言うまでもないが、組織ではなく店舗単位に着目した場合、本業に加えて商店街活動に対する時間と労力を継続的に確保するためには、その店舗の経営基盤が安定していることが重要となる。

また商店街活動に参画する人材の新陳代謝も、持続性において重要な要素となる。商店街活動に参画する次世代の人材が継続的に確保されていることで、新しい価値観や視点を活かした取組が持続的に促される。結果、環境変化に対する柔軟性が構築されることで、時代の変化に対応できる持続的な活動へ繋がっていく。

このように、「巻き込み力」「能動的」「経営基盤が安定」「次世代人材」といった要素を持つ店舗が、主体的、持続的な活動を実施している商店街には多く存在している。

3 商店街の成長局面

主体的、持続的な活動を行っている商店街の多くは、従来から活動的であったわけではなく、紆余曲折の過程を経て、現在の活動的な姿へと成長している。そこで、その成長過程において、多くの商店街に何らかの共通項があったのではないかという仮説に基づき、整理したものが三つの局面である（図1）。

まず、「局面1」として、後の発展のきっかけとなる、最初の源泉となった少数精鋭の店舗

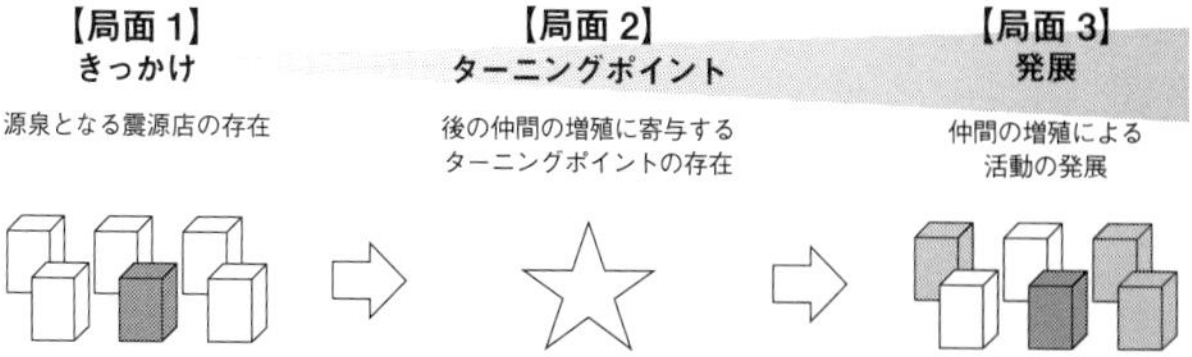

図1　商店街の主体的・持続的な活動に向けた3つの成長局面

の存在。そして「局面2」では、その源泉となった店舗による、後の仲間の増殖に大きく寄与する「ターニングポイント」の存在。結果、仲間が仲間を引きつけ能動的な店舗が増殖することにより、「局面3」となる商店街活動の発展に繫がっている。

†局面1　後の主体性・持続性の源泉となる震源店の存在

最初のきっかけとして、多くの商店街に共通するのは、現状に危機感を持ち、商店街の賑わいを取り戻すための活動を仕掛けた店舗、いわゆる火付け役の存在である。この最初の源泉となる少数精鋭の店舗を本章では「震源店」と名付ける。

では、後の主体的・持続的な商店街活動の源泉となった震源店は何が強かったのか。定量的側面と定性的側面で整理してみたい。

まず定量的側面として押さえておきたいのは、その地域において、長期的に事業を継続しているという点である。事業継続年数が長いことで、世代を超えて地域の誰もがその店舗の存在を知り、地域から一定のリスペクトを得ている、いわゆる老舗とされる店舗が震源店となる事例が多い。そのような老舗は、二代目、三代目といった事業継承による店主の若返りによって、地域で生まれ育ち、地域への愛着が深く、地域貢献に対する価値観が高い次世代の人材を生み出し、その活躍によって、後の活動に繋がる震源店となる場合が多い。

また安定した経営基盤も定量的な特徴の一つである。これは長期的にその地域で事業を継続できていることの裏返しでもあるが、安定した経営の背景には、確固たる地域の固定客がいること、また事業規模の拡大を目的としておらず、身の丈に合った事業継続を目的とする堅実な経営戦略を取っていること、不動産収入など本業以外での収入源により収益に安定性があることなどが挙げられる。このような経営基盤の安定性により、商店街活動といった本業以外の公益性の高い取り組みに従事できる余力が生まれている。

特殊な事例として、大手企業などの資本力の高い企業が、CSR活動の一環として地域交流を目的とした店舗を商店街内に開設し、活動の中心的役割を果たしている事例も見受けられる。老舗の事業継続性や経営の安定性とは視点は異なるものの、これも大手企業ならではの高い資本力を背景とした経営の安定性によるものである。

次に定性的側面として挙げられるのが、その震源店の事業内容が地域の課題解決に貢献しているという点である。例えば、子育て世代向けのサービスが希薄な地域において、気軽に子供連れで立ち寄れる飲食店を開業することで、消費者の掘り起こしに加え、地域からリスペクトを獲得することができ、結果、商店街活動に説得力が備わり、後の震源店へと繫がっていく。

また、巻き込み力の高さも重要な要素である。単独で孤軍奮闘するのではなく、高いコミュニケーション力を活かし、常に周囲を巻き込み、フォローしながら活動の仲間を増やしていく能力が震源店はとても高い。また、外部人材と商店街の各店舗をつなぐ調整役に徹するなど、仲人役として活躍する事例や、商店街での業歴が浅くとも、周辺の店舗を高いコミュニケーション力で積極的に巻き込み、後の活動につながる震源店となるなど、巻き込み力の高さは、数多く震源店に見られる共通項として挙げることができる。

この震源店になり得る可能性について、「地域への定着度合い」×「来客数」、また「経営の安定性」×「地域への愛着度」をそれぞれ横軸と縦軸で整理してみる（図2）。

まず「地域への定着度合い」×「来客数」の関係であるが、どれほど来客数が多い店舗であっても、地域への定着がなければ、周囲を巻き込むだけのリスペクトを得るのは難しく、後の主体的・持続的な活動に繫がる震源店となる可能性は低い。一方、来客数が少なくても、事業を継続させ、長期間地域に定着することで、一定のリスペクトを得る存在となり震源店となる可能性は大きくなる。来客数の多い店舗については、収益性の向上が地域への愛着度を加速させる期待もあるため、長期的な事業継続による地域への定着により、強力な震源店となる可能性は高い。一方、商店街にはスタートアップのように事業拡大を主目的としていない店舗も多

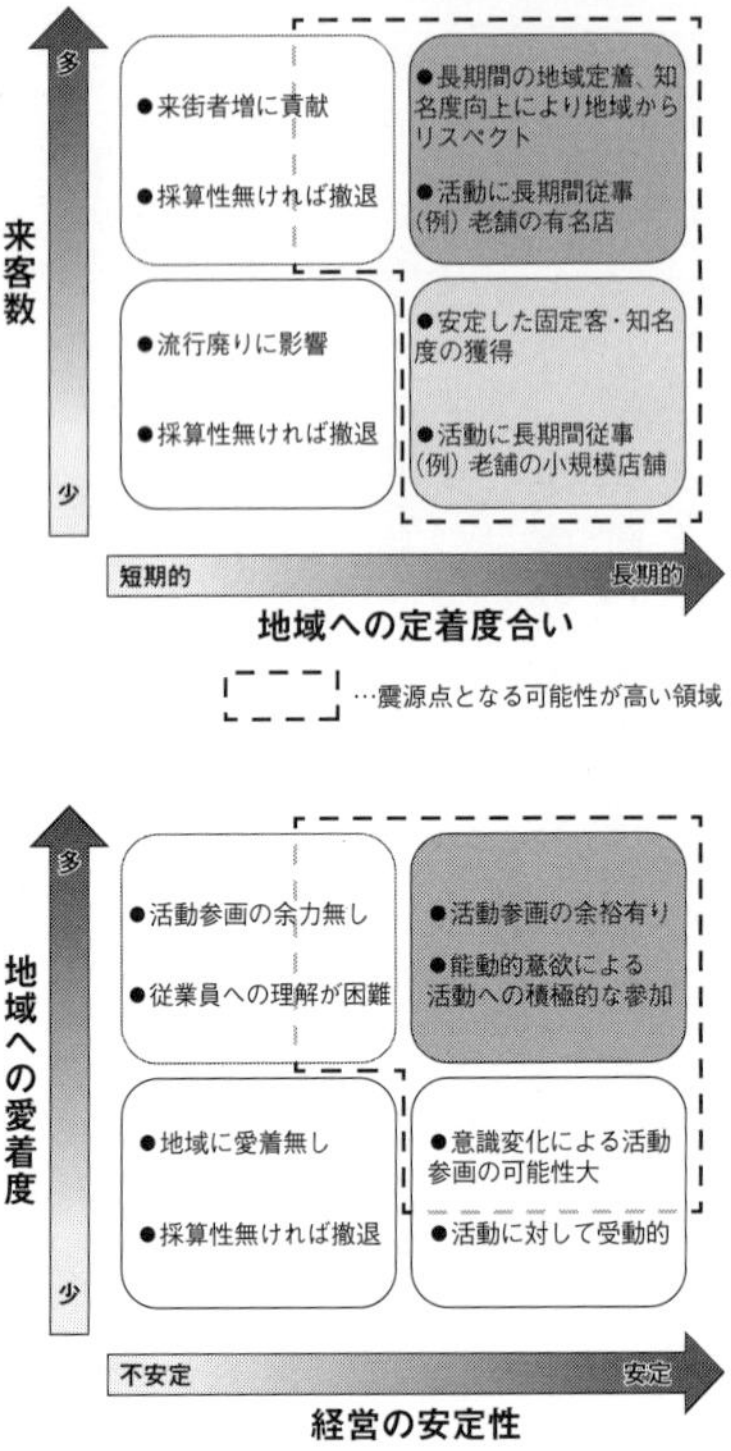

図２　震源店となる可能性領域

く存在することから、来客数の大小に比べ、地域への定着性が後の震源店となり得る重要な要素となっている。

次に、「経営の安定性」×「地域への愛着度」であるが、どれだけ地域への愛着度が高くとも、経営が安定していなければ、周囲を巻き込んだ商店街活動に時間や労力を割く余裕はなく、仮に少ない余力の中で活動に奔走したとしても、継続は困難であろう。むしろ経営は安定しているが、地域への愛着度が低い店舗に対して、意識の変化を促し、地域への貢献意欲が醸成された場合、震源店となる可能性が高くなることが期待できる。

二つの横軸である「地域への定着度合い」と「経営の安定性」は深く相関していると考えられるが、安定した経営による地域での長期的な事業継続を基本として、地域貢献に対する意欲の高さといった意識の側面が震源店となるには重要な要素であり、来客数や事業規模の大小はそれらを補完するものであると言える。

†局面2　ターニングポイントの存在

次に局面2となる「ターニングポイント」の存在であるが、それは「商店街に閉じない、開かれた対話の場の創生」である。特に重要なのは、商店街のビジョンや、活動の企画の段階で、商店街を構成する店舗や、行政・専門家といった商店街支援を業とする関係者のみならず、誰もが参加できるオープンな対話の場となっていることである。

具体的には、地域住民も参加可能な商店街のビジョン作りをテーマとしたワークショップや、店主と地域住民との交流会、さらには理事会と並行して定期的に開催されるオープンな意見交換会など、その内容や規模感は様々であるが、共通するのは、「商店街組織の中に閉じない、限定しない、組織加入の如何を問わない、人もエリアも閉じないオープンな対話の場」によって、商店街のビジョン、取り組むべき方向性、商店街活動の企画などが議論されていることである。また、このような対話の場は、行政や支援機関など、外部からの提案や働きかけをきっかけとして創生される場合も多いが、重要なのはあくまで商店街側が主体性を持ち、この対話の場を運用していることである。

このような場に参加した店舗は、本業における顧客層のみならず、地域住民や他の事業者から、自身の事業に対する客観的な評価や期待、さらには商店街というフィールドが持つ価値を受け取ることができる。結果、地域における自店舗の役割を認識することで、地域の価値、商店街の価値、商店街活動の意義について思考するきっかけとなる。

加えて、将来のビジョン、新しい取り組みへの挑戦など、前向きなテーマで議論できる場が創出されることにより、元々潜在していた地域貢献の意識を持つ店舗にとって、意思表明をすることができる貴重な機会となり、参加した店舗のマインドが受動から能動へと変化していく。

このように、ターニングポイントは、商店街を構成する店舗に対し、商店街の課題や将来像を自分事として捉え、商店街活動に対する意識を受動から能動へ促すきっかけを与える。結果、後の局面3となる、多様な価値観を持つ仲間の増殖に大きく貢献することとなる。

†局面3　多様な価値観による活動の発展

ターニングポイントを経て、受動から能動へ意識が変化した店舗は、震源店と共に、自らが行動し、周囲を巻き込んだ活動を展開していく。このように潜在していた意欲ある店舗が表面化することで、まだ潜在する仲間となる可能性が高い店舗を磁力的に惹き付け、表面化を促していく。これは上下の縦割りの関係ではなく、無理なく実現可能な範囲でできる活動を、周囲を巻き込みながら実践することで、仲間となる横の関係として増殖していく。

このように主体的な店舗が増殖することにより、商店街に多くの新しい視点や価値観を与える土台が完成され、時代の変化に対応できる、柔軟性を持った商店街活動が可能となる。

例えば、デジタル技術や広報戦略のスキルが高い人材、デザイン能力が高い人材、多数の業種業界で豊富なキャリアを持つ人材などが参画することにより、新たに得られる知識、ノウハウを活用した活動の発展が期待できる。

また、地域に開かれたターニングポイントにより明らかとなった地域課題や住民ニーズに対応するため、今までにない新しい取り組みを実践することで地域との一体感が醸成され、さらに本質的な地域課題や住民ニーズが明確になっていく。

このような商店街活動の進化・発展が、商店街の認知度向上に繋がり、仲間となる店舗の更なる掘り起こし、新しい連携先の構築、新しい需要層の開拓といった好循環を生んでいく。

一方、活動に参画する店舗数が増えれば、合意形成、いわゆるコンセンサスの問題が顕在化する。主体性を持った多数の能動的な店舗によって活動を実施する場合、組織としての合意形成に過度に捕らわれることなく、活動の規模や目的、内容に合わせた柔軟で弾力的な対応が重要となる。

小さな範囲での合意形成の手法を積極的に取り入れ、各関係者が懐を深くして活動に理解を示すことは、ショッピングモールや百貨店といった強い規律が存在する組織とは異なり、自然発生的に形成された地縁型組織と言われる商店街において、激しい環境変化の中で、柔軟性を持った活動を展開する上で重要な視点である。

4　商店街活動が提供する価値

†商店街活動の分類

商店街活性化の主流がハード整備を中心としていた頃、「街路灯」「アーケード」「カラー舗装」が三種の神器と言われていたが、その後、「バル」「まちゼミ」「一〇〇円商店街」といったソフト中心の活動が神器となり、直近ではデジタル化、持続的社会への対応、アフターコロナといったテーマが商店街活動の潮流となるなど、時代の流れに沿って商店街活動のトレンドも変化してきた。

中小企業庁「地域の持続可能な発展に向けた商店街づくりのノウハウ集（二〇二二）」に代表されるように、官民問わず多くの媒体において、活動の企画において参考となる多種多様な具体的事例が紹介されており、加えて経験豊富な専門家の派遣事業も官民において多数存在するなど、商店街活動の具体的なノウハウを供給する仕組みはある程度充実しているといえよう。

そこで本節では、このような商店街活動の具体的な企画内容にかかる議論は横に置き、主体的・持続的に活動を行っている商店街が、「何を目的に、何を期待し活動を行っているのか」といった活動の趣旨・理念について、またその活動が商店街にどのような価値を還元させているのか、その可能性について整理してみたい。

そこで、商店街活動を主目的別に、大きく三つに分類してみる。地域交流の拡大を目的とした「地域交流推進型活動」、本業への直接的な還元を目的とした「収益還元型活動」、商店街が持つ独自のブランドを有効活用した「商店街ブランド活用型活動」の三つである（図3）。

地域交流推進型活動は、商店街という場が持つコミュニケーション力を最大限に発揮し、商店街をフィールドとして多種多様な人々との交流拡大を狙い、商店街との関係人口増加を目的とした取り組みであり、非常に多くの商店街で見られる活動である。行政、まちづくり会社に加え、地域のボランティア団体、大学など、外部組織との交流を積極的に拡大し、新しい価値観を取り入れる意欲が強い特徴がある。この活動においては、震源店をはじめとする店舗が、その巻き込み力を発揮し、積極的に外部組織との連携窓口として役割を果たしている。

収益還元型活動の特徴としては、目的そのものが活動に参画する店舗の本業に対する直接的な収益を目的として企画されており、特にコロナ禍においては、厳しい状況下での生き残りのため、多くの商店街で収益に直接寄与するための活動が見られた。この活動は、商店街独自のポイントアプリや、デリバリーシステムの構築など、デジタル技術との親和性が高いことが特徴的である。

商店街ブランド活用型活動とは、歴史的文化遺産などの観光資源や、専門性の高い固有の業種がその商店街に集中しているなど、商店街自体に非常に強いブランドが備わっている場合において、そのブランド力を最大限に有効活用、または保持するために企画される活動である。これらは地域交流推進にも、収益還元にも繋げていきやすい特徴がある一方で、関係人口の拡大や収益性の追求からは一線を画し、ブランド価値の向上のみを主目的とした活動も見られる。

実際の商店街活動をこの三つの型に当てはめた場合、これらの目的はそれぞれが明確に分離されるものではなく、濃淡を付けながら重なり合っているものと捉えることができる。

†三つの活動が提供する価値

そこで商店街は、その活動を通して人々に何を提供しようとしているのか、またその活動に

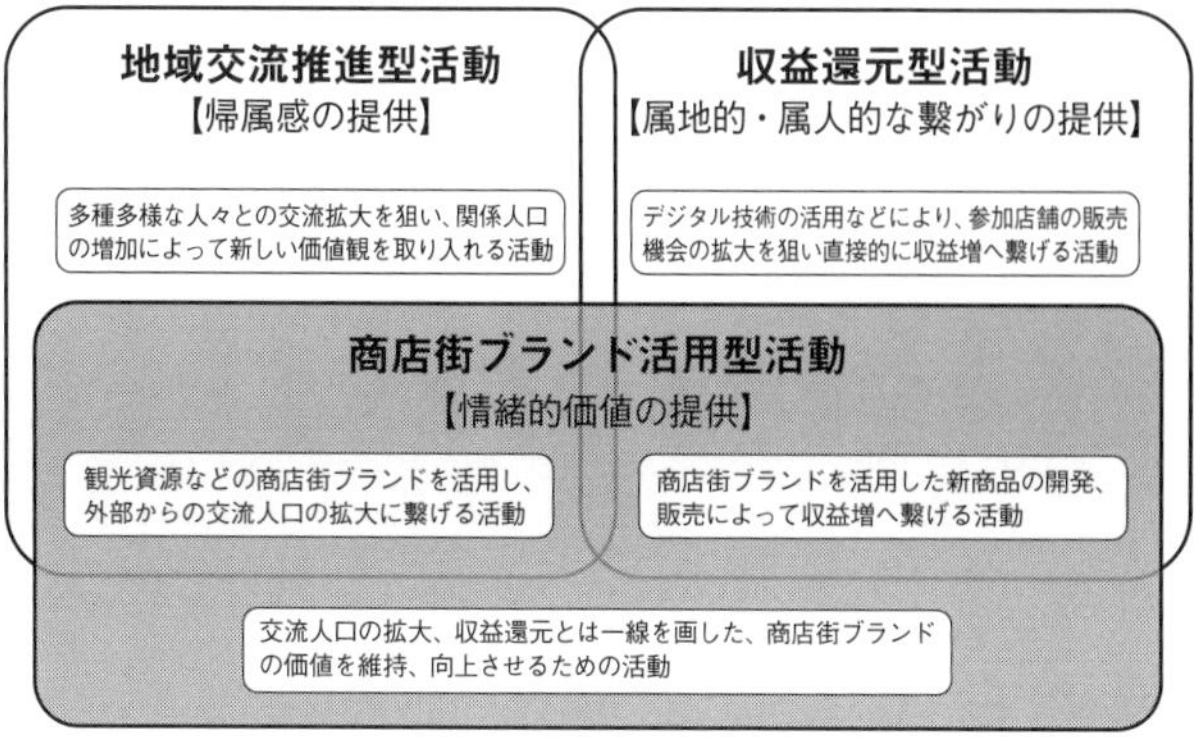

図3　商店街活動の三分類

関わった人々や組織は、どのような価値を商店街から受け取っているのだろうか。

まず、地域交流推進型活動については、活動後も商店街との関係性を持続させていくことで、参加した人々や組織に対して、活動に関わった時間のみに留まらず、生活、または人生の時間軸の中に、商店街と共に時を過ごす「帰属感の提供」を狙った活動といえる。

収益還元型の活動については、価格競争ではなく、その商店街、その店主からでしか提供できない、商品・サービスを顧客に届けることにより、「属地的・属人的な繋がりを提供」するための活動であるといえる。特にコロナ禍において、飲食店を中心に、厳しい売り上げを補うべく、同業種間や外部組織との連携、デジタル技術の活用などにより、自社商品・サービスの販売機会の拡大を狙う取り組みが活発であった。このような顧客との接触機会の拡大を、収益還元型活動を通して実現させることで、新規顧客の獲得、新しい組織との連携に繋がり、結果、関係人口の増加に繋がっている。

商店街ブランドを活用した活動においては、その商店街が保有するブランド価値を直接提供できることが非常に大きな強みとなっており、関わる人々の心に「情緒的価値」を与えることができる活動である。この商店街ブランドは、交流人口の拡大や新しい商品開発など、地域交流にも、収益還元にも親和性高く活用していくことが可能である。

また、交流の拡大や収益の追求からは一線を画し、商店街ブランドの価値を維持、向上させることを主目的とした事例もある。歴史・文化に裏付けられた商店街ブランドが、店舗間で強く共感・共有されることで、時代の変化に影響されない不変的な価値として守り続けていくことを重要視している。

一方で、地域交流型活動を、どのように本業への収益還元へ繋げていくのかという点を課題として捉えている声も多く聞かれる。地域交流を主目的とした活動は、参画店舗に対して直接的な本業への還元が見えにくいことから、活動の趣旨や目的、目標について、事前に関係者間での共有が重要であり、その認識が不十分だった場合、活動に対するモチベーションへの影響に加え、従業員への理解もされにくいといった現状がある。

すなわち、地域交流型活動においては、自身の店舗や商店街が提供する商品・サービスへのファン作りを意識し、収益還元型活動においては、新規顧客や新しい連携先に対して、販売機会の拡大のみならず、後の交流機会の拡大までを意識することで、商店街に対し、「帰属感」「属地的・属人的な想い」を持つ関係人口の増加を狙い、「地域交流」「収益還元」双方の重なり合う領域を増やしていくことが重要である。

これらの商店街活動によって提供される価値について、さらにもう一歩将来を見据えた可能性を考えてみたい。整理した三つの商店街活動の分類において、それぞれが提供する「帰属感」「属地的・属人的な繋がり」「情緒的価値」に共通するのは、関わった人々に対して、その商店街を中心とした地域に対するシビックプライドの醸成に貢献することが期待できるということである。

一般的にシビックプライドとは、「地域の発展に自分自身が関与していくという当事者意識や自負心」を指すが、そのような人々の内面に刻まれた価値は、将来のあらゆる選択肢において影響を及ぼし、商店街やその地域へ何かしらの成果を還元する可能性を秘めている。

例えば、商店街はハード、ソフト両面ともに創業場所としてのポテンシャルが非常に高いため、将来において創業を考える人材が、シビックプライドを提供してくれた商店街の場を創業の地として選定し、活動を担う人材へと成長していく可能性が期待できる。また創業の地としての選択に限らず、居住地の選択にも影響を及ぼし、地域住民として地域に還元されることも期待できる。

このように商店街活動を、商店街や地域に活力を生む、未来の人材に対しての投資活動と捉えた場合、「次世代、子育て世代、子供たち」といった対象に、活動の価値を提供していくことは、将来に向けた商店街活性化への布石を打つにあたり、非常に重要な視点ではないだろうか。

次節で紹介する事例は、前節で紹介した成長局面に加え、このような商店街活動が提供する価値を明確に示してくれるものである。

5　事例から見る成長局面と商店街活動の価値【セブン商店会：京都府長岡京市】

†セブン商店会再生の概要

セブン商店会は、京都府長岡京市の阪急長岡天神駅から北に続く住宅地に囲まれた商店街である。旧市道7号線に沿っていたことからセブン商店会と名付けられ、二〇二三年一二月時点において七四店舗が加入している商店会である。

子育て世代の女性に加え、ベテランと若い世代が協力関係を築き、地域住民のみならず、国、自治体、有識者、地域金融機関など、高いコミュニケーション力を活かし、幅広い関係者を巻き込んだ活動を積極的に展開しており、その活動は様々な媒体で紹介されている。まさに主体的・持続的な活動を展開している商店街の一つと言える。

このようなセブン商店会においても、八年ほど前までは解散を考えるほど活気を失った商店街であった。この状況に危機感を持ったのが、当時の会長であった老舗和菓子屋の店主である。「このままではセブン商店会が終わってしまう。商店会に加わって、一緒に活性化策を考えてほしい」

二〇一五年夏、当時まだ商店会に加入していなかった化粧品店の店主に声をかけたところから、セブン商店会復活の物語は始まる。

当初、化粧品店の店主は、地域に商店街組織が存在していたことすら認識していない状況であり、さっそく副会長として参画するものの、商店街の組織運営については全く経験のないゼロからのスタートであった。

また同時期に、セブン商店会の今後の活性化に向けた戦略を策定するための委員会が発足。数名の役員によって報告書が作成されることとなるが、組織の枠を出ない、まさに画に描いた餅であったという。

写真１　ターニングポイントとなった未来予想図委員会

しばらくして二〇一六年より会長へ就任した化粧品店の店主は、まず「商店街が地域から共感を得ること」を意識し、安心して歩ける商店街を目標に掲げ、会費の使用目的の一つとして防犯カメラの設置を明示し、加入店舗集めに奔走する。

また、作成した報告書について、組織内に閉じることなく、地域から広く意見を収集し評価してもらうことを目的に、誰もが参加でき、自由に意見交換ができる「未来予想図委員会」を発足。同時期に京都府商店街創生センターが設立され、行政側も商店街支援の案件を探している状況であったため、この「未来予想図委員会」の開催には、行政側の支援も大きな後押しとなった。

この、商店街関係者以外の誰もが参加できるフルオープンな意見交換の場を定期的に開催することで、地域のニーズに沿った新しい活動のアイデアが、この委員会から生まれることとなる。

この委員会によって出されたアイデアの実現が、さらに地域住民との貴重な交流の場となり、参加店舗の意識が受動から能動へと変化していった。

現在の会長は、音楽事務所を経営する子育て世代の女性が担っており、立候補による会長就任という事実が、何よりもこの商店街の主体性を表している。

このように、徹底的に地域にオープンな仕組みをつくり、また商店街関係者の巻き込み力も加わって、かつては三〇店舗を切っていた会員数が、今では倍を超えるなど、全国的な商店街組織における組織率の低下状況を鑑みても、特筆すべき結果となっている。

そこで、前節で示した成長局面ごとのポイントについて整理してみたい。

各成長局面における分析

（1）局面1——震源店（老舗の理解力と新しい人材の巻き込み力）

今日のセブン商店会の姿に繋がった、最初の震源店は老舗和菓子屋の店主であり、その期待に応えた化粧品店の店主も震源店の一つといえる。これは、地域に根ざした老舗ならではの地域愛と危機感、そして新しい人材の活動に対する理解力によるものであり、その期待に応えるべく、化粧品店の店主が過去の経緯に捕らわれず、徹底的に商店街の外から広く意見を収集するオープンマインドと、高いコミュニケーション能力を活かした巻き込み力を発揮したことによるものである。

加えて、広報戦略についても強調しておきたい。商店街活動への参画について、頻度高く各店舗に足を運び、協力を仰ぐことは当然ながら、地方紙への取材依頼やSNSによる発信など、効果的な広報戦略を強く意識しており、発信される情報についても、日時や開催場所といった単なるイベント告知ではなく、「商店街がどうなりたいのか、どのような目的を持ってイベントをやるのか」といった、商店街側が考える将来像や想いを紙面に載せた上で伝えることを重要視している。このような広報戦略は、参加者に対して、商店街は単なるイベントの開催場所ではなく、「個性と意思を持った場」としての印象を植え付けることとなり、結果、後の商店街ブランドの構築に大きく貢献することとなる。

(2) 局面2——ターニングポイント(未来予想図委員会の創生)

そしてターニングポイントであるが、どのような商店街になりたいか、地域に対してどのように商店街が貢献できるのかといった商店街組織の中で作られた報告書の内容を、誰もが参加できるフルオープンな場において議論できる環境を創生したことである。

この「未来予想図委員会」の創生には、行政側からの支援ニーズとタイミングが合致したことから、外部専門家の招聘などが可能となり、官民連携による充実した委員会の開催を実現させることができた。ここで重要なのは、行政側からの支援の押し売りではなく、商店街側から委員会設置にかかる協力を行政側へ依頼していることであり、あくまで委員会の主体性は商店街側にあったということである。

この委員会は月に一回の頻度で開催されることとなり、地域住民を始めとして三〇名を超える幅広い参加者が集まった。結果、住宅街に囲まれ保育園が多いという地域特性から、子育て世代が参加しやすいイベントや、地域住民と商店街関係者が気軽に交流できる立ち飲みマルシェなど、新しい企画が提案され実現されている。

このように委員会を通して、地域のニーズを汲み取った活動が可能になることで、参加店舗と地域住民との交流がさらに活性化され、商店街活動に対して能動的に意識が変化した店舗の増加に繋がることとなる。

（3）局面3――商店街活動の発展（新しい連携により広がる関係人口）

現在、数あるイベントの中でもハロウィンイベントについては家族連れで参加できるセブン商店会の名物イベントとなっている。また自治体が保有する遊休地を活用した青空映画館やマルシェの開催、地域金融機関との連携によるワークショップ、地元大手企業との連携によるインターンの受け入れや商店街店舗を活用した実証事業、大学生との連携による商店街のテーマ曲制作など、ターニングポイントを経て数多くの新しい連携が生まれ、活動に広がりが生まれ

写真２　セブン商店会の名物ハロウィンイベント

ている。

　このターニングポイントとなった未来予想図委員会は、現在も交流と意見交換の場として開催されており、ワークショップなどを通して商店街の将来像を参加者と一緒に考察するとともに、アドバイザー委員として有識者や行政職員が参画するなど、幅広い関係者を取り込みながら発展、継続されている。

†商店街活動によって還元された価値

　こうした活動の発展によって、商店街、そして地域に何が還元されたのであろうか。

　非常に興味深いのは、創業の場としてセブン商店会の地を選んでいる事例が複数見られることである。

　未来予想図委員会が発足して以降、約七年

間の間に四〇件近い創業がセブン商店会の地域でなされており、現在の商店会加入店舗の約半数を、これら新しい創業者が占めている。

保育園や法律事務所など事業所としての開業に加え、週に数回ほどの限られた日時において営業される飲食店や物販店など、いわば店舗経営の夢を実現する、敷居の低い副業的な創業の事例も多い。特に創業された店舗のうち半数以上は、若い世代による創業、または保育園、学び教室といった子育て世代を対象とした業種となっている。

これは活動を通してセブン商店会が得ることができた、次世代、子育て世代からの還元ではないだろうか。

セブン商店会では、地域のニーズを汲み取った家族層向けのイベントのみならず、トイレの貸し出し、授乳場所の提供など、子育て世代が常時利用できる環境を整備してきた。これらの取り組みにより、イベント時のみならず、子育て世代の日常の時間軸にセブン商店会が深く関わり合いを持った結果、商店街地域に家族連れの姿が増えることで、「子育て世代に優しく、子供たちの成長を楽しく応援している地域」としてのブランドを商店街が確立することができたのである。

積極的な広報戦略の成果も加わり、この魅力的な商店街ブランドがセブン商店会の地域を創業の場として惹き付けているのではないだろうか。

また商店街組織への加入店舗数の増加は目に見える定量的な成果であるが、強調したいのは数字ではなく、関わる人々の能動的な意識である。

セブン商店会においては、商店会への加入、商店街活動への参画については、事業の規模を問わず、副業的な創業者についても幅広く巻き込んでいる。いわば、これらの創業者にとって商店街活動は、自己の夢を実現する場として創業した地域での活動でもあるため、当初から積極性が高い人材が多く、古参メンバーにもその意欲が伝わることで、商店街全体の意識が能動へと変化し、結果として商店街活動に主体性が生まれているのである。

商店街メンバーの意識が受動から能動へと変化し、主体性を持つに到った証左は、化粧品店店主の後任会長の選出において、立候補者が現れたことに示されている。また組織役員を退任したメンバーの中には、商店街組織を離れた後も、自身の事業資源を活用し、コンサートやマーケットイベントといった自発的な地域への還元活動を展開していることも興味深い。商店街活動によってもたらされるのは、商店街関係者としての活動のみならず、個人としての地域貢献活動の主体性までも醸成させていく効果があるのではないだろうか。

二〇二二年度より、セブン商店会を象徴するように、子育て世代の女性が立候補によって会長に就任しており、現在、関係者と共にセブン商店会のさらなる発展に向けて日々奔走中である。

当然ながら、このようなセブン商店会においても、仕舞屋《しもたや》や空き店舗の問題、また厳しい業況の店舗は少なくなく、能動的な意欲に基づくとはいえ、活動メンバー間での認識共有、役割分担など、商店街活動の実施においては、他の多くの商店街と共通する様々な課題や問題を背負いながら、今もなお試行錯誤を積み重ねている。

特に商店街活動が各メンバーの本業へどのように還元されるのか、それを「見える化」していくことは、ビジョンの共有や議論だけでは補えない、活動に携わる商店街関係者間の認識共有を図るうえで重要な課題である。化粧品店の店主が会長に就任した当初は八割ほどの時間を商店街活動に取られていたが、活動を通して自店舗の知名度が向上し、顧客として店舗に還元されたことにより従業員の理解を得られたという。

このセブン商店会の活動の変遷について、前節で整理した商店街活動の分類別で紐解くと、まず地域に開かれた場で議論されたアイデアによって実現した「地域交流型活動」によって、子育て世代を中心とする関係人口の増加が促され、結果、子育て世代にとって、楽しく住みよい地域の商店街というブランドが確立されていき、活動は「商店街ブランド活用型活動」の要素を帯びていく。双方の重なり合う面積が拡大することで、次世代や子育て世代向けの創業が増加し、商店街に家族連れの来街者が増えるなど、さらなる相乗効果を生むことで、商店街への還元に繋がっていると整理できるであろう。

直近では、セブン商店会の活動を魅力的に感じ、商店街の近隣に住居を構えた子育て世帯もいるという。

このように主体性を持って実施する商店街活動によって、商店街ブランドの確立、来街者の増加、ひいては地域住民の増加という、間接的とはいえ商店街関係者への還元が実感できる成果が現れ始めていることは、今後のセブン商店会にとって大きな希望となっている。

6 商店街の再生にむけて

†商店街ゆえの価値とは——祖母の商いを通して

一九八〇年代前半、商店街がまだ地域にとって商業機能を発揮していた最後の時代であろうか、筆者の祖母は岡山市内のとある商店街にて小さな鉄板焼きの商店を営んでいた。

当時、小学生低学年であった筆者は、夏休みになると祖母の家に帰省し、入れ替わり立ち替わり訪れる顧客を横目に、祖母の商売風景が見える店奥の部屋で日々を過ごしていた記憶がある。それは「商いの景色」と「生活の景色」が併走して、同じ時間軸で流れている日常であった。

商店街で開催される催事や顔見知りの店主たちとの会話、休業日に幕の下りた暗い店の中から見える商店街を行き交う人々の喧騒など、商店街という場が保有する胎動やうねりのようなものに、自身の生活が包まれていた。それは安心感、居心地の良さといった、何とも形容しがたい日常の時間であったことを今でも強く覚えている。

この感情を言語化することは非常に難しい。近隣の百貨店の華やかさ、その屋上に常設されていた遊技場の多幸感は、当時小学生であった筆者を惹きつけてやまなかったが、整備された百貨店には存在しない、不規則、不完全だからこそ産み出される商店街という場の価値を、子供心ながらに感じ取っていたのではないかと思う。

八〇年代中頃には体力的な問題から祖母は商売を引退することとなるが、その後一〇年近く月日が経った頃、非常に印象深い出来事に遭遇する。

祖母と外出した際、離れた地域で立ち寄った店舗のスタッフが祖母に気が付き、声を掛けてきた。そのスタッフによると、幼少時代によく祖母の店舗を利用していたらしく、久々に店主の顔に出会い、当時の思い出や感情が蘇ったとのことであった。

祖母の店舗が商店街組織とどのような関係性であったのか、どのような理念を持って商売や地域と向き合っていたのか、もはや祖母から聞き出すことは叶わないが、当時は「まちづくり」や「地域コミュニティ」といった言葉が叫ばれる時代でもなく、ただ真面目に、愚直に、健気に、日々商いを全うしていただけに違いない。それでも、商店街の店主は関わった人々にとって地域の顔であり、自身の成長とともに利用した商店街の風景はいつまでも内面に刻まれ、一〇年以上の歳月を経てもなお、顧客は店主の顔を覚えており、当時の感情を蘇らせることができるのである。

もう一度あの鉄板の前に立ってほしいと、熱烈に要望するそのスタッフの表情はとても印象的であり、祖母が商店街において店舗を営んでいたという史実は、店舗を閉じた後でも、利用したであろう多くの顧客のその後の人生に、僅かながらでも影響を与え続けていると実感した次第である。

そして、このような商店街との関わりによって得られた価値が、年月を経て商店街へ還元された事例として、「東寺《とうじ》道《みち》親交会」を紹介したい。

†商店街の価値が未来に繋がる可能性（東寺道親交会：京都府京都市）

京都駅の南に位置する、西洞院《にしのとういん》通から竹田街道までをつなぐ東寺道。ここに二〇二二年、商店街組織「東寺道親交会」が新たに立ち上げられた。

かつて、同地域には「東寺道商栄会」が結成されており賑わいを見せていたが、時代と共に衰退後、組織としての実態を失ってからすでに長い年月が経っており、当時を知る関係者の高齢化なども相まって、組織を継承することは困難であったという。

そこで、改めて地域の魅力を発信し、商店街に賑わいを取り戻すため、東寺道親交会を立ち上げたのは、二〇一九年に同地域において飲食店を開業した店主であった。

立ち上げにあたっては、地域の各店舗との繋ぎ役として地元金融機関から協力を得るなど、活動に賛同する店舗を自ら巻き込み、結果、新旧併せて一六店舗による組織が結成されることとなる。

飲食店を中心としたマルシェや、家族連れで参加できるワークショップの開催など、継続的に交流の場を設けることで、活動に賛同、参画するメンバーを増やしていくなど、高い巻き込み力を発揮しながら意欲的に活動を展開している。

ではなぜ、商店街組織の減少が続くこの時代に、飲食店の店主は新しい商店街組織を立ち上げ、地域の魅力発信にかかる活動を主体的に展開するに到ったのであろうか。

それはビジネスとしての視点から、今後の発展に可能性を感じて開業を決断した地域ではあるが、実にこの地域は、店主が幼少期の頃より、商店街と関わり合いを持ちながら成長し、人生と共に過ごした場所となっていた背景がある。

このように、かつて商店街との関わりにおいて形成された地域へのシビックプライドが、地域の魅力発信に対する必要性を喚起させることで主体的な意欲を生み、能動的な活動を実施する原動力となっているのである。

まさに、内面に商店街の価値を刻まれた人材が、未来の震源店となって地域に舞い戻るという、壮大な伏線回収の物語であり、また時代を経て再建された現在の商店街活動は、未来の人材を育てるための、新たな伏線の始まりとなる可能性を秘めている。

今後、マルシェをはじめとした活動に加え、地域住民が広く参加することができる、地域の魅力発信をテーマとしたグループワークの開催などが検討されており、関係者はさらなる活動の発展に向けて、日々仲間集めに奔走している。

ゼロからの組織の立ち上げ、そして今後の活動に向けた仲間集めなど、関係者が抱える苦労は計り知れないが、これらの地域に開かれた活動がターニングポイントとなり、さらなる活動の発展によって、新しい創業、新しい仲間の増殖、さらには将来に向けた人材育成への布石となることを期待したい。

†主体的・持続的な商店街活動の実践にむけて

商店街が単なる買い物のための空間として存続することが難しくなった九〇年代以降、政府は「まちづくり三法」や「地域商店街活性化法」など、商店街を地域コミュニティやまちづくりの担い手として期待し、商業機能以外の付加価値を支援するための政策へシフトしていく。

一方、商店街に対して商業機能以外の役割を求める潮流については批判的な議論も少なくない。商店街は本来の商業機能を取り戻すことに注力すべきという意見も多い。

商店街衰退の要因を、環境や消費者ニーズの変化に対応できていない商店主側に求め、消費者にとって魅力ある商品を提供し顧客の拡大を図るという、商業者としてあるべき姿を追求することは至極真っ当な指摘であろう。

だが戦略的に商業機能を追求し、区画が整理され、合意形成のルールが確立されているショッピングモールや百貨店とは違い、地域文化や周辺環境の変化と運命を共にし、関わる人々の日常や成長という「人生の時間軸」を店主たちと共に過ごす、その混沌とした不規則性、意外性を持つ商店街は、経済合理性の追求だけでは解くことができない価値を含んでいる。

本章で取り上げた事例は、そのような商店街だからこそ人々に提供することができる価値と未来への可能性を改めて認識させてくれるものではないだろうか。

ここで改めて、主体的・持続的な商店街活動を実践するにあたって本章で示した要点を整理したい。

まず「商店街に閉じない開かれた対話の場」を創生することで、商店街の外から客観的な意見や評価を受け取り、自身の本業、地域、そして商店街活動の価値を再認識することで、各店舗の意識を受動から能動へ促し、仲間となる店舗を増やしていく。

表面化した意欲ある店舗を積極的に巻き込み、役割を与えることで、商店街は新しい価値観や視点を活動に反映させることが可能となる。結果、目まぐるしい環境変化に対し、柔軟に対応できる能力が商店街に備わっていく。

このような柔軟性を持った活動の広がりにより、地域交流と収益還元の双方に繋がりが生まれ、商店街自体にブランドが創生されていくことで、商店街は地域にとってなくてはならない存在となる。

その結果、活動の主体性・持続性がさらに強化されることで、より多くの関わる人々の内面に商店街活動が提供する価値が刻まれ、将来において地域の貴重な人材となって還元される可能性が期待できる。

商店街活動の成果が、参画店舗の本業に対して直接的な還元が見えにくい場合、モチベーションへの影響や活動方針への批判、認識の不一致などは避けることができない現実的な課題であろう。

だが、その活動によって商店街と関わる人々が増え、単なる消費行動としての時間ではなく、日常の時間軸において商店街の価値が刻まれる人々が増えることにより、地域を担う可能性を秘めた人材の内面へシビックプライドが植え付けられ、将来において地域へ舞い戻り、植え付けられたシビックプライドが種となり、根を張り、花を咲かせる。

そのような、未来の地域に咲くであろう花の種を、関わる人々に与えることができるのも、商店街だからこそ持つ価値ではないだろうか。

本章で紹介したセブン商店会の震源店となった老舗和菓子屋の店主が、地域との交流会の場で述べられた印象深い挨拶がある。

「交流の場を通して、皆さんと構築されたのは人脈だけではありません。それは商店街と皆さんとの絆です。」

今日現在、商店街を取り巻く厳しい環境下において、多くの苦労や悩みを背負いながら実施されているその活動は、将来、商店街や地域の担い手となる可能性を秘めた人材の内面に、わずかであろうとも確実に「絆」という価値を植え付けていると信じてほしい。

そして、その「絆」がシビックプライドという「種」となり、将来、商店街の地に根を張り、花を咲かせる。そのような伏線回収の未来を、商店街活動に汗を流す全ての商店街に対して願っている。


【本章のポイント】

①商店街の再生には、商店街を構成する各店舗が「主体性」と「持続性」を持つことが極めて

重要。
②主体的・持続的な活動を実施している商店街には、共通する成長局面があり、開かれた対話の場の創生がターニングポイントとなり、商店街活動に能動的な店舗（仲間）が増殖することで、新しい視点や価値観を手に入れ、時代の変化に柔軟に対応できる活動が可能となる。
③商店街活動は、関わった人々に対しシビックプライドの醸成を促し、将来の人材として商店街に還元される可能性を秘めている。

謝辞
本章の執筆にあたっては、セブン商店会、東寺道親交会はじめ、多くの商店街関係者のご協力を頂戴した。また商店街との接点を数多く提供頂いた京都府商店街創生センターの皆様、貴重な視点や論点をご教授頂いた流通科学大学の新雅史先生に深く感謝申し上げる。
（本章は私見による仮説を整理・検証したものであり、内容については筆者の所属する組織の見解ではなく、すべて筆者個人の責によるものである。）

参考文献
石原武政（二〇〇六）『小売業の外部性とまちづくり』有斐閣
石原武政・渡辺達朗（二〇一八）『小売業起点のまちづくり』碩学舎
大阪府（二〇二一年三月）『大阪府商店街感染症対策等支援事業商店街アンケート調査結果概要』

近畿経済産業局：関西企業フロントラインNEXT（二〇二二年三月）「主体的、持続的な商店街活動のための人材育成について―更なる「強い個店」の創出に向けて―」
中小企業庁『令和三年度商店街実態調査報告書』
中小企業庁：地域の持続可能な発展に向けた政策の在り方研究会中間とりまとめ（二〇二〇年六月）「地域コミュニティにおける商業機能の担い手である商店街に期待される新たな役割」

第3章　エリアリノベーションと商店街の可能性

千葉敬介

私たちは東京の都心にほど近い荒川区の西尾久《にしおぐ》というまちで、商店街を中心にした地域での取り組みを行っている。このプロジェクトで私たちはまずシャッターが目立つ商店街に、四つの新しい店を呼び込み、自分たちの店も含めた五店を同時にオープンさせた。

そんなプロジェクトの紹介を中心に、私たちが考えるこれからの地域や、その中での商店街の可能性についてまとめてみたい。

1　プロジェクトの始まり

†これからのまち、暮らしと、商店街

かつてのような活気を失った商店街に、新しく五つも店をオープンさせたこともあり、私た

ちのプロジェクトが商店街を守ったり、再生させようとしたりするものだと思われることが多いのだが、実は私たちはそういうことを目指しているわけではない。

けれど私たちは偶然に商店街でプロジェクトを立ち上げたわけでもない。むしろ東京中で商店街を四〇カ所以上も見て回り、その中で西尾久というまちにあるちょっと寂しい商店街に巡り合った。そして一年以上も毎日のように通いつめ、やっとのことで借りられる建物と出合い、プロジェクトをスタートさせた。

なぜ私たちがそこまでして商店街にこだわり、必死の思いでそこに場所を確保したのかといえば、それは私たちがこれからの地域やまち、そこでの暮らしを考えるうえで、商店街というものに大きな可能性を感じていたからに他ならない。

それがいったい商店街のどんなところに対してか、そして私たちが思い描くこれからの地域の姿や、その可能性とはどんなものなのか。そんなテーマを交えながら、私たちのプロジェクトについて説明していきたい。

†商店街の使い方を探る実験

人口が減少していく時代に入り、これまでのように経済成長を前提とすることが当たり前ではなくなってきた社会の中で、都市はつくるものから、使うものへと変わっていくといわれている。これまでは旺盛な成長意欲の中で、建物が次々と建てられ、それによって都市が形づくられ、それをどうデザインし、より良いまちをつくるかが一番のテーマだった。しかしそうした時代はいったん終わり、これからは今までつくってきた建物やまちを、どう使うか、どう生かすかが大きなテーマになってくる。そんな中で多くの商店街は、かつてのように商売をする人たちがひしめき合う、地域の経済を引っ張る存在ではなくなるだろうし、すでにそうではなくなっている商店街もかなりの割合で存在している。

だからといって、それが「商店街はもう要らない」という意味だと、私たちは思っていない。都市がつくるものから使うものへと変化するのと同じように、商店街も新しい使い方や役割を与えられ、これからの暮らしの中で再び重要なものへと位置付けられるはずだと考えている。

むしろ、人口減少期を迎える中で全ての地域が生き残りをかけた厳しい戦いを強いられるこれからの時代に、商店街がない地域と比べると、商店街がある地域の優位性ははるかに高く、地域の大きな武器になる可能性があると思っている。

だとすれば、それはどのように使えば効果的なのか。実はそれこそが、私たちが西尾久のまちや商店街で確認しようとしていることであり、日々実験や失敗を繰り返しながら探っているものだ。まだそこに確かな答えは見えていないが、そこに答えがありそうだという手応えは確かにある。

もちろん武器となるのが商店街だけだとは思っていない。これからの時代を豊かで楽しいものにするために、私たちはさまざまな武器を手に入れ、その使い方を極めていかなければならないし、武器は他にもたくさんあるはずだ。例えば公園がその役割を担ったり、マルシェのようなイベントが地域を変えたりしている事例もある。福祉や保育、教育がその鍵を握っているかもしれない。

けれども商店街ほど分かりやすく、誰にも親しみのあるものはそんなに多くない。そして長くそこにあり続けてきたこと、何かを新しくつくったり、制度を整えたりしなくても使えることの意味は大きい。

†可能性を残し、生かすために

「シャッターが閉じている店には、可能性がある」

私たちのいる商店街と近い別の商店街に拠点を構える、ドイツから来た建築家のこんなひとことがとても印象的だった。いまやシャッターが閉じているだけでなく、商店街にあった店が次々と住宅などに建て替わっていく風景も目にすることが多い。シャッターが閉じている店は、今は使われていないけれど、いつか誰かがまた活動の拠点として使い、地域に開いた場になる可能性がある。けれど住宅になってしまった建物が、再び地域に開いた場になる可能性は、ほとんどないといっていい。

私たちは、商店街を武器として生かし、地域を楽しく豊かにする方法を、あれこれと試してみたいと考えてプロジェクトを立ち上げた。そのための実験場として選んだのが西尾久だ。たくさん実験し、同じぐらい失敗を繰り返しているが、そこから見えてきた新しい可能性も数多くある。失敗はいくらしてもよいが、戦いに勝つ方法は必ず手に入れる。それが西尾久のプロジェクトに自ら課したミッションだ。

2 プロジェクトについて

†三つの特徴

西尾久のプロジェクトにはいくつかの特徴があるが、中でも大きな特徴が三つある。なんといっても一番の特徴は、先ほど述べたように商店街に五つの店を新しく同時にオープンさせたこと。二つ目は誰からも頼まれていないのに、自主的な事業として地域のことに取り組んでいること。そして三つ目は最寄り駅がなく、いわゆる駅前商店街ではない場所を選んでいることだ。他にも特徴はあるけれど、まずはこの三点について説明していくのが、プロジェクトを把握する上で分かりやすいだろう。

†小さなエリアで同時にオープン

五店を同時にオープンさせたかったのには理由があるが、その一つがそれぞれの店の持続性を高めることだ。今回のプロジェクトでは先ほど述べた通り、いわゆる駅前のような放っておいても集客が見込める場所ではないところを対象にすると、あらかじめ決めていた。後で詳しく説明するが、そんな立地でも出店者を集められるという目算はあった。しかしせっかく出店者が現れても、その店の経営がうまくいかず、すぐに潰れてしまっては意味がない。

一方で例えば、地方の小さなまちに気の利いた小ぶりなカフェなどができ、その店が徐々に認知されて地域の顔になった、というような情報に触れることがたまにある。

私たちのプロジェクトと同じく、大勢の人が訪れるような場所でなくても、魅力的な店であれば、やがて人気が出て固定客が付き、安定した店の経営ができるようになる可能性があるだろう。

さらにそんなカフェの近くにすてきなパン屋でもできれば、どちらの店にも相乗効果が期待できるし、客がその場所に行く動機も強くなるので、カフェの店主とすれば一安心、ということになる。

しかし最初にカフェを開いたとき、店が安定的に経営できるという確証や根拠があったかといえば、そうでもないかもしれない。カフェをやるのが夢だった、地域で何かやりたかった、たまたますてきな建物に出合ってしまった、というような理由で開業する人も少なくないだろう。さらに近所にすてきなパン屋ができることが予想できたかといえば、それは神のみぞ知る、ということになる。

つまり意地の悪い見方をすれば、カフェの経営が軌道に乗るかどうかは運しだいだし、パン屋が現れるかどうかなど、偶然以外の何物でもない、ということになる。

近所の人たちからすれば、寂しかった地域に集える場所ができ、人気店になることで若い人も来るようになる。メディアに取り上げられることもあるかもしれないし、やがてその地域を気に入って移住してくる若者が現れることにもつながるかもしれない。

そんな地域への貢献度が計り知れないほど高い店なのにもかかわらず、開業にかかる費用などを負担するリスクは全て個人の小さな肩で背負うことになる。カフェであれば数百万円から多ければ一〇〇〇万円ぐらいの開業資金が必要だろうし、そもそも仕事を辞めて転身を図るのも含めれば、リスクは決して小さくはない。

であれば、そんな地域の宝ともいえる店ができたとき、その持続性を最大限に高める方法を編み出したい。その手法が確立できたなら、大げさにいえばどの地域でも店を呼び込むことでその場所を盛り上げることができるようになる。つまり私たちにとっては頼もしい武器になってくれるはずだ。

そこで考えたのが、特定の小さな範囲にいくつかの店を集積させること。それらを同時にオープンさせることだ。

先ほどの例でいえば、カフェのそばにパン屋ができることで、それぞれの店の持続性は格段に上がる。であれば、それを偶然ではなく成立させれば良い、ということだ。

西尾久ではその有効性を試すため、長い商店街の中でも互いに見えるぐらいの小さな範囲で、四店分の物件を確保することを、プロジェクトがスタートするための最低条件とした。四店という数字に明確な根拠があったわけではないが、まちの規模や、イメージしていた賑わいなど、将来像から考えて四店以下はないだろうと考えていた。

実は二店分の物件は、西尾久のまちに通い始めてから半年強ぐらいで確保できたのだが、残り二店分を確保するのにそれから半年以上かかってしまった。その後、偶然にもう一店分が見つかり、結果として五店でスタートすることができたのは幸運だった。

†頼まれていないのに地域のことに取り組む

プロジェクトの二つ目の特徴は、誰にも頼まれていないのに勝手にやっている、ということだ。一般的にこうした地域での取り組みとして多いのは、自治体が事業として発注するものや、地域で大きな不動産開発を予定している事業者が、地域の価値を上げるために誰かに依頼するものだろう。他にも地元の有力な企業がお金を出して地域活性化を目指す場合や、地域の有志がＮＰＯなどの団体を立ち上げる場合もある。

だが私たちのように、地域に縁もゆかりもない者がやってきて、地域のことに取り組むような事例はほとんどない。

その理由としては事業としてコストの大きさと比較して収益性が低いことや、そもそも収益性が不明確で不確実なことなどが挙げられるだろう。

しかし、だからこそ西尾久でのプロジェクトは自主的な事業である必要があった。先ほども述べた通り、やりたいのは実験だ。小さな試みから大きな企みまで、試したいことがたくさんあるし、その結果として他の地域でも使えるような手法を手に入れたい。そのためには誰かのお金ではなく、自分たちの責任と負担でやる必要がある。そして手法が手に入った暁には、やってみたい取り組みが山のようにあるのだ。

†立地の選び方

三つ目の特徴は、駅前などの恵まれた立地ではなく、最寄り駅がないような商店街のある地域を選んでいることだ。その主な理由は、まず駅前の商店街の場合、東京ではほとんどがチェーン店の並ぶような状態にあり、何かを仕掛けられるような場所ではないこと。そしてその周辺の地域も同じく、放っておいても価値が保たれるような場所であるというのが理由だ。

プロジェクトの狙いは、商店街を使って地域に変化を起こすことであり、その結果として今までその地域に興味を持たなかったような層の人たちを地域に呼び込むことだ。それを地域の魅力や価値を高める手法として確立することが目標なので、何もしなくても価値が高かったり保たれたりする地域で活動をしても意味がない、ということになる。

†立地選びの決め手は人

これらの三つの特徴は、プロジェクトが立ち上がり、結果的にそうなったということではなく、最初からこんなことがやりたいと思い、それができる場所を探していた。

東京二三区にも、駅前ではない商店街やその名残はかなりの数があり、近郊も含め四〇以上の商店街などを見て回った。そして最終的に三カ所の商店街が候補として残り、その全てに通い、地域の人たちと話し、借りられる建物を探したが、物件はおろか建物の所有者にも地域のキーマンにも出会うことができなかった。

そんな中で、西尾久の商店街だけは銭湯「梅の湯」の三代目店主を紹介してもらうことができた。店主の栗田尚史さんは三〇代にして銭湯を受け継ぎ、建物を建て替えて再出発を果たしたばかりだった。銭湯の設備は三〇年ぐらいで入れ替えの時期が来るそうで、逆にいえば栗田さんはここから三〇年、地域にコミットする決意をしたのだということになる。

実際に栗田さんは、銭湯で落語やヨガといったイベントをするなど、アグレッシブに活動して注目を集めていたが、店以外にも斜め向かいの天ぷら屋「天ふじ」の長沼さんや、英会話教室を営むクレイグさんらと、地域でイベントなども行っていた。

さらに他にも偶然が重なって、まるで導かれるように、候補地は西尾久に絞り込まれていき、中でも梅の湯になるべく近い場所で物件を確保することが最優先の条件になった。

それから毎日のように商店街に通い、シャッターの閉じている店の建物所有者に声をかけて回ったが、思うような成果は得られず、けっきょくスタート時に確保できた四店分は全て栗田さん経由で話がまとまるという結果だった。

そういう意味では、プロジェクトの対象地はいずれにしても西尾久しかなかったということだ。立地や、シャッターが閉じた商店街があることなど、物理的な条件を並べて候補地の検討をしていたが、最終的には地域にどんな人がいるか、という点が決め手になったともいえる。このことはその後、西尾久以外の場所での展開を進めていく中でも、重要な手掛かりになっている。

†プロジェクトのきっかけ

そんな経緯で、プロジェクトは西尾久で立ち上がることになったのだが、そもそもなぜ私たちがこんなプロジェクトを始めたいと思ったのか、ということにも触れておく必要があるだろう。

私たちは「東京R不動産」というウェブを中心にした不動産や建物にまつわる活動を、二〇年ほど続けてきた。日々の仕事の中心は、不動産と付くように個別の物件の仲介で、主に都心やその周辺の建物を扱っている。それ以外にも二〇年間で活動の領域は徐々に広がり、「toolbox」という家をつくるための建材のECサイトや、「密買東京」といううちょっと怪しい名前の雑貨のECサイト、撮影スタジオの検索サイト「[R] studio」など、いくつもの活動がそれぞれ会社やチームとして立ち上がり、グループになっている。

二〇一六年、そんなグループのメンバーが一堂に集まり、今後の事業展開などについて議論する合宿が行われた。意外だったのはその中で、まちや地域にまつわる事業やプロジェクトのアイデアが数多く出たことだ。不動産チームの中では、そういった動きがその前からあったし、一部のメンバーはコンサルティングなどの形でそんな領域に携わっていたが、普段は建材を扱っているようなメンバーからもそうした意見が多かったことは、グループにとって新しい時代が来ることを予感させるものであったし、私たちの意識が変わる大きなきっかけとなった。そしてやるからには私たちの事業の次の時代をつくるようなものを目指すべきだということや、これからの社会で私たちが担うものを示したいということ、受託の仕事ではなく自分たちの事業として取り組み、独自性を打ち出せるものにするべきだということなどが、その後の議論を経て固まっていった。

3 まちも建物も、もっと楽しく

†東京R不動産とは

プロジェクトの理解のために、東京R不動産について少し説明しておく必要があるだろう。東京R不動産というのはウェブサイトの名前であり、私たちの活動や組織の呼び名でもある。おそらく一般的に不動産屋と聞いてイメージする活動とはかなり異なるものだと思われるので、詳しくはサイトや、これまでに出してきた本などでご確認いただけたらうれしい。

特徴はたくさんあると思っているのだが、プロジェクトにつながるようなものを中心に挙げると、次のようになるだろう。

- 新たな視点で不動産の魅力を紹介することや、価値をつくり出すことを目指している
- 一般的な価値観ではなく、こだわりや愛着など、主観的な価値を重視している
- コンセプトや価値観に共感し、ファンのように応援してくれるユーザーが多い
- ユーザーは若い世代が中心で、クリエイターなどが多い
- 物件を探す目的だけでなく、読み物としてサイトを見ているユーザーが多い
- リノベーションという考え方や価値観が一般化することに寄与してきた
- Central East Tokyo（CET）というアートイベントから派生した
- 課題解決型ではないが、楽しいことを生み出すことで課題解決につながることが多い

「不動産のセレクトショップ」というのが、立ち上げ当初から使っているキャッチフレーズで、今でも私たちの活動の最も重要な骨格となっている部分だ。最初はそんな風に、魅力的なのに注目されていない物件を発掘したり、物件の魅力を新しい視点で伝え直すことから始まり、やがて物件や建物の価値を高めたり、新しくつくったりする仕事も多くなっていく。

そんな活動をしていくうち、「まちも建物も、もっと楽しく」という合言葉がそこに加わり、今では大きなテーマになってきている。

†人が建物を魅力的にする

R不動産の特徴の中でも、良いユーザーに恵まれているという点は、西尾久のプロジェクトにも直結するものだ。それを象徴するような事例として、古いビルやマンションなどの入居者募集をR不動産で始める場合のことがある。募集をするようになると、建物には徐々にR不動産からの入居者が増えてくる。そうすると、増えるのと連動するように、建物自体の人気も上がっていくという現象が起きることがよくある。一般的な不動産業の目線から見れば、入居者は問題のある人でなければ誰が入っても大きな違いはないと考えるだろう。しかし面白いことに、建物に愛着を持つ人が増えると、建物の人気が増していく。まるで愛されていることが、建物の魅力になっていくような現象だ。

これは今回のプロジェクトを考えるときにも、ベースになっている。つまり建物はそのまま、まちに置き換え可能だと考えた。地域に愛着を感じて住む人が増えれば、その地域の魅力が上がっていくし、むしろ建物よりも地域の方がそれが目に見えて現れやすい。

そして地域に集まる人たちが、R不動産やグループ事業のお客さんたちだったら……、と想像した結果が前述のグループ合宿で、メンバーたちがまちのことに取り組みたいと考えた理由なのだと思う。「そんなまちだったら絶対に住みたい」と、皆が考えるほど私たちは毎日の仕事の中で、本当にお客さんに恵まれていると感じている。

†共感が人を呼ぶ

さらにユーザーと一定の信頼や共感でつながっていることを、日常的に感じられることも、プロジェクトを立ち上げることができた大きな要因だった。

一般的には店を出す場合に重視するのは、何よりも立地である。だから家賃も店の場合にはほぼ立地で決まる。なぜなら内装も外装も、新たにつくり込むことが前提であり、住居などのように建物の状態による影響が少ないからだ。

そう考えると、集客的には何の強みもなく、駅から二〇分も離れた西尾久の商店街で、四店も同時に集めるのは、普通に考えるとかなり難しい。都電という路面電車の停留所は五分ほどのところにあるが、乗降客数でいえばバス停に毛の生えた程度。私たちも、今でこそ地域の魅力をあれこれと説明することができるようになったが、立ち上げ当時は正直なところ気付けていなかったことの方が多い。そして誰よりも懐疑的だったのは、他でもない地元の人たちだろう。

しかし蓋を開けてみれば、プロジェクト開始時の出店者の募集では、まち歩きやイベントも含めると百組以上の人たちが、名前を聞いたこともない西尾久というまちの寂しい商店街に、物件を見に来てくれた。そして各物件に複数の出店希望者が現れ、合計で一〇件以上の申し込みを受けることができた。

つまり少し大げさにいえば、集まってくれた人にとっては、R不動産のユーザー仲間と一緒に店を出すことに期待し、価値を感じてくれたことになる。いってみれば駅から近いのと同じ価値を、R不動産のユーザーとの距離が近いことに見出してくれたともいえる。さらに西尾久の場合には、私たちもリスクを負って自分たちの拠点をつくり、地域にコミットするというオマケを付けた形になった。

こうして立地の良くない場所でも、複数の店を同時に集めることができたわけだが、私たちにとっては予想通りの結果であった。もちろんそれを目指して二年以上も準備と検討を重ねてきたのだから、当然といえば当然だし、むしろ複数の候補者が現れることを前提としたうえで、それらの組み合わせによって地域にどんな価値を生み出せるかが、プロジェクトの肝になると考えていた。

とはいえ商店街で同時にいくつもの店を集めるやり方は特異で見たことがないので、無事に人が集まったときにはホッとしたというのが、正直な感想だ。

ちなみに、同じように立地の良くない店舗物件や商店街のことを考えている方々のために、先ほど大げさに語った部分を補正しておくと、最近は若い世代を中心に、いわゆる駅前などの商業的な立地をあえて避ける傾向も見られるようになっている。理由はいくつかあるが、例えば自分たちの世界観をきちんと表現できる物件を探している人が多いこともその一つ。駅前のような場所は賑やかで人通りもあるが、牛丼屋とドラッグストアに挟まれて世界観を表現する店をつくれるかといえば、かなり厳しい。またインスタグラムなどの普及でその店だけを目指して遠くから訪れる客が増えていることも理由として挙げられる。あるいは働き方や暮らし方の変化によって、副業で店を持ちたいと考える人や、生活の場の近くで店を持ちたいと考える人が増えていることも、大きな要因だろう。

†まちから始まり、再びまちへ

先ほど、地域に愛着を持つ人が集まると、その地域の魅力が高まる、と述べたが、R不動産の始まりもまさにそうした流れの中からだった。

二〇〇三年から二〇一〇年まで、東京の東側、日本橋の裏手から隅田川の手前、馬喰町あたりまでのエリアでCentral East Tokyo（通称CET）というアートイベントが開かれていた。この辺りは繊維問屋などが集まる問屋街だったが、産業構造の変化や、他の地域での新築オフィスの大量供給などによって、このエリアの古いビルには多くの空きが発生していた。CETはこうした空きスペースを作品展示の場として一時的に使用し、街の中に分散する形で開催していた。そしてその展示スペースとして使える場所を探す活動から、R不動産が立ち上がっていく。

CETは秋に数週間開催され、終わればまた日常の風景へと戻るのだが、毎年繰り返すうちに、やがてギャラリーやクリエイターのアトリエ・事務所、物販店などが、地域にいくつか常設の拠点を開き始める。そのうちクリエイターたちが通うようなカフェや飲食店、バーなどが、ポツリポツリとできてくる。そこに遊びに来たクリエイター仲間たちが、いつの間にかこの地域に拠点を移し……。

そんな風にして、一〇年ほどの時間をかけて、閑散としていた問屋街はいつしかファッション誌も取り上げるようなおしゃれエリアに様変わりしていった。

R不動産では、一つひとつの点を打っていくように、新しく生まれる拠点のために物件を提供していった。そこに全体計画があったわけでも、ビジョンがあったわけでもないが、点が線に、線が面になり、地域の風景や色、そして価値までもが変わっていくのを目の当たりにした。

この経験は、私たちが単体の不動産物件や建物を越えて、まちや地域を活動の領域にしたいと考える原点となった。

†エリアリノベーション

西尾久のようなプロジェクトは、業界ではエリアリノベーションといわれる。これは簡単にいえば、まちをリノベーションするということ。といっても地域全体を改装するということではなく、主に空き家などを一定の地域で連続的にリノベーションして活用することで、そこに新しい活動が連鎖的に生まれて地域が活性化することを目指すもの。先ほどのCETのエリアでの事例もその一つだ。

ここで、リノベーションとは？　と疑問を持つ方もいると思うので、軽く説明をしておいた方が良いかもしれない。といっても言葉として十分に成熟・定着したものではないので、扱われ方にはかなりの幅がある。最も表層的な意味では、リフォームとほぼ同じ意味で使われ、デザイン性があることを伝える目的で用いられる場合が多い。これに対し、この言葉に思いを持って使う人であれば、古い建物の良さや雰囲気を生かしたデザイン、それによる再生という意味で用いる。おそらく前者の場合には、新築に最上の価値が設定されているのに対し、後者の場合には古さに価値を見出したうえで、その楽しみ方の一つとしてデザインし直すというプロセスを捉えているのが最大の違いだろう。

不動産業界の場合には、雑貨や服などと比較して価格が各段に高いことから、商品の供給がマス向けのものにかなり偏っているため、デザインにこだわるのある物件はあまりない。それでもデザイン性や質感の良さを求めようとすると、自分たちの価値観に釣り合わないような高級物件になってしまうため、自分の価値観に合った価格帯で、デザインや質感を楽しみたいという層にとっては、古い建物のリノベーションが有力な選択肢となる場合も多い。

という説明を読んでいただいたうえで、エリアをリノベーションするのだ、と考えると、イメージが湧きやすくなるだろうか。逆に遠退いたという方がいないことを祈るが……。

ものすごく荒くいえば、ショッピングセンターや商業施設は、マス向け新築物件のようなものであり、それに対して古い建物や人のつながりなどを生かして地域の新しい価値を生み出そうとするのがエリアリノベーションだ。新築物件では大手メーカーの建材が使われるように、ショッピングセンターにはどこでも同じようなチェーン店が並ぶが、エリアリノベーションでは地域の資源を生かした活性化を目指す。

また新たに活動の拠点を持とうとするとき、場所や建物の整備の費用が重くのしかかる。リノベーションや、DIYによって自分たちで改装すると費用を抑えられるため、古い建物を生かし、若い世代を含めた多様な活動を地域に呼び込むことができるという点が、エリアリノベーションの優位性といえる。

†現象から方法へ

エリアリノベーションという概念は、R不動産のディレクター馬場正尊が二〇一六年に出した『エリアリノベーション　変化の構造とローカライズ』という本で打ち出し、名付けたもので、その考え方は広く一般化した。そのスピードには私たちも驚くほどで、官公庁などでも用いられる言葉になっている。

馬場は本の中で全国の六カ所で起こっていたまちの変化を事例に、それまでの「都市計画」や「まちづくり」とは異なる新たな潮流とその可能性を捉え、それらの事例を分析することで、そこに通底する法則や構造を示した。

エリアリノベーションの最大の特徴は、計画的に組み立てられ、生み出されるものではなく、自然発生的に生まれたまちの変化が連鎖し、地域全体を変えていくような動きが形成されているところだ。

その渦のような地域の動きを、偶然に生まれるものではなく、意図的に生み出し、持続性を持たせることができないかと考えたのが、西尾久でのプロジェクトの始まりだった。

4　プロジェクトとまち

†R不動産の店「おぐセンター」

さて話が少しそれたので、プロジェクトの話に戻ろう。二〇一九年、最初にオープンした五店の中には、私たちR不動産が運営する店もある。二階建ての建物で、名前は「おぐセンター」という。一階は定食と飲み物を出す店、二階はレンタルスペースと、オフィス向け賃貸区画として小部屋が二つある。

建物は七〇〇メートルほど続く長い商店街の、ちょうど真ん中にあり、先ほどの「梅の湯」からも五軒ほど。目と鼻の先というぐらいの距離だ。

蛇足だが、ちょうど真ん中に位置するだけあって、長い商店街は店の前で二つに分かれ、別の商店会になっている。当初は一つだったそうで、商店街あるあるだが、長い歴史の中で分断が起きたのだという。そしておぐセンターがある側の商店会は数年前に休止状態に入り、今は商店街としての運営はされていない。

昔は農業用の水路だったという商店街の通りは、ほぼ直線だがゆるやかに曲がりくねり、道

写真１　おぐセンターの外観

写真２　おぐセンターの内観

幅が狭いので独特の雰囲気があって気に入っている。そんな商店街は、真ん中でY字に分かれ、一方は商店街、もう一方は尾久八幡神社へと続くかつての参道になっている。

そのY字の又の部分に立つおぐセンターの建物は、古くてくたびれてはいるものの、実にシンボリックな存在感を放っていた。

初めてこの商店街を訪れたとき、ここはかなり活気のある八百屋で、商店街で一番の集客力のある店だった。三叉路にあることから、地元の人たちからは通称「三角八百屋」と呼ばれて親しまれ、今でも店の場所を説明するときには「元の三角八百屋のところです」といえば、一発で伝わるほどだ。

ちなみに向かいは鶏肉専門の肉屋「宮川商店」で、こちらも近所で評判の店。ひっきりなし

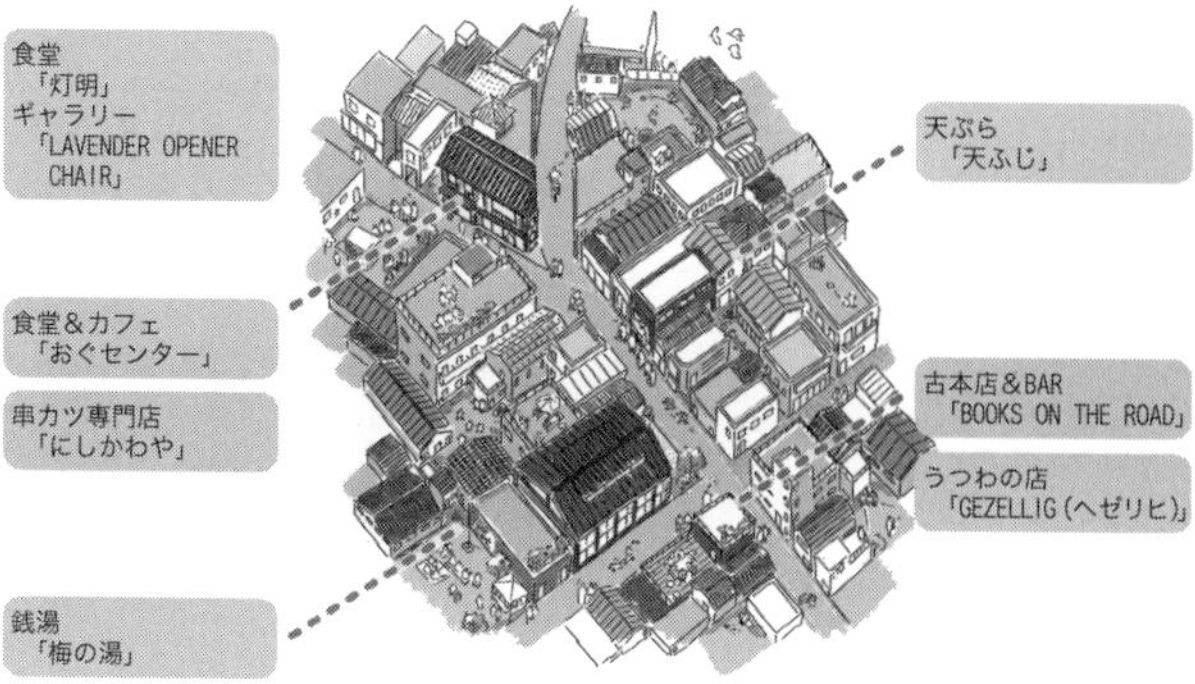

図1　プロジェクトのイラストマップ

に客がやってくる。この二店が商店街で最も客の多い店だったので、文字通りここが商店街の中心になっていた。

だから当時はまさかこの店が借りられるとは、夢にも思っていなかった。よく見ると、二階が使われていないようだったので、せめて二階だけでも貸してもらい何かに使えたら……、と皆で妄想をふくらませていたほどだ。

その八百屋が店を閉めるらしい、という情報が飛び込んできたのは、商店街に通い始めて半年が過ぎた頃。物件が借りられず、少しくじけそうになっていた、ある夏の日のことだった。商店街は大丈夫だろうかと心配になりながらも、一も二もなく、まずは借りたいと伝えに行った。

結果はあえなく玉砕……。二つ返事で断られる。

だがこちらも不動産屋。一度や二度断られるぐらいは想定内。もちろん内心は焦りと不安でいっぱいだったが、なぜ貸さないのか、どうしたら貸してもらえるのか、大急ぎで分析とシミュレーションを回す。当然ながら、憧れの建物を借りるためなら、一〇回でも二〇回でも頼みに行く覚悟でいた。

そんなある日、またしても驚きの情報が飛び込んでくる。実は梅の湯の栗田さんが、八百屋の娘さんと小学校時代にクラスメイトだったというのだ。そこでこのルートから説得すべく、大急ぎで準備を進める。作戦は町内の盆踊りの会場で決行することになった。

彼女は大手外食チェーンで福祉系の仕事をしている人で、地域や社会の課題に対して理解があり、なんと私たちR不動産のことも知ってくれていた。今考えてもこのプロジェクトで最高にラッキーだったのはこのときだと思う。

数日後、ご両親に会うと「で？　いつ契約するの？」と向こうから切り出された。

†まちのリビング

そうして建物を無事に借りることができたのだが、貸す決め手になったのは、若い人たちが商店街や地域のために動くのをサポートしたいという思いだったと聞かされた。

ご主人は腰を痛めて、泣く泣く店をたたむことにしたそうだが、自分がいなくなることで商店街に来る人が減るのではと、とても心を痛めていた。

今考えると、最初に断られたのは何だったのかと思うが、ご主人からは今でも多くのサポートをしてもらっているし、娘さんも含め感謝しかない。
ただし建物は雨漏りや、相当傷んでいるところなども多く、修繕など一切をこちらで負担することを提案し、契約をさせてもらった。

そんなドタバタの末に借りた建物で、私たちが目指しているのは「まちのリビング」のような空間にすることだ。

例えば近所の梅の湯は、建物も新しく掃除も行き届いて、とても気持ちのいい銭湯だ。開店時間の三時が近づけば、一番風呂を狙うおじいちゃんおばあちゃんの行列ができるし、友だちどうしで来る小学生から、外国の人まで、幅広い人たちに大人気で、夜中までやっている。下町で銭湯文化が残る地域なので、今でも風呂なしアパートが多少あるが、来ている人のほとんどは家に風呂がある人たちだ。

つまり、まちに風呂があることで、家の風呂では味わえない豊かさや心地よさを味わうことができるのだ。ここには大きなヒントがあると思わずにいられない。

今や各家庭には空間も設備も整い、生活に必要なものはそれぞれの家で一通り満たされるし、プライベートな空間でそれが充足していることはとても素晴らしい。だが一方で、銭湯が家の風呂と全く異なる豊かさを与えてくれるように、家のさまざまな機能をまちに出すことで、暮らしがもっと豊かで楽しくなる可能性があるはずだ。

さらにいえば、それを商店街が担うという姿は、これからの地域や暮らしを考えるうえで一つの大きな可能性だと思っているし、それが実現するのなら商店街がある地域という大きな優位性が確立できると思っている。

そんな地域像をつくり出す実験として、おぐセンターはまちのリビングを目指している。といってもリビングにもいろいろあるが、おぐセンターの場合にはラグジュアリーなリビングではなく、子育て中の家のようなにぎやかなリビングだ。小さい子どもがいるお父さんお母さんが、子どもを「放牧」してゆっくり食事やお茶ができるように、客席の大半が畳の小上がりになっている。

なぜ子育てリビングなのかというと、理由はいくつかあるのだが、第一にまちで一番長い時間を過ごすのが子どもとお年寄りだから、ということがある。もっといえば、店でお年寄りがよその家の子どもと仲良くなり、ちょっと面倒を見ていてくれるような、ほほえましい風景が見たいので、そんな関係をつくるための実験もこれからしたいと思っている。

また子育て世代に喜ばれるまちになることは、ありきたりだが地域の価値を上げることにも直結するし、他の事業を呼び込むうえでもキーになる要素だ。後でまた触れるが、私たちはおぐセンターで高い収益を上げることを想定していない。ただ地域にこれまでいなかった層の人たちを呼び込むことや、それによって地域の価値を変える手法を手に入れることで、今まで不動産業者がしてこなかったような新しい不動産業のあり方をつくりたいと思っている。

†まちの○○の可能性

まちに家のいろいろな要素が出てくると、単純に楽しくて暮らしが豊かになると思っているし、おぐセンターもリビングだけでなく、二階がまちの子ども部屋になればいいし、大人部屋になってもいい。

しかしそれだけではなく、ちょっと真面目な地域課題の解決につながることも想定されると考えている。

例えば私たちのいる荒川区のような、いわゆる下町と呼ばれる地域や、団地などは分かりやすい例かもしれない。

こうした地域の場合、各住戸のサイズにバリエーションがないことで生じる課題がある。例えば古い団地の場合、五〇平米ぐらいの住戸が大量に集まった地域ができ上がっている。逆にいえばそれ以外のサイズのバリエーションがなく、それによってこの地域に住める人が限定されてしまう。大家族が住めないのはもちろんのこと、三〜四人家族でもギリギリサイズなので、リビングがなくダイニングのみだったり、ゆったり入れる風呂が欲しいと思っても難しかったり、料理を楽しめるような大きなキッチンを作れなかったりすることで、住む人が限定される。

もちろんそうした空間や機能が家の外にあることで、全てのニーズが満たせるとは思わないが、逆に新しい魅力を生み出せる可能性もありそうだ。

団地ほど単純ではないが、同じようなことは下町や古くからの住宅街などにもある課題だし、古いビルが並ぶオフィス街などでの応用もイメージできる。

暮らし方や求められる設備などは常に移り変わるし、これからも大きく変わっていくはずだが、それにフレキシブルな対応ができるように、建物や都市はできていない。

さらに今後はそれに加えて金銭的な要因が絡んでくる可能性もあるかもしれない。建築費はかつてよりも大幅に上昇し、元には戻らないという見方も強い。反対に所得は上がりづらく、全ての人が新築の家を手に入れたり、家の隅々までリフォームしたりすることが難しくなる時代も想像される。そんなとき何かを家の外に出すという選択肢も生まれるかもしれないし、それができる地域が選ばれる日が来るかもしれない。いやむしろそれを楽しめる未来をつくりたい。

一方で郊外の住宅街に見られるような、家だけしかない地域で、家の要素の外出しができるかというと、無理ではないかもしれないが、難易度はそれなりに高く、構造的な点や、規制などで難しいことも多そうだ。それに対して商店街での実現は、ハードルが数段低く有利だろう。妄想まじりではあるが、こうしたところにこれからの地域と商店街を考えるヒントがありそうな気がしているし、いろいろ実験もしてみたい。

†集まった四組の仲間と、その後の展開

プロジェクトの立ち上げ時に集まってくれた仲間である四店についても紹介したい。顔ぶれとしては、ギャラリー＋食堂、器のセレクトショップ、大阪の串カツ屋、古本屋＋バーという内容で、皆さん個性的な面々だった。

中でも人気になっているのがギャラリー＋食堂だ。特に食堂は山形の家庭料理とお酒が楽しめるのだが、小さいカウンターだけの店なので、いつ行っても満席で予約なしでは入れない店になった。東京藝大を出た若いアーティストと仲間が運営しているのだが、ここまで人気になるとは想像できなかった。

藝大は上野にあるのだが、荒川区までは徒歩一五〜二〇分なので、荒川区という地域にはなじみがあるようだ。私たちのいる西尾久まで歩こうとすると四十分以上かかるので、近いとはいいがたいが、おぐセンターの二階にも藝大生が賃貸で入ったり、商店街の中にも藝大生が借りているアトリエ兼ギャラリーができたりと、興味深い現象だ。

器の店はネットではすでに人気で、展示やイベントの会場を兼ねてのリアル出店。串カツの店の店主はとにかく親しみやすい人柄で、開店早々に固定客が付くほどで、R不動産メンバー

もそのキャラクターに心をつかまれた。古本屋＋バーの店主は、かつてアラスカを徒歩で三千キロも旅したという逸話の持ち主で、リヤカーを引きながら一人きりで旅したと聞いて本当に驚いた。こちらもそのキャラクターで、オープン直後から常連客がたくさん付いていた。

そんな具合に良い入居者に恵まれたが、私たちもまさかここまで個性的な人たちが、あんな立地に集まるとは思っていなかったので、本当にうれしい誤算だった。

その後も地域には商店街を中心に着々と店舗や事務所、住居の入居者が増えている。店舗や事務所など、住居以外で一〇カ所ほどは増えているし、うれしいことに私たちが仲介する以外にも、いつの間にか店などが増えていたりする。

さらに町屋という少し離れた地域で店を構える、仲の良い不動産業者の人からも、今までは西尾久の物件を紹介すると「どこそれ？」という反応だったのが、「聞いたことある」と反応する人が増えてきているとも聞いている。

ただし商店街周辺の地域への事業展開という点では、私たちが事前に想定していた成果にはほど遠く、軌道修正や、新たな戦略作りもしてきている。そして当面は試行錯誤が続くのだろう。しかし逆に地域に入ってみることで見えてきたチャンスや戦略、手法なども数多くあるし、まだまだ試してみたいこともたくさんある。

5　商店街とまちの可能性

†見据える地域や社会の像

冒頭でも述べたが、私たちのプロジェクトは商店街の再生を目指すものではないし、再生についてのノウハウも持ち合わせてはいない。けれど私たちなりに、地域に商店街があることの意味や可能性、地域の価値を高めるための商店街の使い方を考え、実験してきている。そしてプロジェクトでの実験は、西尾久での事業展開のための試行錯誤であると同時に、私たちがこれからさまざまな地域と関わり、事業を行っていくときの武器を手に入れることを目的に行っている。

そこで今度は焦点を西尾久から少し広げ、こうした取り組みの先に、私たちがどんな地域や社会の姿を想定しているのかを紹介してみたい。

†暮らしの場に求められるつながり

R不動産の説明でも触れたが、当初は不動産仲介を中心に、不動産や不動産業の新しいあり方、価値観を求めて私たちは活動を行ってきた。そんな中で意識が変わるようなタイミングがいくつかあり、少しずつ個別の物件や建物から、まちや地域へと目線が移ってきたことで、西尾久のようなプロジェクトが生まれた。CETのエリアでの変化はその最たる例だが、他にもさまざまな気付きや意識の転換点があった。

その一つがシェアハウスの出現だ。ある日、R不動産グループの設計チームで、二棟の建物をシェアハウスへ用途転換する設計を依頼された。当時はまだ世の中にシェアハウスがほとんどない頃。サンプルとして視察に連れて行かれたのも、シェアハウスではなく外国人向けのゲストハウスだった。

対象の建物はある企業の独身寮で、部屋数が二百近くあったと思う。駅からはバス利用で立地が悪く、きっと入居するのはお金のない大学生あたりだろうと思っていた。

ところが蓋を開けて驚いた。入居者の中には社会人がかなりの割合を占めていて、名のある企業に勤め、しっかりと稼いでいる人も多かった。彼らがシェアハウスに求めていたのは、家賃の安さではなく、人とのつながり。自分の知らない世界がそこにあった。

その後、シェアハウスは驚くべき速さで増殖し、住まいの選択肢の一つとしてスタンダードな存在になる。さらにアサダワタルさんが二〇一二年に出した『住み開き——家から始めるコミュニティ』という本が多くのメディアで取り上げられ、その考えが広く浸透したことで、暮らしの場がコミュニティと接続されていることが、一つの価値として社会に受け止められた感がある。

思えば日本の歴史の中で、家が地域コミュニティから遮断されたのは、戦後の七〇年ほどの期間のことだし、急速に都市化が進む中で人々がそれに逆らうことができなかったことを考えれば、その揺り戻しとも取れるこの動きは当然のものなのかもしれない。

その後の社会のさまざまな変化を考えても、これはゆっくりと、でも確実に広がる変化なのだと感じられる。

では仮に暮らしの場にコミュニティがあることの価値が高いとしてみよう。それならば、と家に近所の人たちを招き入れることが心地良いと感じるかといえば、そういう人も、そうでない人もいるだろう。アサダさんのファンとしては恥ずかしいが、自分も後者だ。

であれば、家の中ではなく地域にそういう場があればいい。公民館のような味気ない空間ではなく、心地良い場所がいいし、誰でも気軽に入れる空間であればなおよし。

つまり商店街のような場所にそんなスペースがあるのがいい、ということになりそうだ。実際にアートプロジェクトとしてそんな空間をつくり出している例が、アーティストの北澤潤さんが二〇一〇年から始めた「リビングルーム」のシリーズ。団地の商店街などにある空き店舗が、地域の子どもたちをはじめとしたみんなのリビングルームに生まれ変わり、生かされる。

それにしても、アサダさんといい、北澤さんといい、アーティストが時代の変化を先取りする嗅覚には感服させられる。十年ほど遅れて、私たちもおぐセンターでそれをやっと形にしてみたところだ。

†場所の選び方が変わる

そんな風に、つながる場があることが地域の価値になると、私たちは思っている。だとすれば、そのときには暮らす地域の選び方も大きく変わるはずだ。

不動産の物件は、駅からの距離や築年数、何ＬＤＫで、エアコンが何台という風に、数値化できるスペックで判断される。同じように、住む地域を選ぶ際にも、多くの人は数字の呪縛にとらわれている。都心で働く人であれば、年収によって都心からの大まかな距離が決まり、急行の止まる人気駅か、もう少し収入が少なければそこから二駅ぐらいずらしてみるか、さらに駅から何分ぐらいで、という具合に場所が絞り込まれていく。

しかし人口減少社会を迎え、物件が余り始めると、そんな呪縛は少しずつ緩んでいくのではないだろうか。そのときに、例えば「あの人がいるまちだから住みたい」「あんな人たちとつながれる地域だから住みたい」「あのスペースで過ごせるから住みたい」というように、人との関係や愛着といった、数値化できない要素で地域が選ばれるようになるかもしれない。

そのときこそ、商店街の時代が再びやって来るはずだ。地域の顔になるような、場や人のつながり、できごとが生まれる可能性は、住宅街よりも商店街の方がずっと高い。

住宅に新しい人が住むようになり、それによって地域に変化が起こる可能性もあるが、多くの場合、それは静かでゆっくりとしたものになる。しかし店のような建物に新しい使い手が現れた場合、そこに新たな人のつながりが生まれたり、人の動きが生まれたりと、その影響は短期間で周辺にも広がる可能性が高い。店が連なる商店街であれば、さらに相乗効果が期待でき、地域への影響は大きなものとなる。地域に開いた空間が連なっている商店街は、そのとき新たな役割を得て、地域の宝になる。そんな時代を思い描き、私たちは商店街を使って地域に変化を生み出すことを試す実験を始めた。

R不動産は、物件選びを数字の呪縛から解き放ち、感性やこだわりで選ぶことの楽しさを提供することで、多くのユーザーから支持を得てきた。そして私たちの次の仕事は、暮らす地域選びを数字の呪縛から解き放つことだと思っている。その実現方法の一つとして、商店街を使った仕掛けに有効性を感じている。

†「コーポラティブ」という手法

西尾久のプロジェクトでは、複数の店を特定の小さな範囲に同時にオープンさせるという手法を取ったが、出店者を募集する前に私たちが物件を確保したため、私たちとしては出店者が集まらない場合にある程度の損失が生まれるというリスクを取ったことになる。

西尾久では出店者を集められるという自信があったし、自分たちの次の事業をつくるという意味でリスクを取る判断をしたが、このリスクをゼロに近づける方法もある。それが「コーポラティブ」というやり方だ。

都心部を中心に行われているコーポラティブハウスという方式によるマンションのつくり方があるのだが、この方式を応用して西尾久のようなプロジェクトを立ち上げることができる。

一般的な分譲マンションは、不動産事業者が建設用地を手に入れて建物をつくり、完成したものを販売する。これに対してコーポラティブハウスは、マンションの区画を手に入れたい人たちが最初に集まり、自分たちが建設主になってマンションをつくる。

この方法を使って、地域に新しい変化をもたらすようなさまざまなプロジェクトを考えることができるが、その一つとして西尾久のようなプロジェクトもあり得る。その場合には、最初に地域で出店したい人たちを複数集め、一定数の出店希望者が集まったら開業の準備をスタートする。できれば出店希望者を集める前に物件の目星がついていることが望ましいが、絶対条件ではない。また店が集まることで実現する地域の未来像や、どんな店を集めて、どんなことをしていきたいか、というストーリーが描けていると、それに呼応する出店者が集められるので良いだろう。

もちろん地域のポテンシャルが高ければ、どこかの事業者が開発などを仕掛けるだろうし、地域に有力な主体がいればリスクを取って何かを仕掛けることもあるだろう。しかしこれからの社会を考えると、そんな誰かが現れる可能性に期待していられないし、待っている間に手遅れになる地域も出てくる。

であれば時間や手間はかかっても、リスクを抑えながら変化を生み出していくことは、選択肢として有効だろう。

†面として価値を捉える仕組みが必要

最後に少し大きな話になるが、私たちがいつか本当に実現したいことを少しだけ記しておきたい。

日本では不動産に対する所有者の権利が強すぎることがさまざまな課題を生んでいるといわれる。

商店街を例に考えてみると分かりやすいかもしれない。例えばシャッター通り化してしまった商店街があった場合、すごく乱暴にいえば、家賃をタダにしてでも良い店に入ってもらえば、それがきっかけになって周りにも新しい店ができたり、地域の人気が高まって周辺の住宅で空きが埋まったり、賃料が上がったりする効果が出るかもしれない。けれどもタダで貸した建物の所有者は、そうした良い効果の恩恵を受けることができないし、自分の不動産の収支としてはマイナスになってしまう。

これは土地が小さな区画に分かれ、それぞれの所有者が異なることから生じる課題で、昔の政策によって誘導されたものだ。小さく分けられた土地の所有者が、それぞれバラバラに自分の土地で得られる利益を最大化しようとするので、地域全体として価値を向上させたり、課題に取り組んだりすることが難しくなる。専門的な話をすれば、日本はそのおかげで戦後の短い期間のうちに、便利で、清潔で、安全な都市をつくることができた、ということになるので、一概に問題だということはできない。しかしこれからの社会を考えると、弊害は少なくないといえる。

ではどうすればいいのかといえば、答えは見えない。先ほどの例でいえば、タダで貸した店の所有者が、商店街で他にも店を持っていたり、周辺に住宅をたくさん持っていたりすれば自分にもメリットが生まれる。もっといえば、一定の範囲の地域で不動産を全員の共有にして、各所有者がそこから生まれた利益を得られるようにできれば最高だ。しかしどうすればそういう状態に移行できるかといえば、方法は全く見えない。

一方で考える糸口になるようなこともある。例えば西尾久の場合には、地域に借地がとても多く、つまり地主が持つ土地が多い。地主が地域全体の将来の価値をイメージし、ある場所では地域の価値を上げるために賃料を抑え、他では地域価値が上がった分の利益を得るような戦略を立てることができ、それが実行できるようになると良い。実際に西尾久では地域の地主とそんな話し合いをしている。また私たちのプロジェクトのように、商店街での仕掛けでは利益が見込みづらいが、周辺で収益機会をつくるようなことも考えられるし、私たちはそれを実験しているところだ。また地域によっては、地元に根差した事業をしていて地域の存続が自社の存続に直結するような事業者もいる。そうした事業者を核にした取り組みもイメージできるだろう。

いずれにしても、商店街が単独で取れる手立てには限りがあるし、地域も商店街があることの優位性を生かせなければ、衰退の可能性が高まるだろう。

冒頭のドイツ人建築家の言葉にあるように、シャッターが閉じているうちに、その可能性を生かせなければ、シャッターすらなくなると、打てる手立てはかなり失われてしまう。そうならないためにも、商店街を生かす手法を確立していきたい。

【本章のポイント】

①商店街の周辺も含めた地域全体の活性化と価値向上という目線で捉え、これからの商店街の

役割や可能性を考えるべきである。
②プロジェクトでは五店を同時にオープンさせることで、店の持続性を高め、相乗効果を生むことを目指した。こうした手法によって地域に新しい人を呼び込むことができる。
③暮らしの場に人のつながりを求める動きが広がってきている。商店街を使い、そうしたニーズに応えられる地域をつくることで、地域の持続性が高まる。

第4章

コミュニティ的空間としての商店街

今井隆太

1　商店街を問いなおす

本章では、商店街という消費空間は、どんなところで、活性化すると何が良いのか、住民や地域社会にとってどういうものなのか、についてデータを基に考えてみたい(1)。

色々な人が未だに商店街の活性化を訴えるけれど、どこかに「昔はよかったなあ」という懐古主義が見え隠れしてはいないだろうか。本書も、どちらかというとそういう立場で、地元の商店街に着目しながら、リノベーション・小商い・バイローカル・ローカルファーストなど、現代の「地域主義」と呼べるような、懐かしくも新しいローカルな経済の動きが出てきたことを解説する本だ。だからこそ、なぜ着目すべきなのか、を整理しておく必要がある。

商店街のシャッター通り化が指摘され始めたのは、すでに数十年も前のことだ。多くの方は、

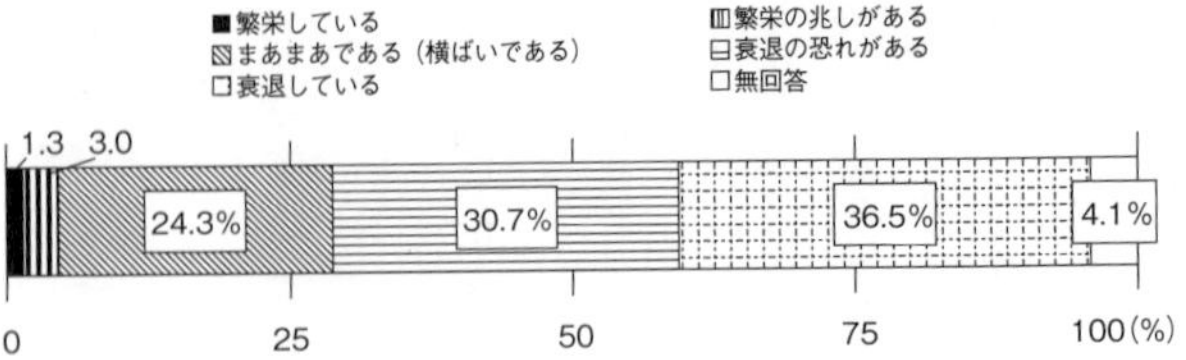

図１　商店街組合に聞いた景況感（2021年、n=4536、割合は概数）
出典：中小企業庁［2022］「令和３年　商店街実態調査報告書」

別の様々な方法で買い物できているだろうし、経済は止まっていなさそうである。本書を「地元商店街の本屋さん」で手に取られた方は、果たしてどれくらいおられるだろう。この問いかけへの答えが、商店街の現実（図1）を良く映し出しているはずだ。正直なところ、ショッピングセンター（モール）の大手書店か、さもなければウェブサイトでポチっていただいた方のほうが多いのではないか。

もはや、物心ついた時から、「商店街は寂れているのが普通で、賑わっていた姿をあんまり知らないし、困ってもいない」という方は増えていることだろう（実は本章担当の私もそういった世代である）。若い世代にとっては、大学や高校で、ときどき「地元商店街の活性化」のための調べ学習の機会があるかもしれない。だが、実際に買い物をするかはまた別の話、というのが普通ではないか。それでもなお、商店街の復権は、社会にとって必要なのだろうか。

†商店街のどこに着目するか

検証をするにしても、そもそも、商店街の活性化とは何を指すのだろう。最初に、簡単なイメージを示したい。実は、商店街には法的な定義がないのだが（組合法人が商店街として扱われることが多い）、本章でいう商店街は、あくまでも消費の空間である。そのなかに組織の側面もあり、不動産の集合という側面、産業としての側面もあるが、現実の消費（もの・サービスを含む）の空間であることがその基本である。

消費・不動産・雇用や組織の性質をまとめて考えるために、未利用・低利用状態の更地や建物から、商店街が活性化するまでの要素を整理してみよう（図2）。街路をイメージしていただきたい。商店街として活性化するまでには、まず街路脇の更地に建物が建つか、空き物件が改修されて店舗用物件になり、次に看板などの外装や内装が整備されて入居者が決まったことがわかり、やがて晴れて個店が開業。そして営業・運営が継続、続いて多数店舗によるまとまりができていき、街並みがきれいになり、さらにイベントなどで賑やかな商店街が形成される、という段階が観察できるはずだ。一般的な商店街活性化も大体がこういうイメージと言っていいだろう。

一方、忘れてはいけないのは、目に見えない部分である。個店の開業までには、まず土地・建物の利用権が開業者の手に移る必要があり、そうしなければ開業可能な店舗や設備を整備できない。要するに、使える空きスペース・空き物件（貸し物件）の存在が大前提である。次に、開業者が物件を購入・賃借・整備できれば、売り物・サービスをつくり、人手が足りなければ

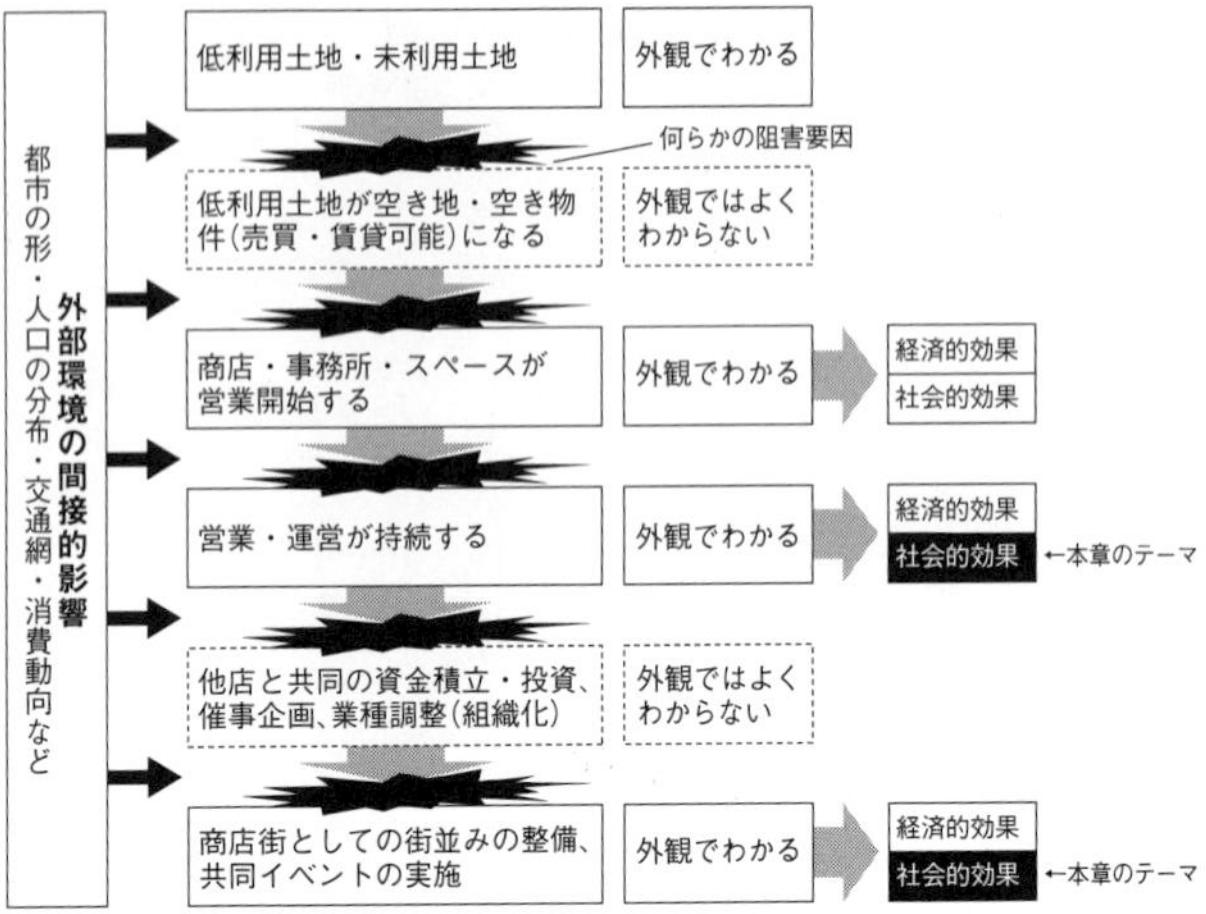

図2　商店街活性化のモデル（筆者作成）

雇用し、設備を購入・製作し、提供体制や運転資金等の経営資源を揃える。開業前でも家賃はかかるし、人を雇用していれば給料等を払う必要が出てくる。そして開業後、売り上げが出れば税金も支払う。

小さな店舗は、周りの環境にも気を使う。近隣店舗の店主の誰かが主導して組織を作り、会費を集め、設備やイベント等の費用として積み立てをし、事業を行うこともある。こうした事務作業、会費や人手の確保も事業者達自身の役割である。大体の場合、商売と並行してイベント等を運営する必要があり、専属の事務局員を雇える商店街組織は数少ないのが実態である。

こうして、営業する店舗が増え、ようやく賑わいが目に見えるようになる。不動産の利用可能性や組織の活動は、外から見ているだけでは、案外見落としがちな部分である。これまで述べた商店街活性化への道のりを簡単に整理したのが図2である。こうして整理すると、本章の議論は、四つ目の段階以降に当たる。

†商店街活性化策の意義は十分議論されてきたのか

そもそも商店街の活性化は、なぜ必要だとされてきたのだろうか。近年の国の政策では、未だ商店街の活性化に関係する議論があるが、実は商店街活性化策が必要な公共的意義をあまり示せていない。商業政策では、二〇〇九年創設の法制度の背景として、商店街が「地域の人々の交流を促進する社会的機能」を持つ「公共の場」であるという重要性が、それほど検証されずに主張されてきた。

商店街は、元来、中小小売商業者及び中小サービス業者が多数集積しており、様々な商品やサービスをワンストップで販売・提供する「商いの場」である一方、地域の人々が数多く集まることから、お祭りやイベントなどに利用され、地域の人々が交流する「公共の場」としての役割も果たしている。こうした「商いの場」、「公共の場」を併せ持つ特徴により、商店街は、地域の中小小売商業や中小サービス業を振興するという経済的機能を有するだけでなく、地域住民の生活利便や消費者の買物の際の利便を向上させ、地域の人々の交流を促進する社会的機能をも有する存在である。(地域商店街活性化法第三条に基づく「商店街活性化事業の促進に関する基本方針」一頁)

公共政策において、このような商店街のコミュニティ的側面が注目されはじめたのは、一九八〇年前後のことである。二〇二〇年には、漸く政府による白書において、小さな事業者を使う機会の意義についての簡単なデータが示されたが、要するに住民の感想をたくさん集めてみた、というものである。みんな感覚的に、商店街は暖かなコミュニティ的空間である、と思っているようだが、本当にそんなに良いことがあるのか、については検証されてこなかった。

都市政策では、同じく二〇二〇年、「歩きやすく暮らしやすいまちなか」が、一大目標となり、街路に面した店舗の整備・開放の支援などの施策が進んだ(都市再生特別措置法改正)。並行して、歩きやすい街路づくりによって、沿道のお店の売上が増える、という研究も見られるようになった。だが、経済効果の話をするならば、車で行く買い物や通販サイトの経済効果と比べる必要があるのではないか、という疑問も浮かぶ。

†商店街活性化論を問いなおす

ざっくりまとめると、商店街活性化の論者は、「商店街は社会的に良いものだ」という前提で、解決策ばかりを議論してきた。こうした状況を念頭に、一般向けの新書では、「商店街はいま必要なのか、なぜ滅びるのか」という問いも投げかけられ、時代によって買い物場所、働き方や地域は変わってきたのだから、それを踏まえて考えてみよう、というメッセージが出されている。商店街は客層が閉鎖的だとして、むしろショッピングセンター（モール）に新たな公共性を見出す指摘もあるし（東・大山［二〇一六］）、最近では郊外モールのソフト化やヴァーチャルな消費の均質性を検討している論者（三浦編［二〇二三］）もいる。

結局のところ、商店街はどんなところで、何が良いのだろう。本章の出発点は、政策の中にも表れてきたような、ひと昔前からの主張、例えば「日本の商店街も下町も、アメリカの古い街」も「街の中に仕事がある」ことで「多様な人間を街の中で見」ることができ、「その人間同士の関係の仕方、コミュニケーションの仕方を知らず知らずのうちに肌で感じる」といった主張（三浦［二〇〇四］二一〇頁）を、今更ながらデータで確かめてみよう、というものである。

2 どうして交流や地域社会に注目しなければならないのか

商店街の社会的な意義の検討に先立って、前提を整理したい。現代社会において、どうして地域における交流やコミュニケーションに注目するのか。やや堅い話が続くが、本節は後からお読みいただいても構わない内容である。

†孤独

現代社会の特徴の一つは、「孤独」である。ちょうど二〇二三年、日本でも孤独・孤立対策推進法が成立した。人間は、他者との適切な水準の接触を保ち、安らぎなどを得ようとする「親和動機」や、集団生活から孤立せずに生きていくために、継続的な人間関係を作ろうとする「所属欲求」を持つという（心理学の概念）。裏返せば、孤独は人間に多くの悪影響をもたらすものである。

孤独な人が増えているという説は、都市化社会においてかなり古くから指摘されてきた。編者の広井も特に日本での問題を指摘してきた。近年で言うと「無縁社会」、「社会的排除」、「社会的孤立」も、主に都市における指摘である。こうした説には、昔ながらの人間関係を懐かしむ感情が入りがちである。意外かもしれないが、実証研究では、都市化によって人々が孤立しやすくなる、といった説は否定されている。それでも、孤独がたびたび話題になるのはなぜなのだろうか。

簡単に言うと、人間関係が自由選択化したことの裏返しであると考えられる。お互いに監視し合うような井戸端会議、面倒な親戚関係のようなしがらみ的な付き合いは減ったかもしれないが、出会える人の数や種類も非常に多くなった。だから、調査してみると、全体的に人々の友達の数は減っていない。一方で、赤枝尚樹という社会学者は、量的調査に基づき、都市度（集住度合い）が高くなると人間関係が趣味・嗜好に基づき同類化することを指摘した。人間関係が自由に選択できるようになると、似た者同士で選び・選ばれ続ける親密な関係を築けなければ、もしくは選び・選ばれる機会をつくれなければ孤独感が強くなる可能性がある。現代は、『一人』になる自由を得て、名目上でもつき合う相手を選べるようになった社会」であり、そのため「人づき合いに対する期待値が上がり」、「それと同時に、異質な他者はつながりの不協和音として視線の外に追いやられ」、「今や、誰かとつき合うには、つき合うに足るだけの理由が求められる」ようになった（石田［二〇二二］一八五頁）とされるのである。

†分断や排除

特徴の二つ目は、石田も言及したような「分断」や「排除」である。国内外の社会学者は、長年、異質性の排除や分断という文脈で、郊外の大型店を棲み分けられた暮らしの代表例としてきた。前段でも触れた都市社会学という分野の実証研究では、都市化が進むことで、個別の世界の人々とは密接になれるが、色々な世界の人を含む広いコミュニティとはやや疎遠になる

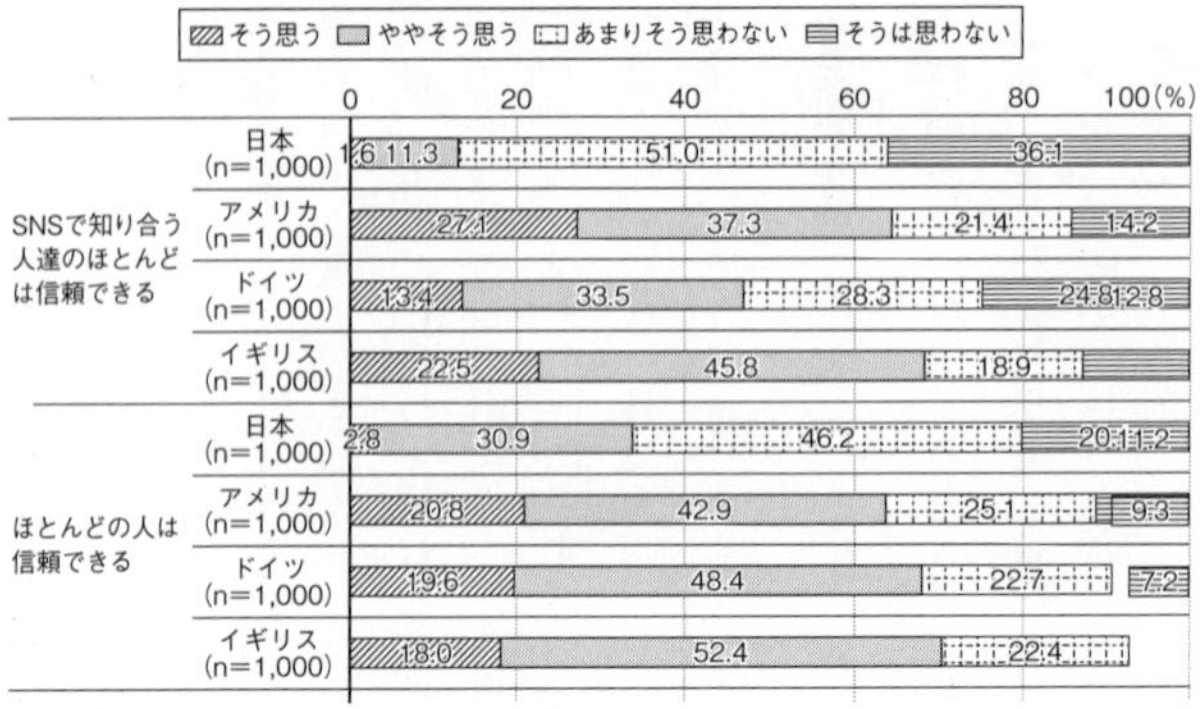

図3　オンラインやオフラインで知り合う人の信頼度の国際比較（抄）
出典：総務省［2018］「ICTによるインクルージョンの実現に関する調査研究」

可能性があるとされた。近年の日本でも、宮台真司や吉見俊哉は、都市郊外の生活での異質な他者への共感の喪失を指摘してきた。

社会心理学者の山岸俊男によれば、もともと日本は人間関係の流動性が低く、新たな他者との関係構築よりも、仲間内の固定的な関係の維持・相互監視が重要な「安心社会」である。戦前以来、「ウチ」「ソト」や「タテ社会」の傾向としてたびたび言及されてきた傾向である。要するに、親密でない人は、みんな個性のない赤の他人に見えるような、広井が言う「集団が内側に向かって閉じる」人間関係になりがちだという指摘である。近年のデータでも、こうした傾向が確認できる。図3は、他者への信頼についての調査結果の国際比較である。現代においても、日本では他者を「信頼できる」と答える人が、非常に少ないことがわかる。

人間関係の選択が自由になってきた結果、「類は友を呼ぶ」傾向は広がりを見せている。その一方、様々な他者を信頼して人間関係をつくろうとする傾向は全く広がっていないのだ。

†地域社会

孤独や分断を伴いながらも人間関係が自由になった時代の、居住地の地域社会（地域コミュニティや社会意識）にはどんな意味があるだろうか。本章における地域コミュニティとは、簡単に言うと「ある程度土地に定着して生活していく」人々の一部による、「それほど日頃からべったりとはしないにしても、いざというときにはやはり助け合えるだけの地域的なつながり」（玉野［二〇〇五］一八頁）から広がった、緩やかな共同体を指す。地理的には、一つの町内会・自治会地域が単位の目安である。

地域コミュニティは、時に魅力的に聞こえるが、助け合える安全・安心な地域的つながりと自由で都市的な人間関係との両立は、かなり難しい試みである。だからこそ都市社会学者は、東京都内のある地区の調査に基づき、現代都市で「あえて地域の家族でも親族でもないあかの他人との関係にこだわる」必要があるのは、一時的にでも「それしかない」「何らかの制約のある」状況に置かれた人たち（玉野［二〇〇六］二二〇頁）と限定する。そして、社会的な役割を求める人の活躍の場や困った人が協力できる人間関係として、しがらみも伴うような地域のつながりができ、セーフティネット的な役割や地域社会の問題解決機能を果たしてきたことを指摘する。

それでは、地域コミュニティ以外で活躍している人々にとって、平時の地域社会は無意味なのか。それは違うだろう。あまり意識されないかもしれないが、地域コミュニティの中心的な担い手の存在は、住民全体の暮らしを支えている側面がある。まちの個性は、担い手たちの社会経済活動がなければ生まれないことがほとんどであるし、街路・広場・ゴミ捨て場等の管理、小学生の見守り、マンションの管理、果ては政治・行政活動の一部を住民組織が支えている地区は未だに多々ある。

さらに、担い手には至らなくても、地方選挙の投票に行く程度には関心を持っている、という人々も多い。こうした人が減ると、地方自治や民主政治という社会制度の正統性や継続性が問題になる。地域に最低限の関心をも持たない人が増えれば、政治や制度を通し、居住地域が思わぬ方向に行ってしまうかもしれない。その意味で、濃口の地域コミュニティも、薄口の所属意識や協力も、暮らしの見えない基盤である。

とは言うものの、自由な社会において、人々の自発的な協力を得ることは大変難しい。経済的な誘因が提供しにくい分野では、「目的それ自体と密接に連関して報酬的な意味をもつ表出的な精神的価値……と、他者との協働的なかかわりのなかで享受できる精神的価値……を提供するしか途はない」（長谷川［二〇〇〇］四四一頁）のである。

地域社会学の研究では、住み続ける意思が弱くても、地域の問題に関心を持って行動する意識を持つ人々がいることが指摘されている。その場合の「精神的価値」に当たるのが、地域への愛着である。同研究では、一定の地域や大学における調査を踏まえ、地域愛着は、決して他の集団への敵意や排除志向を伴うものではなく、「集団をよくしようとする活動」、すなわち「公共的活動」に好影響を与えることが示されている（小林［二〇一二］二一頁）。やや古臭い問題意識かもしれないが、地域社会には、分断や排除を伴わず、長く住む人も新参者も、いざという時に協力し合える関係への足がかりがある。

3　商店街の社会的意義とは何か――日本の商業・都市政策とJ・ジェイコブズの街路論

商店街の社会的意義に話を戻そう。商店街は、しがらみだけを伴うような、単なる地域コミュニティではない。少し違った可能性をも持つ、「ささやかなふれあい」の都市空間である。ここに、他でもない商店街の意義がある。その意義を理解するために、近年の商業や都市の議論を辿ってみると、アメリカ・カナダの記者、J・ジェイコブズの都市街路論に突き当たる。以下、これまでの研究の知見と限界を紹介していく。

†日本の商業政策と都市政策

日本の商業政策で、商店街における小売商業と地域社会との関係の議論が始まったのは一九七〇年代とされ、商業論でも、経済以外の社会的な側面は議論されてこなかった。九〇年代に入り、商業政策と、建物の立地を規制・誘導するような都市計画との連携が意識され、九八年にまちづくり三法の一つとして中心市街地活性化法がつくられた。こうした政策の前提となる、まちなかにおける小売商店の役割を研究した先駆者がジェイコブズという人である。

都市政策でも、二〇〇六年に様々な都市機能の集約を理念とする都市計画法の改正（まちづくり三法改正の一つ）が行われ、さらに二〇二〇年に入り、歩いて暮らせるまちを目指した政策が打ち出されるに至った。これらの政策が目指す「コンパクトシティ」の起源の一つ、そして「ウォーカブルシティ」を重視する都市思想の起源の一つとして、ジェイコブズの都市論が挙げられる。

†ジェイコブズの観察

そのジェイコブズが最も強調したのは「都市街路の生活」の価値である。一定の物理的条件を備えた都市街路は、住民や「店舗などの小事業主」が観察者となって治安が維持され、住民、公共的な知人、見知らぬ人同士が「歩道バレエ」を踊るように交流することによって、次のような機能をもつ。

公共的な監視の網の目を織りなして、それ自身だけでなく見知らぬ人々をも守る機能、小規模で日常的な公共的ネットワークを育てて、結果として信頼と社会的コントロールのネットワークをつくるという機能、そして子供たちをそれなりに責任ある寛容な都市生活へと順応させる機能。／でも都市の街路近隣は、自治においてもう一つ別の機能を持っています。……その街路だけでは扱いきれないほど大規模な問題がやってきたときに、助けを有効に活用するという機能です。（Jacobs［1961=2010］142）

日常生活の例では、街路で困っている人を見つけたとき、一人で助けに入るためには、自ら地元の（何気ない）市民交流に参加しているという「公的アイデンティティの感覚」、及び誰かが加勢してくれるという、ほぼ無意識の「公的な尊重と信頼の網」が役立つという。これらが形成される原理は、次のようなものである。

都市街路の信頼は、街頭で交わす数多くのささやかなふれあいにより時間をかけて形づくられています。ビールを一杯飲みに酒場に立ち寄ったり、雑貨店主から忠告をもらって新聞売店の男に忠告してやったり、パン屋で他の客と意見交換したり、玄関口でソーダ水を飲む少年二人に会釈したり……。慣習はさまざまです。（Jacobs, 1961=2010: 73-74）

よい都市の近隣は、自分の基本的プライバシーを守るという人々の決意と、周囲の人々から様々なレベルの交流や楽しみや助けを得たいという願いとで、驚くほどのバランスを実現しています。（Jacobs［1961=2010］77）

成功した都市生活の第一原則……とは、人々はお互いに何らつながりがなくても、お互いに対し多少なりとも公共的な責任を負わなくてはならない、ということです。これを言われただけで学ぶ人はいません。自分とは何の姻戚関係も友人関係も役職上の責任もない人が、自分に対して多少なりとも公共的な責任を果たしてくれたという体験から学ぶものなのです。（Jacobs［1961=2010］102）

これがジェイコブズの街路論の要点である。旧来的な地域コミュニティとも、単なる利害関係とも異なる、独特の交流・接触や社会関係の蓄積が起きている街路空間のイメージが沸くのではないだろうか。

†どんな研究が行われてきたか

しかし、少数事例の観察に拠ったジェイコブズの議論だけでは、実際に商店街が住民や利用者に何をもたらすのかをデータで示すことは難しい。海外の研究では、「都市におけるコミュニティは喪失した」という説（コミュニティ喪失論）への反論として、都市での地元商店志向と地域への愛着・アイデンティティとの連関を示したG・P・ストーンの実証研究があり、ジェイコブズを受け継いだR・セネット、W・H・ホワイト、J・ゲール、R・B・グラッツという論者も歩道や街区における小商店や交流の役割を強調し、S・ズーキンという都市社会学者も大都市の生態系として商店街（Shopping Street）の経済的・文化的価値を評価する。これら商店街を含む「集まる場所」を、不利な状況に抗する「社会的インフラ」として再評価（Klinenberg［2018=2021］）する研究もある。ただし、調査データに基づく議論は一貫せず、現代社会における検証としては必ずしも十分ではない。

商店街活性化を目的とする日本の研究は数多いが……

日本でも、商店街の社会的な機能に言及する議論は少なくない。しかし、「商店街」を定義し、どんな性質が、誰に、何をもたらすのかを理論的に整理・検証する研究は多くない。先行研究の現状と、参考になる研究について紹介しよう。

日本の商店街に関する研究は、商店街活性化を目的とした研究がほとんどで、住民生活との関係に関する研究は主流ではなかった。近年では、ジェイコブズの経済論に着目し、新しい担い手による中心市街地再生を見出す事例研究や、リノベーションなど補助金に頼らない商店街再生の事例を評価する研究もある。たしかに商店街を調査対象に含む事例研究自体は少なくないのだが、商店街の担い手側に着目した研究が大半である。これらの商店街の担い手の活動に関する研究では、担い手をとりまく住民や利用者との関係は対象とされない。その他、一定の社会層にとっては、商店街をとりまく地域コミュニティが機能しているという研究、地縁や社縁から切り離された高齢者が個人的に参加できる「盛り場」としての商店街の研究などもあるが、限られた人々の目線からの議論が大半である。

これまでにわかっていることは何か

こうした中、商店街と社会との関係に関する、数少ない理論研究を行ったのが、商学者の石原武政である。先述のジェイコブズや戦前の日本の議論（石川栄耀や奥井復太郎等）まで検討し、商店街の形成と機能を説明した。石原の仮説（石原［二〇〇六］）を筆者なりに解説すると、①まずは、雇われ店長によるチェーン店化しておらず、規模が小さい事業者が、ある場所に根付いて店を構えるところから始まる。ポイントは、小さい店なので、歩いてくるお客さんが多いことである。②次に、小さいお店は、商品・サービスの種類が少ないため、近くのお店を、ライバルとしてだけでなく、自店の品揃えを補ってくれる存在としても見るようになる。つまり、他店とセットでお客さんに来てもらうための方法を考えるようになる。③すると、他のお店との連携や、お店とお店をつなぐ歩道の環境に目を向ける必要が出てくるため、少しずつ共同事業・街並み整備などを行う体制をつくろうという動きが出てくる。

①〜③（「依存と競争の原理」という）により、各店舗は、商品の取引の「外部性」として、歩道を中心とする商店街という空間・組織をつくるのである。商業者たちは、歩道への視線をもっているから、多様な人々を引き付けながらも、治安を保つような働きをする。その中でも、近くからの来街者が多い（商圏が小さい）商店街は特に、店員を中心とした反復的な交流が生まれ、地域の情報の結節点となり、「自然の中で人びとがつながりを確認しあう」場になるとされる。以上が、商学者による商店街の成り立ちや機能の説明である（②の過程は、経済学では集積の経済・消費者都市のメカニズムと呼ばれる）。

その後の量的データを用いた実証研究として、様々な分野の四つほどが挙げられる。商学では、石原の議論を踏まえ、地域の商業者への調査から、顧客との会話を増やす要因は地元での商売継続意欲の高さであることを示した研究（横山［二〇〇六］）がある。顧客側への調査分析としては、都市計画研究における、商店街での買い物頻度に応じた会話の増加と、会話を介した当該店舗および地域愛着への影響を示す研究（鈴木春菜・藤井［二〇〇八］）がある。社会心理学では、商店街をよく使う人々と、そうでない人々が、どのような地域で育ち、地域社会に対してどんな関わりや意識を持っているか等をグループ分けした研究（高橋・川上・川浦［二〇一五］）がある。経済学では集計データを併用した研究があり、市区町村の「一〇〇人当たり小売店数」を原因変数とし、大型店数を統制した上で、一般的信頼感等の社会関係資本に対する正の影響を示す（小林［二〇〇九］）。以上が主なもので、これら以降の研究はほとんど見つからない。

上記の実証研究の課題として、①街路、あるいは商店街研究との理論的な関連がなく、商店街の定義がない、②なぜ商店街がつながりや信頼を形成する社会的機能を持つのかを説明していない、③商店街以外での地域との関わりの効果が考慮されていない（高橋・川上・川浦［二〇一五］では考慮されているものの、そもそも因果関係の分析ではない）、④さらに、鈴木春菜・藤井［二〇〇八］では、回答者の属性（年齢、性別、学歴や仕事等）を考慮していないため、限られた属性の人々にとどまる機能かもしれない、⑤アメリカでの類似研究で、地域との関わりが盛んな地域は、大型店の出店を拒むため中小小売商業が多いという逆の因果関係の可能性が指摘されている、という点が挙げられる。

①については、社会心理学で、地域への愛着・信頼感や関与が他者一般への信頼感の形成要

因とされることが参考になる。さらに、挨拶や立ち話をする知人の数が多い人が集まっている街区ほど、協力行動が増える一方、個人の知人の数は関係がないという研究もあり、個人単位の要因と地域単位の要因とでは、個人の信頼感への機能が異なる可能性がある。

†地元の交流が衰退しても商店街の交流は残るのではないか

これまでの商店街が持つ社会的・心理的効果に関する説は、都市化によって人間関係が地域の枠から解放される、という知見とはやや異なる。都市社会において、人間関係が自由化していき、地元の社会的なつながりが衰退するというのであれば、都市部の商店街が社会的機能を持つという仮説とは矛盾してしまうからだ。

その背景として、ジェイコブズの議論は、都市にも地域コミュニティは残っているのだ、という議論と一緒にされてきたことが挙げられる（「コミュニティ存続論」という）。コミュニティ存続論の研究は、都市部では親密な「ネットワーク」が近隣の外に広がっていることを実証的に示した研究（「コミュニティ解放論」）によって、否定されてきた。だからこそ、ジェイコブズの研究もすでに否定されたものとして考えられてきた面がある。

H・J・ガンズというコミュニティ存続論者は、歩道の活気は、街路の物理的環境ではなく、同質的な労働者階級の文化に由来すると批判してきた。要するに、特徴的な商店街があるから交流するのではなく、たまたま似たような背景の人たちが集まっているから話が合うのだ、というのである。同じような観点から、ジェイコブズの議論は、同質的な街の中で、相互監視や排除の契機を含むものとして批判されることがある。確かに、ジェイコブズの影響を受けた都市計画思想（ニューアーバニズムという）による建設都市は、古き良きアメリカのスモールタウンと受け取られ、懐かしさを覚えた特定の住人集団を呼び込んでいるという調査研究もある。これは、都市環境の特徴というよりも、ブランド化や一斉開発によって集まる住民の階層が偏り、地域の同質性・閉鎖性が高まった例として解釈できる。

この立場から見れば、交流やつながりが生まれる原因は、商店街の商店や歩道ではなく、同じような考えや背景をもった人が集まることである。そうなると、ジェイコブズの主張は、都市においても似た者同士であればコミュニティをつくるのだ、というコミュニティ存続論と同じだと整理される。そのコミュニティ存続論が実証研究で否定されてしまったのだから、都市社会研究においては、ジェイコブズの考え方があまり注目されなくなってしまった。

†本当に空間や環境は地域の社会に影響しないのか

しかしながら、コミュニティ存続論を否定した研究（コミュニティ解放論）及び都市部の社会的ネットワークに関する実証研究には、大きな落とし穴がある。商店街のような地区内部の物理的環境を扱う研究がほとんどないことである。例えば、大都市になればなるほど人間関係が減少するのかについての研究では、自治体を単位とすることが多い。そうなると、たとえ自治体規模ごとに人間関係の質が違うことがわかったとしても、「なぜ違うのか、何が人間関係のきっかけなのか、同規模の自治体同士に違いはないのか」など、原因の研究に進むことができない。そこで、都市社会学においても、都市の効果を、都市空間の物理的レイアウトとの関係から考察した先駆者としてジェイコブズが再評価されることになった。

右記のような視点を踏まえてジェイコブズを受け継ぐ研究は、少なくとも日本にはほとんどなく、ガンズのいう社会的な「属性の分析」を経た「住宅や近隣地区の物理的側面に帰することのできる行動の残余部分」の研究（Gans［1962=2012］80-81）が、十分行われてこなかった。これらは、日本人が「急激な経済発展の中で、都市を単位に快適な居住環境を創り出すのだとする思想を生み出さなかった」とされる（藤田［二〇〇九］七八頁）ことの背景にもなっているのではないか。

以上のような状況から、日本では、周辺住民や利用者と商店街との関係があまり論じられず、政策もその下で立案されてきた。そこで、ジェイコブズ、石原やその後の実証研究を基礎に、「属性の分析」を経た物理的環境による社会的行動への影響や、経済的な機関の住民生活との関係として、商店街が持つ社会的心理的効果を検証することにしよう。

4　何を調査・分析するか

†調査方法

まず、検証のための調査方法を考える。どのようなデータを集めるべきだろうか。本章の研究で選んだのは、特定の地区の住民一人一人に調査票を郵送する方法である。

この方法では、既存データではわからない商店街との関わりについて質問できるし、地域の内部での個人間の違いを分析できる。地域を単位とする既存の集計データを用いる方法では、地域間の比較ができる。だが集計データには、細かい地区や個人単位のデータが少ないため、個人間の社会心理的差異の原因を分析することは難しい。商店の利用者に個別にインタビューする方法も考えられるが、商店街を利用しない人々との比較ができず、商店街から受けた影響を検討することは難しい。よって、限られた地区の住民を対象とする調査票調査（いわゆるアンケート）から仮説を検証することが望ましいと考えられる。

†分析方法

調査票調査で集めたデータには色々な分析方法がある。これから行う分析は、重回帰分析という初歩的な統計分析手法を用いたものである。一般的にはやや読み取りが難しいと思われるため、何をやっている操作なのかを簡略化して説明しておく（統計手法を正確に知りたい場合は、統計学の本をおすすめする）。

本章で明らかにしたいのは、商店街による社会的機能である。もうすこし分解すると、商店街は、利用する住民に何かを提供する、というような因果関係を明らかにしたい。でも、商店街とはいったいどこの商店街なのか、利用する住民とは何をするどういう人か、効果は何で測るのかを決めないと、検証ができない。そのため、抽象的な仮説（理論仮説）を立てた後、検証できる仮説（操作仮説）に分解・翻訳し、操作仮説の検証を通して、理論仮説が現実に即しているのかを確かめる。その検証に使うのが、一定の手法で抽出された調査対象者への調査結果を用いた、重回帰分析という手法である。

重回帰分析とは、ごく簡単に言うと、$y=ax_1+bx_2+cx_3+\ldots$という式（回帰式）を作る分析である。ある結果（y）の変化に対して、複数の原因（x_1, x_2, $x_3\ldots$）があると仮定し、①結果の変化に対し、原因の影響力（a, b, $c\ldots$）の強さ・弱さを比べる、②影響力が、抽出された調査対象だけに見られる偶然のものなのかを検査する（有意性の検定といい、偶然である確率〔有意水準〕の低さを基準に検査する）、という手法である。複数の原因の影響力を比べられるので、最初はさの影響があるように見えたのだが、x_2, x_3…と比べてみると、本当はx_2の影響だった可能性が高い、ということがわかるかもしれない。

ただし、確実に因果関係がある、とは言い切れない。なぜなら、そもそもの仮定が正しいかどうかを直接判定する手法ではないうえ、検討すべき原因の候補は無数にあり、重回帰分析は全てを考慮できる手法ではないからである。それゆえ、本章の結論も、可能性が高くなった、というところまでしか明らかにできないことは予め注記したい。だからこそ、これまで長々と説明したような、仮説に至るまでの理論的背景が重要なのである。

†理論仮説を作る

仮説を作るためには、先行研究では曖昧だった商店街の定義から始める必要がある。本章では、ジェイコブズや商学の議論を基に、商店街を「歩道を中心とする物理的空間において、反復的・継続的に、対面で商業・サービス業を営む、複数業種の中小事業者が集積する場所」と定義する。

商店街による社会的機能は、これまでの研究を考えると、まずは商店街を利用する周辺住民に対するものである。具体的には、ジェイコブズや社会心理学の研究から、街路の店先で、公共の知人・店主・顧客たちとの「ささやかなふれあい」や地域内の人々への信頼感が形成され、その後に一般的信頼感（ジェイコブズが言う街路の見知らぬ人々への信頼や市民的信頼）が形成されると推測することができる。さらに、商店街との関わりによる効果として、人だけでなく地域に対する愛着や関心を持ち、地域の情報を交換できることが指摘されてきた。以上を踏まえ、表1の通りに①から④（商店街を利用するほど、①地域住民や店員との交流が生まれる、②地域の人々に対する信頼感を持つ、③地域に関する情報を多く得る、④地域への関心や愛着を持つ）の理論仮説を立てる。

†理論仮説を操作化する

原因の指標（原因変数・統制変数）

次に、理論仮説を検証できる形に操作化する。これは例えば、「商店街を利用する」という要因を、どのように測定するかを決める作業である。因果関係の原因の候補となる指標を原因変数、結果の候補となる指標を結果変数と言い、順に解説する。

仮説①の原因変数は、商店街を利用する行動を「（買い物時に）最も好んで行く場所または使う方法」として質問し、コンビニを除く商店街の店舗を選んだ回答を指標として用いた。仮説②〜④については、コンビニを除く「商店街の店舗に入る」頻度を六段階で質問し、指標として用いた（表1）。本章では商店街と他の消費形態との比較が主題の一つであるため、対象地区で利用頻度が高いと考えられる、ショッピングセンター・インターネットの通販サイトについ

理論仮説	操作仮説
①商店街をよく利用するほど、地域住民や店員との交流が生まれる。	①「最も好んで行く場所または使う方法」として「商店街の店舗（コンビニを除く）」を選ぶ人ほど、他の商業形態と比べて、「その場所や方法で買い物する／サービスを受けるとき」に「地域の人々とあいさつをする」および「店員と話をする」ことが多いと答える。
②商店街をよく利用するほど、地域の人々に対する信頼感を持つ。	②「商店街の店舗（コンビニを除く）」に入る頻度が高い人ほど、「この地域の人は、私が困っていたら手助けしてくれる」という意見をより強く肯定する。
③商店街をよく利用するほど、地域に関する情報を多く得る。	③「商店街の店舗（コンビニを除く）」に入る頻度が高い人ほど、「近所のどこにどのような人が住んでいるかよく知っている」という意見をより強く肯定する。
④商店街をよく利用するほど、地域への関心や愛着を持つ。	④「商店街の店舗（コンビニを除く）」に入る頻度が高い人ほど、「住んでいる市の問題について関心がある」、「この地域に愛着を感じている」という意見をより強く肯定する。

出典：筆者作成

表１　理論仮説と操作仮説一覧

て、それぞれの利用頻度も統制変数として加えた。

消費以外にも、交流や信頼感の原因は多く考えられる。因果関係を分析するには、色々な他の原因の影響を取り除いて、商店街を利用することによって起こった現象である、という説明をしなければならない。ここで言う他の原因の候補を統制変数といい、①地域における人間関係に関する質問、②消費傾向に関する質問、③基本的属性に関する質問を用いた。

①としては、地域の人との挨拶や付き合いの頻度、地域内友

人数に関する質問を使用し、地域の範囲は同じ町内会を単位とした（以下同じ）。また、仮説①は挨拶や会話の頻度が結果変数であるため、コミュニケーションが得意かどうかに関する質問（ソーシャルスキル）を統制変数として加えた（頻度や程度はいずれも五段階）。

②としては、海外の調査を参考に、買い物やサービス利用で最も重視すること（品質重視、価格重視、顔なじみ、手軽さ、地元・個人店への貢献、無関心、無回答・その他）を使用した。これにより、地元の店や個人店を好むか否かにかかわらず、商店街の利用が社会的・心理的効果を持つのかを検証できる。

③としては、コミュニティ存続論の研究において、職業や人種など属性の共通性によってコミュニティができるとされてきたこと、信頼感の研究では、性別、教育年数や経済力と信頼感の関連が検討されてきたこと、地域愛着や地域での社会的つながりの強さに関する研究では、居住年数との関連が指摘されてきたことを踏まえ、居住年数、婚姻状況、教育年数、性別、年齢、週平均労働時間、経済力、現在・退職前の従業上の地位（管理職、正規雇用、非正規雇用等）に関する質問を使用した。

結果の指標

結果変数については、仮説①では、好んで行く店であいさつや話をする頻度について四段階で質問した。仮説②〜④では、それぞれ地域住民への信頼感（地域内信頼感と呼ぶ）、近隣住民の認知の度合い、市の問題への関心、住んでいる地域への愛着（地域愛着と呼ぶ）の度合いに関する質問の回答（五段階）を用いた（表1）。地域住民への信頼感と住んでいる地域への関心や愛着は、似たような質問に思えるが、予備的に両者の関係を因子分析という手法で調べたところ、区別できる背景を持っていることがわかったため、別の要素として検証している。

†調査票調査の概要

以上を踏まえ、具体的な調査を行った。ジェイコブズは、街路が多様な店や人で賑わうための物理的な四条件として、①土地が様々な用途で使われていること（混合一次用途）、②賃料が安くなるような古い建物があること、③人の出入りがしやすい小さな街区であること、④人口が密集していること（Jacobs［1961=2010］）を挙げた（cf. 島原ほか［二〇一六］は簡単な実証例）。これを踏まえ、多様な業種構成、各店のおおよその営業年数、街区規模、人口集中地区を考慮して対象となる商店街を選定した。

さらに、石原［二〇〇六］に従い、多様な業種を含む、商圏が比較的小さい商店街があること、加えて、ショッピングセンター（SC）など他の商業形態が近くにあることを対象地区の条件とした。本章の第1・2節で少し触れたように、商店街と郊外のSCとは対比的に議論され、日本で最初の郊外型ＳＣは、一九八一年開業の「ららぽーとTOKYO-BAY」とされている（約四四〇店舗が入居）。この「ららぽーと」と直線距離で約一・五㎞の、京成電鉄の隣駅の前に、「谷津遊路商店街」がある。さらに、二〇一八年時点で、所在する千葉県習志野市の大部分は人口集中地区であり、対象地域も含まれる。

以上を踏まえ、谷津遊路商店街付近を調査地域とし、住民への調査票調査を行った[2]（二〇一八年八～九月実施、二地区の選挙人〔N=8644〕から、七〇〇人をランダムに抽出し郵送、回答数は三五〇）。

千葉県習志野市「谷津遊路商店街」の特徴

調査対象となった「谷津遊路商店街」はどんなところなのか。まず、商店街組織としては、谷津商店街協同組合がある。物理的には、約二〇〇ｍの歩行者専用道路を中心として、横切る道路により八つの小街区に分かれ、四〇店の協同組合加盟店と、その他の数店が営業し、商業・サービス業が集積する商店街である（外観は写真1）。中小企業庁の「平成三〇年度 商店街実態調査報告書」（二〇一八年一〇月調査）によれば、商店街組織の会員数の平均は四〇・六名であるから、ごく平均的な規模の商店街と言える。

店舗構成は、飲食店、肉・野菜・洋服などの小売店、コンビニエンスストア（二四時間）、美容室、クリーニング店、接骨院、教室／学習塾など、多様な最寄り品・サービス店中心に構成

写真１　対象地の千葉県習志野市「谷津遊路商店街」の店舗
注：2023 年７月時点の写真（谷津商店街・松村洋平副理事長提供）

写真２　対象地の千葉県習志野市「谷津遊路商店街」の店舗
2018 年調査時点版の店舗マップ（矢野紗代子氏作成・提供）

され、商圏は小規模であると推測できる（写真2は当時のマップ）。営業時間帯は、少なくとも三店以上が二四時間営業していた。チェーン店（雇われ店長）またはフランチャイズ店（在地オーナーが加盟）については、少なくとも五件（うち三件がコンビニ）確認できたが、大半は中小事業者による小規模な店舗である。組合の理事数名に対して聞き取りも行い、創業年数または築年数が二〇年以上の営業店舗が少なくとも一〇店あり、反対に二〇一七年以降に開店した店舗が三店あることを確認した。営業継続の意識がある店舗が多くあり、顧客との関係を構築する傾向がある、新旧の建築物・店舗が混在すると言える。以上から商店街の定義を満たすと判断した。

なお、谷津遊路商店街とらぽーとの直線距離は約一・五km、その他、一九七八年開業のSCである「モリシア津田沼」（約一二〇店舗が入居、核店舗は総合スーパー）との直線距離は約一・二kmであり、商業形態と居住地の距離はある程度揃っている。

5　分析から何がわかったか

以上の仮説を検証するため、地域内信頼感・地域愛着・市の問題への関心を結果変数とし、操作仮説を重回帰分析によって検証した。

分析の結果が表2・表3である（「ダミー」とは、はい／いいえ等の二択への答えを数値に直したもの）。

結果変数 原因変数	買い物・サービス時の地域の人との挨拶頻度		買い物・サービス時の店員との会話頻度	
	非標準化係数	標準誤差	非標準化係数	標準誤差
（定数）	2.850**	0.692	3.390**	0.712
誰にでも気軽に挨拶できる	−0.034	0.050	0.062	0.052
地域の方との挨拶程度の交流	0.035	0.050	0.084	0.052
地域の方との付き合い頻度	0.237**	0.064	0.003	0.066
地域内友人数	0.052	0.064	0.088	0.066
品質重視ダミー（以下 Ref. 価格重視ダミー）	0.233†	0.126	−0.078	0.130
顔なじみ重視ダミー	1.342*	0.601	0.781	0.618
手軽さ重視ダミー	0.053	0.164	−0.094	0.169
地元・個人店重視ダミー	0.662†	0.383	0.213	0.394
無関心ダミー	0.319†	0.178	0.080	0.183
無回答・その他ダミー	0.497	0.337	0.153	0.346
百貨店顧客ダミー（以下 Ref. **商店街顧客ダミー**）	**−0.786***	0.397	−0.113	0.408
コンビニ顧客ダミー	−0.291	0.325	**−0.675***	0.334
スーパー顧客ダミー	**−0.536†**	0.305	**−0.556†**	0.313
ショッピングセンター顧客ダミー	**−0.777***	0.307	−0.262	0.316
商店街外中小店舗顧客ダミー	−0.468	0.504	−0.557	0.519
大型／専門チェーン店顧客ダミー	**−0.960***	0.379	−0.526	0.390
インターネット顧客ダミー	**−1.968****	0.349	**−2.093****	0.359
通信販売、宅配顧客ダミー	**−2.395****	0.473	**−2.630****	0.486
居住年数	−0.001	0.005	0.001	0.005
配偶者ありダミー（以下 Ref. 未婚ダミー）	0.099	0.171	0.088	0.176
離・死別ダミー	0.216	0.246	0.180	0.253
教育年数	−0.023	0.030	−0.080*	0.031
男性ダミー（Ref. 女性ダミー）	−0.160	0.125	0.123	0.128
年齢（1＝10歳代から8＝80歳代）	−0.021	0.051	0.041	0.053
週平均労働時間	0.001	0.003	0.006*	0.003
経済力（潜在耐久消費財個数）	0.030	0.042	0.030	0.044
調整済 R2 乗	0.322		0.323	

ケース数＝268
†p<0.1; *p<0.05; **p<0.01

表2　仮説①各商業形態における交流頻度に対する効果の重回帰分析結果

結果変数	この地域の人は、私が困っていたら手助けしてくれる		近所のどこにどのような人が住んでいるかよく知っている		この地域に愛着を感じている		住んでいる市の問題について関心がある	
原因変数	非標準化係数	標準誤差	非標準化係数	標準誤差	非標準化係数	標準誤差	非標準化係数	標準誤差
（定数）	2.474**	0.553	0.300	0.690	2.848**	0.686	1.155†	0.673
地域の方との挨拶程度の交流頻度	0.030	0.044	0.114*	0.055	0.106†	0.055	0.062	0.054
地域の方との付き合いの頻度	0.268**	0.055	0.323**	0.069	−0.002	0.069	−0.018	0.067
地域内友人数	0.124*	0.055	0.028	0.069	0.104	0.069	0.093	0.067
商店街の店舗（コンビニを除く）に入る頻度	−0.025	0.039	**0.115***	0.049	**0.103***	0.048	**0.104***	0.048
ショッピングセンターの店舗に入る頻度	−0.018	0.048	0.021	0.060	0.026	0.060	−0.045	0.059
インターネットの通販サイト等を見る頻度	−0.045	0.029	−0.043	0.036	0.009	0.036	−0.056*	0.035
品質重視ダミー（以下Ref. 価格重視ダミー）	0.118	0.113	0.020	0.141	−0.074	0.140	0.092	0.137
顔なじみダミー	0.316	0.468	0.757	0.584	−0.161	0.580	0.008	0.569
手軽さダミー	0.293†	0.150	0.043	0.188	−0.314†	0.186	−0.345†	0.183
地元・個人店ダミー	**0.906****	0.334	0.192	0.417	−0.168	0.414	0.633	0.407
無関心ダミー	−0.071	0.161	0.142	0.201	−0.213	0.200	−0.243	0.196
無回答・その他ダミー	−0.586*	0.267	−0.526	0.333	−0.532	0.331	−1.239**	0.325
居住年数	0.000	0.004	0.011*	0.005	0.015**	0.005	0.010*	0.005
配偶者ありダミー（以下Ref. 未婚ダミー）	0.081	0.154	0.089	0.192	0.271	0.190	0.096	0.187
離・死別ダミー	−0.139	0.221	−0.111	0.276	0.093	0.274	0.755**	0.269
教育年数	0.028	0.026	−0.008	0.032	−0.004	0.032	0.051†	0.031
男性ダミー（Ref. 女性ダミー）	−0.315**	0.106	−0.012	0.132	−0.120	0.131	0.209†	0.129
年齢（10歳代から80歳代）	−0.063	0.043	−0.105†	0.054	−0.058	0.053	0.042	0.052
週平均労働時間	0.000	0.002	0.002	0.003	0.003	0.003	0.000	0.003
潜在耐久消費財個数	0.001	0.038	0.118*	0.047	0.022	0.047	0.134**	0.046
調整済R2乗	0.253		0.258		0.080		0.186	

ケース数＝303

†$p<0.1$; *$p<0.05$; **$p<0.01$

表3　操作仮説②-④地域や住民への態度に対する効果の重回帰分析結果

原因変数	影響力の検定結果	結果変数
「最も好んで行く場所または使う方法」として「商店街の店舗（コンビニを除く）」を選ぶ	○ ⇒	①他の商業形態と比べて、「その場所や方法で買い物する／サービスを受けるとき、地域の人々とあいさつをする」、「店員と話をする」ことが多い（一部▲）
「商店街の店舗（コンビニを除く）」に入る頻度が高い	× ⇒	②「この地域の人は、私が困っていたら手助けしてくれる」と答える
（地元店や個人店での買い物志向がある）	（◎）	（「この地域の人は、私が困っていたら手助けしてくれる」と答える）
「商店街の店舗（コンビニを除く）」に入る頻度が高い	○ ⇒	③「近所のどこにどのような人が住んでいるかよく知っている」と答える
	○ ⇒	④-1「住んでいる市の問題について関心がある」と答える
	○ ⇒	④-2「この地域に愛着を感じている」と答える
統制変数：地域住民との交流頻度・友人数、基本的属性（居住年数／婚姻／教育年数／性別／年齢／労働時間／経済力）、消費傾向、ソーシャルスキル（仮説①のみ）		

◎は1% 水準、○は5% 水準、▲は10% 水準でそれぞれ統計的に有意であることを示す。×は上記基準で関連なし（表5も同様）。

表4　操作仮説①-④の検証結果の概要

検証結果	買い物・サービス時の地域の人との挨拶の頻度	買い物・サービス時の店員との会話頻度
商店街よりも有意に低い（無印：5%、▲：10% 水準）	百貨店／ショッピングセンター 大型専門店／専門チェーン店 （スーパー▲）	コンビニエンスストア （スーパー▲）
商店街と有意差があるとはいえない	コンビニエンスストア 商店街の外の中小店舗（※）	百貨店／ショッピングセンター／商店街の外の中小店舗（※）／大型専門店・専門チェーン店
買い物時の地域の人や店員との接触が想定できないため検討なし	インターネット通販、通信販売・宅配	

※商店街の外の中小店舗のみ、ともに有意差がなかった。

表5　操作仮説①の検証結果の詳細

なお、全ての分析において、従業上の地位を考慮した場合、回帰式全体の説明力が下がったため、仮説とは無関係と考え、分析から除外してある。

分析からわかったことを簡単にまとめたのが表4である。分析では、理論仮説①「商店街をよく利用するほど、地域住民や店員との交流が生まれる」について、商店街の店舗を好む顧客は、他の様々な商業施設を好む顧客に比べて、その好む店等での交流が、統計的に多いことが支持された（検証事項が多いため、詳しい結果は別途表5にまとめた）。理論仮説③「商店街をよく利用するほど、地域に関する情報を多く得る」、理論仮説④「商店街をよく利用するほど、地域全体への関心あるいは愛着を持つ」については、統計的に支持されたが、理論仮説②「商店街をよく利用するほど、地域の人々に対する信頼感を持つ」については、統計的には支持されなかった。一方で、予想しなかった結果として、地元店・個人店への貢献を重視する消費傾向（地元・個人店ダミー）が地域内信頼感を高める効果が支持された。

6 商店街は交流や地域への愛着・関心を、地元店や個人店は信頼を増やす

分析では、商店街という機関・空間が持つ、利用住民への社会的機能が示された。第一の機能は、歩道や中小の店舗からなる商店街が、ささやかな交流の機会や近隣住民の情報など、緩

やかなつながりのきっかけを提供し、また住んでいる地域への愛着や自治体への関心を喚起していることである。第二の機能は、地元店や個人店に貢献したいという消費傾向を持つことによって、地域内の住民への信頼感が増えることである。

†商店街の社会的機能の正体

これらの結果を、どのように解釈すればよいだろうか。まず、第一の機能については、先行研究では不十分だった社会的な属性、近所付き合い、地域内友人数、居住年数などの統制を行っても、地域愛着や会話への効果が示されたと言える。

コミュニティに関する先行研究において、商店街などの場所による社会的・心理的効果は、年齢、職業や性別など属性の影響に回収されてしまうとされてきた。都市の人口密度など、地域単位の変数を使って分析する手法や、人々が持つ社会的つながりを分析する手法は、場所がもつ効果、地域内の人々の違い、ネットワークの形成のきっかけについて注目してこなかった。要するに、どんなまちを作ろうと、人々の交流、地域への関わりや意識は変わらないと言われてきたのである。

これに対し本章の研究では、商店街があること、すなわち雇われ店主化ないしチェーン化しておらず、歩道を中心にした小さな街区に根差す多様な中小店舗・事業者が存在し、住民に使われることで、交流や情報の結節点ができ、利用住民が地域に愛着や関心を持つようになる、という社会的機能が実証された。つまり、年齢や性別に関係なく、地域に長い期間住んでいてもいなくても、知り合いが多くても少なくても、コミュニケーションが得意であってもなくても、理由は何であっても、何となく商店街のお店によく行くだけで、挨拶や会話など「ささやかなふれあい」や、地域への愛着・関心、近所の情報が増えていく可能性が高い。

ただし、第二の機能についてはもう少し複雑である。ジェイコブズがいう、商店街（歩道）でおこる「ささやかなふれあい」の存在は示されたものの、商店街と地域内信頼感とは直接の関係がなかったからである。その代わりに、地元店や個人店での消費傾向が、地域内信頼感を増やすことが示された。肝心の商店街の利用による信頼感への効果がはっきりしなかったのは、先行研究とは異なる知見である。

理由として考えられるのは、商店街という場所独自の利用住民への効果は、信頼感や交流のような対人の態度ではなく、地域愛着などの対空間の態度に現れるということである。商店街における挨拶や会話の増加への効果も、よく見ると商店街の外の中小店舗との差がなく、街並み・集積を形成することの効果ではなさそうである（表5）。その一方で、地元・個人店への貢献を重視する消費志向を持つことは、地域内信頼感を増やすという効果を持つ（表3）。ここから、中小規模の店舗を使うこと自体が、他者への態度と関連するのであって、その店が集積や街並みを形成しているかどうかとはあまり関連がないと考えることができる。実質的には、商店街の外の中小店舗を利用する人は非常に少なく、個店が単独の立地で営業する困難さを示していると考えられるため、必ずしも商店街と中小店舗は区別できない。

まとめると、商店街のお店に入る習慣がある人は、年齢・性別・学歴・経済力・居住年数やコミュニケーション力などとは関係なく、交流の機会や近隣情報、地域への愛着や関心が増えていく可能性が高い。そして、地元店や個人店が存在することは、他者への信頼を増加させる一つのきっかけになり得る。商店街は決して閉鎖的な場所ではなく、都市的な交流のきっかけにもなる場所なのである。

本研究にはいくつか限界もある。地域愛着や信頼感等の態度による逆の因果の可能性は完全には排除しきれていないこと、選挙人名簿というデータを用いたため、外国人は調査の対象に入っていないこと、他の地域での検証が必要なこと等である。これらの点は、さらなる研究が求められる。

†商店街の社会的機能の固有性と意義

地域社会と離れて他者と向き合う機会が増える現代では、人との交流や接触、共同体への愛着や関心、他者への信頼感をつくる方法はいくつもある。しかし本章の分析では、ショッピングセンターやネットショップの利用には、他者との交流および他者への信頼感を生み出す機能が見出せなかった。それはつまり、商店街が他の商業形態に置き換わることで、近隣住民や店員との交流機会・近隣情報を知る機会・地域への愛着や問題関心を高める機会の一つが失われること、地元店や個人店が減って、他者への信頼感を形成する可能性が一つ失われてしまうことを意味する。

商店街による住民への効果は、感覚としては語られても、ほとんど可視化されてこなかった。この効果は現代社会の基盤とも関わっている。意図しなくても他者と交流できる機会の減少は、時に特有の生きづらさ・孤独や孤立に繋がるし、他者への信頼感の低さは、排他性や分断という現代の論点を象徴している。地域関心・愛着が、地域における協力や自治と関連することも、長年の論点である。

もちろん、商店街のような地域的要素の活性化を諦め、地域社会を基礎としない他者との関係構築を志向し、様々な制度から地域という枠を取り払う社会[3]も十分考えられる。だが、それは本当に多様な人々が交流し、新たな公共性を持つ、開かれた社会なのか。むしろそうした社会への足掛かりが一つ失われることになりはしないだろうか。

7 商店街の本質は何だろうか

最後に、商店街の復権への注意点と、希望を述べてみたい。既存の商店街は確かに衰退傾向にあるが、商店街という場所や営みそのものの可能性がなくなったわけではなく、土地・建物の所有者の動向、都市計画の方針、消費の変化への対応、商店街組織の盛衰や方針等によって大きな影響を受けてきた帰結でもある。この傾向は、変えられるものだ。

例えば、本章ではショッピングセンターやネットショップと商店街を多少対立的に検討したが、ショッピングセンターと商店街等の中小店舗は、高い人口密度や低い自動車保有率等の条件の下で、両者が近くに固まって立地すれば、互いに好影響を受けられるという研究がある（cf. 松浦・元橋［二〇〇六］中島賢太郎［二〇一一］）。経済政策の視点からは、サービス業にとって、事業所が近くに固まって立地することが労働生産性向上のカギであるという研究（cf. 森川［二〇一四］）もある。これらの立地に関する都市計画は、消費も人手も減っていく人口減少時代に極めて重要な要素である。

消費動向をとっても、ネットショップやSNSを上手く活用する中小店舗は増えているし、海外では書店の減少が底を打ち、増加に転じたというニュースもあり（『日本経済新聞』二〇二三年三月六日付朝刊）、そもそも中心市街地が衰退していない国もあるという。日本でも歩きやすく暮らしやすい街なかが流行り始め、小商いという言葉も生まれた。東京・下北沢や新潟・沼垂のように、ほぼゼロから商店街が生まれ変わり、賑わっている場所も出てきている。

何も、昔懐かしいお店が商店街の全てではない。商店街の本質は、歩いてめぐる対面消費の場であり、その本質に色々な社会的機能がある。機能の結末は、都市の持続性にも繋がってくる。例えば、人々の居住満足度が高く人口流出が少ない街の傾向として、個人店もチェーン店も含めて「多様で雑多な飲食店」があり、「ショッピングモール」だけでなく、「商店街やセレクトショップ」があり、「女性が夜間に出歩いても安全」といった特徴を指摘する調査（島原ほか［二〇一六］）がある。少し話を広げれば、OECDはかつて、人口密度が高いコンパクトなまちづくりが、省エネ、健康増進や行政コストの効率化につながるという指摘を行った。商店街は、自分たちが住む都市の形、土地活用や開発、商業者のアイデアや買い物のあり方等によって変わるが、それが意図せずに他者との関係の変化、果ては人口の動向にも影響すると考えられる。だとすれば、幅広く暮らしに関わってくる、意外に重要な要素なのである。

本章では商店街の社会的な機能を検証し、強調してきた。商店街の活性化段階（図2）を考えればわかるように、商店街の機能の基本にあるのは、利用可能な土地・建物、営業している店舗・事業者である。街区には、街並みの特長、特に建物の歩道・小さな街区や新旧入り混じった建物などの物理的環境が必要とされた。その上に、色々な人が気軽に入れる中小規模のお店、使いたいと思わせてくれる地元感・個人店感が育つことで、商店街が社会的に機能すると考えられる。忘れがちなのは、これらの要因の多くが、単なる啓発や「べき」論とは違って、政策や努力によって改善できるということだ。ぜひ他の章で挙げる取り組みを参照してほしい。「ウォーカブルシティ」、「バイローカル」や「ローカルファースト」という理念を日本流に解釈すると、まさに商店街の復権そのものである。かつて日本の商業政策には、歩行者天国を生み出す「買い物空間から暮らしの広場へ」というスローガンがあったというが、都市のあり方を変えるには至らなかったと言っていいだろう。これまで日本になかったとされる「都市計画により快適なコミュニティを創ることが、地域への愛着を高め、よりよい地域づくりを可能にするという理念」（藤田［二〇〇九］七八頁）を、今後育てることはできるだろうか。

【本章のポイント】

①本章では、商店街が復権することの意義を調査データを用いて検証した。検証の参考になるのは、J・ジェイコブズらの都市街路と中小の小売・サービス店との関係に関する研究であった。

②検証結果の一つ目は、商店街は利用者に交流や近隣情報の交換機会を提供し、かつ地域への

愛着や関心を喚起すること、二つ目は、地元店や個人店での消費傾向により地域内の住民への信頼感が増すこと、である。

③商店街がネットショップやショッピングセンターに置き換わると、これらの社会的機能は失われてしまう恐れがある。商店街と他の消費形態が両立する都市の姿と実現方法を検討すべきだ。

注

(1) 本章は、筆者による過去の研究論文(今井[二〇一九][二〇二一b])をできるだけ平易に書き直し、その後の研究を含めて再構成したものである。議論の過程や参考文献を省略した部分があるため、詳細は、ウェブ上で今井[二〇二一ab][二〇二二]をご覧いただきたい。なお本章の内容は筆者の個人的見解であり、いずれの組織の見解も代表していない。

(2) 本調査は千葉大学の研究倫理審査を受けて行った。研究に当たっては、習志野市、回答者の市民各位、同商店街のお好み焼店・天久、協同組合の風見理事長、今井専務理事、松村副理事長、松田氏及び指導教官や査読者など、関係者に多くのご協力をいただいた。

(3) 東・大山[二〇一六]は、ショッピングモールと同様の新たな公共性として、熟議を介さずビッグデータを統計的に用いて民意をくみ取ることを主張する「一般意志2.0」という考え方を挙げる。

参考文献

東浩紀・大山顕（二〇一六）『ショッピングモールから考える――ユートピア・バックヤード・未来都市』幻冬舎新書
藤田弘夫（二〇〇九）「迷路と蜘蛛の巣を生み出す都市計画」橋本和孝・藤田弘夫・吉原直樹編『都市社会計画の思想と展開』東信堂、六一～八一頁
Gans, Herbert J., 1962, "Urbanism and Suburbanism as Ways of Life: A Re-evaluation of Definitions", Arnold. M. Rose ed., *Human Behavior and Social Processes: An Interactionist Approach*, London: Routledge & Kegan Paul（松本康訳「生活様式としてのアーバニズムとサバーバニズム」森岡清志編〔二〇一二〕『都市社会学セレクション 2 都市空間と都市コミュニティ』日本評論社）
長谷川公一（二〇〇〇）「共同性と公共性の現代的位相」『社会学評論 50（4）』日本社会学会、四三六～四五〇頁
石田光規（二〇二二）『「人それぞれ」がさみしい』ちくまプリマー新書
今井隆太（二〇一九）「商店街の社会的影響に関する研究――商店街の利用による信頼感・地域愛着形成の実証分析」千葉大学大学院二〇一八年度修士論文（非公刊）
同（二〇二一a）「自由化する人間関係と他者との共通基盤の変容――他者への信頼感を支える地域的要因のレビュー」『公共研究 17（1）』千葉大学公共学会、三三八～三七〇頁
同（二〇二一b）「商店街による利用住民への社会的・心理的効果の実証研究――周辺住民へのサーベイ調査による他の商業形態との比較を通して」『日本都市社会学会年報39』五六～七二頁
同（二〇二二）「都市社会における地区の内部環境の理論的位置づけ」『都市と社会 6』大阪市立大学都市研究プラザ、一一六～一四〇頁

石原武政（二〇〇六）『小売業の外部性とまちづくり』有斐閣
Jacobs, Jane, 1961, *The Death and Life of Great American Cities*, New York: Vintage books（山形浩生訳〔二〇一〇〕『アメリカ大都市の死と生』鹿島出版会）
Klinenberg, Eric, 2018, *Palaces for the people: how to build a more equal and united society*, New York: Crown（藤原朝子訳〔二〇二一〕『集まる場所が必要だ――孤立を防ぎ、暮らしを守る「開かれた場」の社会学』英治出版）
小林久高（二〇一二）「公共性の精神的基盤」『社会分析 39』日本社会分析学会、七〜二四頁
小林庸平（二〇〇九）「地域環境とソーシャル・キャピタルの形成――個票データを用いた実証分析」『経済政策ジャーナル 6（2）』日本経済政策学会、一五〜三一頁
松浦寿幸・元橋一之（二〇〇六）「大規模小売店の参入・退出と中心市街地の再生」『RIETI Discussion Paper Series』06-J-051
森川正之（二〇一四）『サービス産業の生産性分析――ミクロデータによる実証』日本評論社
中島賢太郎（二〇二一）「サービス産業の空間分布――そのメカニズムと実証研究」深尾京司編『サービス産業の生産性と日本経済――JIPデータベースによる実証分析と提言』東京大学出版会
三浦展（二〇〇四）『ファスト風土化する日本――郊外化とその病理』洋泉社・新書y
三浦展編（二〇二三）『再考　ファスト風土化する日本――変貌する地方と郊外の未来』光文社新書
島原万丈・HOME'S総研（二〇一六）『本当に住んで幸せな街――全国「官能都市」ランキング』光文社新書
鈴木春菜・藤井聡（二〇〇八）「『消費行動』が『地域愛着』に及ぼす影響に関する研究」『土木学会論文集D 64（2）』一九〇〜二〇〇頁
髙橋尚也・川上善郎・川浦康至（二〇一五）「商店街に対する態度と購買意識の類型別にみた個人の社会的

資源」『立正大学心理学研究所紀要　13』一五〜二四頁
玉野和志（二〇〇五）『東京のローカル・コミュニティ――ある町の物語一九〇〇-八〇』東京大学出版会
同（二〇〇六）「山下氏の書評に応える」『日本都市社会学会年報　24』二一九〜二二四頁
横山斉理（二〇〇六）「地域小売商業における商業者と顧客の関係についての実証研究」『流通研究　9（2）』一〜一五頁

コラム

ホテルからまちを創る——帯広中心市街地活性化の取り組み

柏尾哲哉

北海道十勝地方（人口約三四万人）の中核都市である帯広市は、札幌、旭川、函館、苫小牧に次ぎ人口約一六万人を有する北海道第五位の地方都市です。私は、JR帯広駅の北側に広がる帯広中心市街地で生まれ、高校卒業までの時間を過ごしました。

子供の頃、多くの人で賑わった中心市街地は、自家用車の普及や大型商業店舗の郊外拡散などにより徐々に賑わいを失い、父が営む眼鏡店の売上も落ちていきました。私自身は、高校卒を機に地元を離れ、その後弁護士として活動しながら東京で三〇年以上暮らしています。その間も、帯広中心市街地の空洞化は進み、歩行者数の減少、空き店舗の増加などで昼の街はゴーストタウンのようです。

他方、広大な平野で営まれる十勝の大規模農業は、農協取扱高が約四〇〇〇億円にも及ぶ地域の主幹産業で、その豊かさは中心市街地にも及んでいます。駐車場となっていた空き地を活かして「北の屋台」という屋台村を創るなどの取り組みで、帯広中心市街地は辛うじて夜の賑わいを維持できています。

そんな帯広中心市街地に、新しい活気を創り出すことを目指したい。同郷の事業パートナーと二人で、二〇一四年に十勝シティデザイン株式会社を創業、二〇一六年に北の屋台の近くにHOTEL NUPKA（ホテルヌプカ）を開業しました。

なぜホテルなのか？　三四万人の地域人口を有しながら、そのほとんどが郊外エリアで自家用車で生活する形態が定着した地方都市。地元住民の買物需要だけを当てにして、かつての賑わいを中心市街地に取り戻すことは困難と考えます。

他方、地域外からの来訪者にとって、宿泊や食事、交通や公共サービスが徒歩圏内に集中する中心市街地は、車を利用する必要がなく利便性の高い場所となります。そのような域外来訪者の流れと消費需要で事業環境を回復し、他方で、地元の人との交流や地域の魅力や価値を知ってもらう機会をつくることで、域外訪問者と地元の人が集まり、新しい街の賑わいを創り出せるのではないかと考えました。

ホテルヌプカの一階は、ホテルフロントだけでなく、地域の食素材を活かしたメニューを提供する飲食店舗を設け、地元の人との待ち合わせや、映画／音楽／トークなど様々なイベント開催もできる交流スペースとしても活用できるようにしました。また地元産大麦を原材料とするオリジナルの「旅のはじまりのビール」の開発・販売や、二〇一九年には、

写真１　ホテルヌプカ（後方）とばんえい競馬の元競走馬による「馬車 BAR」ツアー

地元のばんえい競馬の元競走馬が馬車を曳いて夜の中心市街地を回遊する「馬車ＢＡＲ」ツアーも開始しました。馬車ＢＡＲは、農耕馬と共に農地開拓を行った地域固有の馬文化を活かしたユニークな事業で、重量一トン近い輓馬が二階建ての馬車を曳いて夜の街を回遊する様子は新しい街の風景にもなり、全国的な注目を集めています。

　そのような取り組みの積み重ねに対し、二〇二〇年には、ふるさと企業財団のふるさと企業大賞（総務大臣賞）を受賞した他、帯広市・第一生命保険㈱との三者で「ワーケーション等の推進に基づく関係人口創出・拡大に向けた連携協定」を締結。二〇二一年にはワーケーション滞在に特化した別館「NUPKA Hanare」を開業し、二館での営業体制となりました。その結果、ゼロからはじまった事業は、宿泊・飲食利用者の合計が年間三万人を超える規模まで成長していきました。

二〇二二年からは、私たちが目指す中心市街地再生への取り組みを本格化させるため、地元自治体、公的団体、地元・全国の企業へお声がけし、自ら主催して「帯広中心市街地の将来構想を考える会」を開催し、二〇二三年七月からは当該将来構想の実現に向けた「帯広中心市街地の将来構想を実現する会」も開始しました。

ここで、私たちが考える「帯広中心市街地の将来構想」の骨子を紹介させていただきます。

「帯広中心市街地の将来構想」骨子

中心市街地の空洞化は、地元住民の多くが自家用車を利用して郊外で暮らし、商業機能も自動車の利便性が高い郊外エリアへ拡散したために生じた。

他方で、中心市街地側に残る（i）交通要衝機能、（ii）公的施設・サービス、（iii）宿泊・飲食機能は、自家用車を持たない域外訪問者にとっては現在でも有用性が高い。

まずは、（i）域外訪問者数を最大化することで、中心市街地内の事業者の経営環境の回復を目指す、（ii）中心市街地内の事業環境が回復すれば、新たな事業者参入も増えていく、（iii）新たな事業者参入が増えれば、中心市街地内の賑わいが増し、地元住民も中心市街地へ訪れるようになる、そのような好循環を創りだす。

域外訪問者（最終的には地元住民の数も）を最大化するためにはどうしたらよいか？　帯広中心市街地への来訪を促すエリアブランドとして「帯広食べ歩きまち」を提言する。「食べる」は、十勝の主幹産業である農業の強みを活かす方法であり、「歩く」は自動車社会化する地方都市内で「人間／徒歩中心」に差別化された空間を意味する。二つの軸に沿ってそれぞれ魅力を高める取り組みを継続すれば、遠くからでも来たくなる場所へ変貌できる。

域外訪問者の来訪を促すためには、①観光機能の強化、②関係人口（企業）の拡大に向けた施策が鍵となる。地元住民の来訪を促すためには、③新たなモビリティの実装（＝自家用車利用者が「歩行者中心」の空間に移動する仕掛け）、④商業／文化機能の回復と活性化、⑤街なか居住の促進に向けた施策が鍵となる。

上記①～⑤の取り組みで中心市街地の賑わいは回復されるが、そこで歩みを止めてはいけない。中心市街地の賑わい回復を、⑥自動車社会から疎外される子供・老人・障害者のための空間作り、⑦十勝地方全体の産業振興や帯広市以外の一八町村への貢献に、活かしていく。

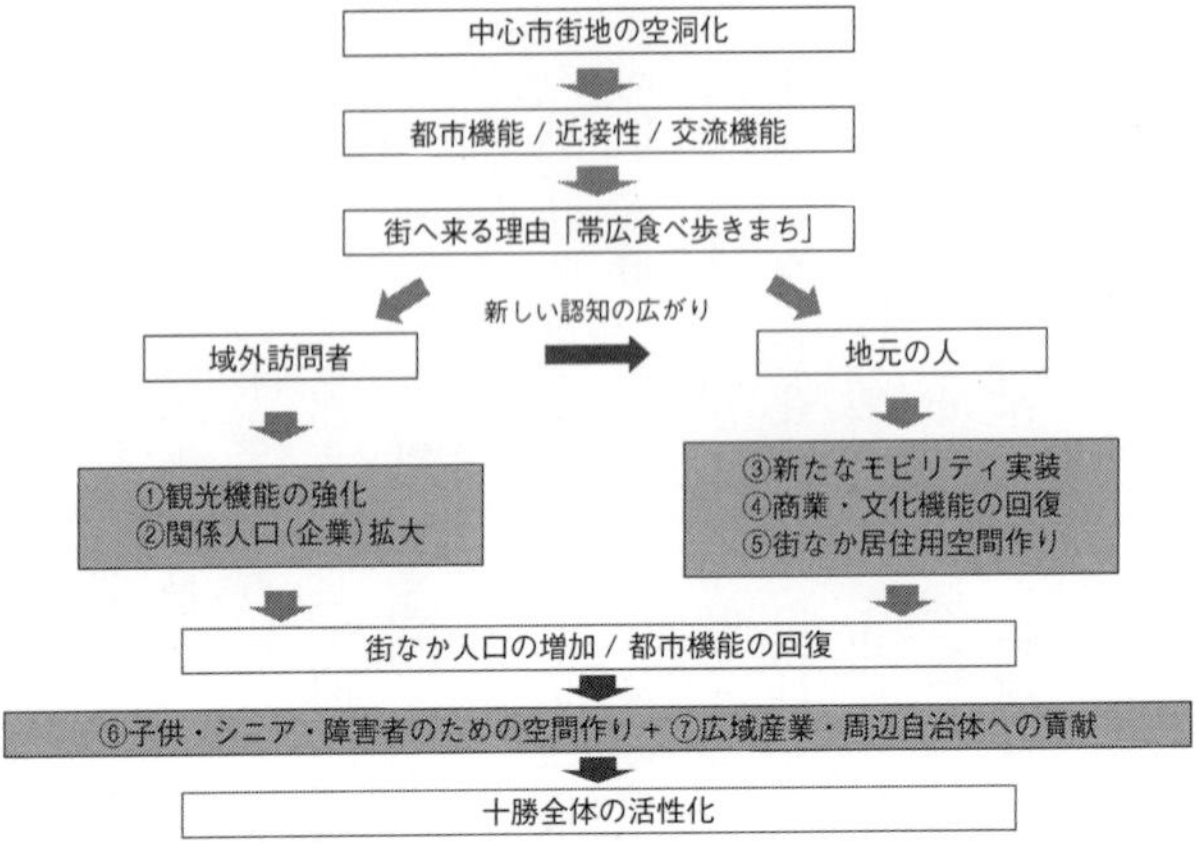

図1　「中心市街地の活性化」という大きなテーマを、①〜⑦の具体的な取り組みに要素分解し、様々なプレイヤーの動機づけを図る「帯広・十勝モデル」

上記構想は、「中心市街地の活性化」という大きなテーマを、①〜⑦の具体的な取り組みに要素分解し、様々なプレイヤーが参画する動機づけを創る方法で全体の成果を作りだすプロジェクト手法といえます(以下「帯広・十勝モデル」といいます)。

「帯広・十勝モデル」の中核にあるのは、「都市機能の回復」です。多様な知識や技術をもった人の交流を促し、新しいアイディアや事業を産み出す高人口密度空間が「都市機能」の本質です。公共交通機関と中心市街地機能を有する東京や政令指定都市へ人口転入が続く一方、過度な自動車依存で中心市街地機能が低下した地方都市の人口流出が続く。その対比は、両者における都市機能の差異を反映しているのではないか？

ホテルヌプカの取り組みは、「農と食」「観光」など帯広・十勝の「地域資源」を求心力に、「域外訪問者」と「地域住民」が集まり交流する場として擬似的な「都市機能」を提供しているものといえます。そのようなホテルの空間と役割を街全体に拡張することで、帯広中心市街地の再活性化が実現できると考えています。

ここでご紹介した「帯広・十勝モデル」の事業仮説は、各地域の「地域資源」を活用することで、全国の多くの地方都市でも適用できると考えます。当該事業仮説の正しさを、多くの地方都市で実証し、成果を実現できれば、日本全体の活性化にも役立てるに違いない、そう信じながら、今後も地域での取り組みを継続していきたいと願っています。

第5章

商店街復権への取り組み

神﨑浩子／前田志津江

この章では、京都府の商店街創生センター（以下「センター」）の創設時からこれまでの支援等、現場での生の状況を紹介していきたい。

本書の編者・広井良典氏から「センターは、全国でも類を見ない特異なところ」といつもご紹介いただくのだが、当事者としては当初はピンとこなかった。しかし、いろいろな方々と話をしていると、その「特異」と言われることがセンターにとっては本質なのではないかと思う。

そもそもセンターの誕生の経緯からユニークである。センターは端的に言えば、商店街が大好きな二人の人物がいたから誕生した。その二人が京都の商店街の将来を考え、その商店街愛を行動に移したからに他ならない。

当センターは官と民が一体となってできた組織である。あるときは「官的」、またある時は「民的」という動き方ができることが、「特異性」を生み出し、二つの顔を上手く使い分けながら、ちょっと冒険的なことに毎年挑戦し続けていくことができるのも、そういうところに起因しているのかもしれない。

その中で私（神﨑浩子）の位置は、属するのは官ではあるが、実際には官にも民にも通ずるコーディネータ的役割を担うものである。本稿は、その私からの私見であり、コロナ禍において今までとは違う商店街へのアプローチについての第4節は、センターの三代目事務局長であり、京都府中小企業総合支援課参事（当時）前田志津江が担当する。

京都府として他にも施策はあるが、事例については、いろいろな事業がある中で特にセンターらしい、ならではという支援をしたものを取り上げている。創設時からその後の時代の動きによって支援事業も変化している。しかし、商店街活性化の秘策はない、商店街に足を運び、地道に耳を傾け、ともに動く、創設当初からの伴走支援という根幹は変わっていない。

1　商店街創生センターの開設

†京都府の商店街とセンター設立以前の支援について

全国の商店街の厳しい状況と変わらず、京都府内の商店街約三〇〇についても活発に活動を行っているというのは一部であり、廃業や退会により加盟店舗が減少することで、組織を運営する経費や人的資源が減り、商店街活動が十分にできなくなるという悪循環に陥っている。

センターができる以前の京都府の商店街施策については、補助金を中心に、各商店街がその特徴や強みを生かして取り組む事業を支援してきた。

しかし、専任の事務局や資金を持たない体力の弱い商店街が、補助金を得て事業を行うのにはなかなかハードルが高い。打つ手もないまま、じり貧に陥らざるをえない状況であった。

†その誕生と役割

商店街創生センターは、二〇一五年一〇月五日に創設された。

体制としては、センター長として、京都府商店街振興組合連合会理事長、京都府商店連盟会長、京都錦市場商店街振興組合理事長の宇津克美氏、事務局として、事務局長には、小西葉子（京都府商業・経営支援課担当課長）、事務局員として京都府商業・経営支援課商業担当職員という構成で、京都府商店街振興組合連合会・京都商店街連盟等と連携して事業を推進することとなっている（現在の体制は宇津氏の後、上田照雄氏に）。

私がこのセンターに来たのは二〇一六年四月からなので半年後のことである。大学院の指導教官であった高田昇《すすむ》先生から「京都の商店街に興味はないか？　京都府が商店街創生センターという新しい組織をつくって、事務局長の小西さんと一緒に動いてくれる人を探している」

と誘われたのがきっかけである、以後現在までセンターにいることになる。

創設のいきさつについては、初代の事務局長小西葉子氏に聞いた。商店街の現状に常々問題意識を持っていた前知事の山田啓二氏が宇津氏（前述）と「東の京の台所」と呼ばれていたある商店街の様子を話していた時に、その商店街だけでなく京都府内の商店街もなんとかしないといけないのではないかという話になった。そして、もともと商店街の復権こそ、地域の再生につながると思っていた山田氏の声のもと、トップダウンで創設されたということであった。「言い出しっぺということで、センター長をさせられた」というのは宇津氏からの弁である。

視察に来られる行政の方にこの話をすると、ほとんどが「トップの一声ですか……」と絶句される。「特異」といわれる理由の一つである。また、「商店街」に特化して支援する部署というのも他の自治体では珍しい。

開設の趣旨として、商店街の実情に応じた、よりきめ細かな支援を行うことで、自力では事業実施困難な厳しい環境下の商店街等に対する支援を強化するとしている。それは、従来の補助金を中心とした商店街施策ではできなかった、体力の弱い商店街（そもそも人的資源も経済的資源にも乏しいので、補助金申請もはなからあきらめているところ）のその商店街がおかれている状況や特性に沿ったオーダーメイド型の対応をしていくということである。

2　センターの主な事業

†きめ細やかなオーダーメイド型伴走支援とは？

他の地域の例にもれず、京都府内の商店街をとりまく状況は厳しい。ほとんどが専任の事務局がなく（あるところは全体の一割程度）事務的なことは会長が行っている。資金は会費収入のみで、補助金を活用するには自己負担分やつなぎ資金等の用意が必要になるためできない。しかし、「この状態をなんとかしたいと思っているが、どうしたらいいかわからない」という商店街もあるはずである。その存在を浮き上がらせ、支援するには、まずは現状を調査し把握することである。それにより、的確な政策・立案が可能になる。

そこで、京都府の商店街の実情を知るべく、府内約三〇〇ある商店街へアンケート調査、訪問・ヒアリングを実施し商店街ごとの「商店街カルテ」を作成した（商店街カルテ：商店街の現状・課題・支援実績を記載し、商店街活性化の基礎となる記録）。

しかし、アンケートの回答率が思ったより悪く、結局最初の一、二年の業務のほとんどは実際に訪問してアンケートの項目を聞き取るということになったのだが、結果としてはそれがよかった。なぜなら小西と私は、自分たちの足で実際に各商店街を回ることで、目や肌感覚などにより、多くの情報をキャッチし、商店街の実情を知ることができたのである。
その現状調査の結果をセンター創設の前年度に策定された商店街のアクションプランに示されていた類型に落とし込み、京都府の商店街の現状を可視化した。それがセンターとしての伴走支援の基礎となっている。それをもとに、自力では活性化が困難だが、サポートをすれば活性化できる可能性が高い商店街について（類型3中心に）伴走支援を始めることとなった。

類型1：一体的な商業機能の集積があり、店舗数又は来街者数が増えている商店街
類型2：一体的な商業機能の集積を維持しているが、店舗数、来街者が減少している商店街
類型3：店舗数、来街者数が長期間減少し、店舗が点在化しつつある商店街
類型4：店舗の集積がなく点在した状態が長期間続いている商店街

支援の内容としては、
1　「最初の一歩」の踏み出しを支援
2　「ステップアップ」のための支援
3　「商店街組織再編」（会員以外の巻き込みを支援）

	地域別商店街数							
	京都市内	京都市以外						総計
		乙訓	山城	南丹	中丹	丹後	小計	
類型1	52 (35%)	—	2 (6%)	—	—	—	2 (1%)	54 (18%)
類型2	33 (22%)	2 (29%)	2 (6%)	1 (2%)	4 (10%)	3 (12%)	12 (8%)	45 (15%)
類型3	41 (28%)	5 (71%)	14 (42%)	28 (65%)	22 (52%)	15 (60%)	84 (57%)	125 (42%)
類型4	22 (15%)	—	15 (45%)	14 (33%)	16 (38%)	7 (28%)	53 (35%)	75 (25%)
計	148	7	33	43	42	25	151	299

表1　商店街の類型ごとの分類（商店街創生センター調べ：2021年4月末現在）

4　「新たな商店群の形成」（エリア内の元気な商店街をつなぐ）支援

等を柱に商店街にアプローチを始めた。

センターができてから約二年半の間に延べ一〇〇〇回以上も商店街へ訪問した。二〇二二年度には二五〇〇回となった。

京都府内には約三〇〇の商店街といったが、その約半数は、京都市内にある。京都府の丹後、中丹、南丹、山城の各地域には、それぞれにある広域振興局の担当と、京都市内の商店街については、京都市の商店街担当者と一緒に回った。府と市が一緒に来るということを珍しがられ、また、「何しに来たんやろ」といぶかしまれることも多く、「商店街担当は京都府と京都市は仲がいいんですよ。商店街好きは共通やしね」と場の緊張を解き、話を進めるきっかけにもなった。京都市以外の市町の職員からは、センター（京都府）が、各地域のほとんど活動もしていないような商店街にわざわざ直接訪問・ヒアリングをするのか、しばしば不思議がられた。今から考えれば、行政のルールを逸したゲリラ的活動だ。

†はじめの一歩を後押しする具体的方法

支援しようにも相手先がいなければできない。「このままではいけない」と日頃から思っていても、商店街側から相談に来られることはほとんどない。従来の行政であれば、待ちの姿勢だろうが、センターは違う。商店街に押しかけ、話を聞くのだ。こちらからアポイントをとって商店街へ訪問する。小西（前出）と私はこのことを「御用聞き」と呼んでいた。アポイントを取る電話の際でも、「今はほとんど寂れていて、特に何もしていないので来てもらっても」と判で押したような来訪お断りの返事がほとんどだが、ここで折れていては仕事にならない。「どんな感じで寂れているか、今このお電話で話してくださったくらいをお聞きしたいので、五分くらいお時間いただけませんか？」とさらに続けると、……「五分くらいなら」と相手は渋々訪問を受けてくれる。中には、話を聞かず電話を切ってしまう相手もいる。「今さらなんだ」と急に怒り出す店主もいる。今の商店街の状況に苛立ったり、絶望に近い思いを抱き、「もうほっておいてくれ」という意思表示なのかもしれない。

特に類型3に分類された商店街のほとんどが、私たちの日々の暮らしを支えてくれる存在であり、昔からの地域のコミュニティの担い手でもあった。そのようなところが簡単になくなってしまわれても困るのだ。しかし、解散・活動休止のところは年々増える。状況は予断を許されないところまできている。

訪問し、話を聞いていく（ステップ①）上で、「このままでは駄目やと思うけど……」という気配を察知した場合には、ちょっと時を置いて何度か訪問し、世間話をしつつ機をうかがって、会長さんや役員さんに「はじめの一歩」の事業を提案する（ステップ②）。

そこで、紹介するのが「商店街活性化若手プロジェクト」と「商店街アイデア実現プロジェクト」である。

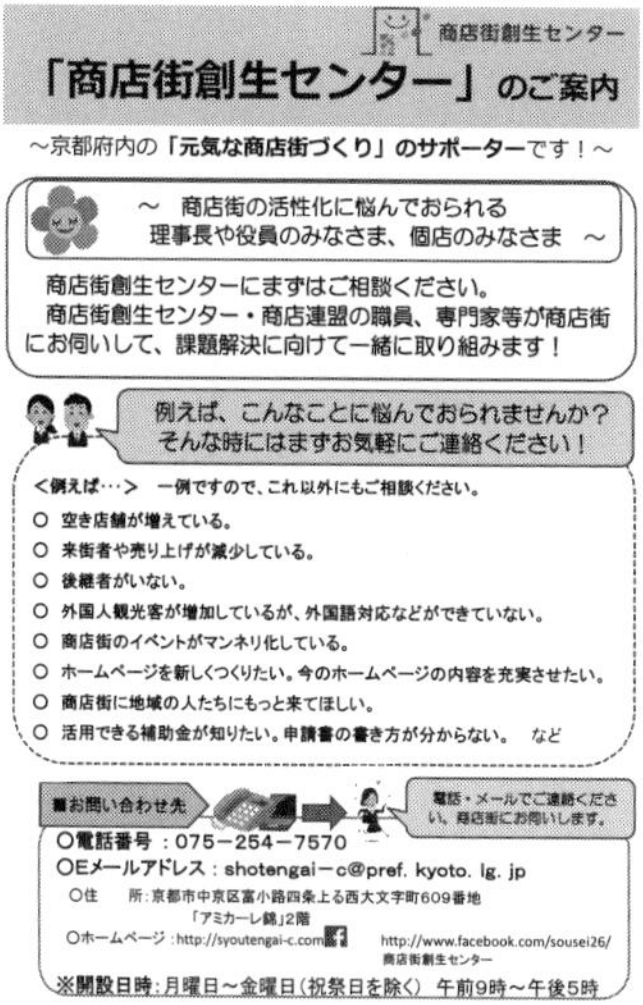

商店街創生センター
「商店街創生センター」のご案内
～京都府内の「元気な商店街づくり」のサポーターです！～
～ 商店街の活性化に悩んでおられる 理事長や役員のみなさま、個店のみなさま ～
商店街創生センターにまずはご相談ください。
商店街創生センター・商店連盟の職員、専門家等が商店街にお伺いして、課題解決に向けて一緒に取り組みます！
例えば、こんなことに悩んでおられませんか？ そんな時にはまずお気軽にご連絡ください！
<例えば…> 一例ですので、これ以外にもご相談ください。
○ 空き店舗が増えている。
○ 来街者や売り上げが減少している。
○ 後継者がいない。
○ 外国人観光客が増加しているが、外国語対応などができていない。
○ 商店街のイベントがマンネリ化している。
○ ホームページを新しくつくりたい。今のホームページの内容を充実させたい。
○ 商店街に地域の人たちにもっと来てほしい。
○ 活用できる補助金が知りたい。申請書の書き方が分からない。 など
■お問い合わせ先
電話・メールでご連絡ください。商店街にお伺いします。
○電話番号：075－254－7570
○Eメールアドレス：shotengai－c@pref. kyoto. lg. jp
○住 所：京都市中京区富小路四条上る西大文字町609番地 「アミカーレ錦」2階
○ホームページ：http://syoutengai-c.com
http://www.facebook.com/sousei26/ 商店街創生センター
※開設日時：月曜日～金曜日（祝祭日を除く） 午前9時～午後5時

図1　センター案内（商店街向け）

†商店街×〇〇

(1) 商店街×外部人材・団体

a　商店街活性化若手プロジェクトの活用

商店街活性化若手プロジェクトとは、若者の新鮮な視点・発想で、商店街を元気にする事業を企画し、場合によっては一緒に実施するものである。

その若者といわれるものは、京都あるいは全国各地で商店街、地域活性化の活動をしている民間の若手（クリエイター、アーティスト、建築家、写真家、プランナー、場づくりや起業支援、情報発信をしている人）約一〇〇名。そのネットワークを活用する。センター事業の一部についてもその中のタナカユウヤ氏（株式会社ツナグム）と連携をし、企画・運営をしてきた。

ヒアリングの際に、「商店街の活動がマンネリ、あるいは沈滞ぎみでどうしたらいいかわからない。」「新しく会長になったが、今後の方向性をどうしようか？」等ちょっと活性化に取り組んでみようかなぁという気配が相手の商店街側に見受けられた時には、間髪入れず「商店街活性化若手プロジェクト」と一緒にアイデア出しやコンセプトづくりをしてみませんか？ と提案する（ステップ③）。

b　アイデア実現プロジェクト

商店街で何かしたい、アイデアを実践したいという団体を募集し、アイデア応募団体と商店街をマッチングし、商店街でそのアイデアを実現してもらう。費用等については上限を定め、商店街ではなくその団体を補助することで、商店街側の費用負担を軽減できる（事業実施を支援する：ステップ④）。

イベントをしてみたい、いつものイベントがマンネリ、新しい趣向を考えたい、商店街を宣伝したいが……という商店街へアプローチする一番手っ取り早く、商店街にとっても取り掛かりやすい手段の一つである。

(2)商店街×商店街

「商店街ネットワーク会議」のちに「商店街ネットワークサロン」

地域の商店街同士の緩やかなネットワークづくりを応援する場として、各広域振興局単位で年に一度開催している。出席した商店街関係者ができるだけ本音を言える機会ということを重視し、飲食も伴いながらの交流に主軸を置いている。小規模の商店街では、一人親方的な会長も多く、相談相手もないことが多い。それぞれの悩みや課題を吐露することで、同じ思いをもつところと繋がり、情報を交換しつつ商店街同士自らで課題解決に向かってもらう。

商店街を新しく立ち上げた会長がネットワーク会議で、自商店街をPRする方法の悩みを話したところ、先輩格の商店街理事長から、毎年開催しているイベントへのブース出店への提案や、他理事長からは、パブリシティに上手に取り上げてもらう秘訣を教示してもらう等々。

また、新しくカードシステムを導入しようとしている商店街の会長と、以前そのシステムの導入を検討したが結果導入しなかった商店街の会長をその場で引き合わせ、営業マンからは聞くことができない情報を共有するなど、普段では、なかなか手に入れることのできない貴重なつながりや有益な情報交換の場となっている。
もともとの「商店街ネットワーク会議」は、京都府南部の山城地域で第一回目を開催したのだが、参加した商店街からの次回開催希望が多く、複数回開催するとともに各地域で展開することになった。途中「商店街ネットワークサロン」と名を変え、セミナー方式に変わった時もあったが、元々の形での開催を望む多くの声を受けて、平成四年度よりもとの形式で実施している。

†商店街情報の一元化・発信強化

いまでは商店街の規模に関わらず、商店街が自らのホームページを持っている、またSNSで発信しているというところは増加しているが、広報、情報発信について課題となる商店街は多い。さらにコロナ禍においてはDX化の推進等でホームページを新たにつくったり、刷新したところも増えた。

商店街創生センターの媒体を使って情報発信

センター設立当初、商店街を回って聞いてみると、ホームページがない、あるが内容を更新できてないというところがほとんど、イベント開催時の広報もチラシを作成するのが精一杯という状況で、集客としての広報ができていなかった。

　体力のない商店街では、マンパワー不足で、イベントの運営すら限られた人数（中には会長一人で、というところも少なくない）で実施している中、広報まで手が回らないというのが実情である。そこで、商店街自身で発信できない情報をセンターのホームページで一元化して発信することにした。

　商店街の会長には、商店街でイベントをするときは「いつ、どんなイベントをする」という情報を提供してくれれば、センターのホームページで発信するので、電話でもＦＡＸでもメールでもなんでもいいので連絡してほしいとヒアリングの際にお願いした。その他、ニュース、イベントの他、商店街のヒト・モノ・コトを取り上げて商店街の魅力をＰＲする記事も作成し発信している。

　センターでは、創設時からＳＮＳの活用にも力を入れており、Facebookにより最新の情報を提供している。ホームページを作成する費用のない商店街にはＳＮＳ（Facebook）での発信を勧めており、希望する商店街には、マンツーマンでアカウントの取得からページの作成まで自ら教えていたが、ＳＮＳが急速に進んだこともあり、こちらのマンパワーにも限りがあるので、現在は「商店街に関わる人材育成交流促進事業」にて、商店街の会員向けＳＮＳ講習会への補助等をし

HP	Facebook	Instagram	Twitter	YouTube
112	78	20	2	4

表２　京都府内の商店街のHP、SNS利用データ（商店街創生センター調べ：2023年４月現在）

ている。

現在は、毎年イベント情報を掲載していた実績もあるので、この季節にはこの商店街はこんなイベントをしているというのにアタリを付け、先方のホームページやFacebookを常時チェックすることで、イベント情報を更新することができている。とはいえ、まだすべての商店街がホームページやSNSを活用しているわけでもないので、そういうところには電話での確認も続けている。

商店街創生フォーラムの開催

二〇一八年より、年一回実施している。当初は、商店街創生センター自体の一大PRイベントとして位置づけ、一年間の活動の総まとめとして商店街活性化の成功事例の紹介として、開催している。その後、繋がりの創出という点も加え、今は商店街同士の連携、商店街と若手起業家・大学生との交流の場にもなっている。

全国で展開されている成功事例の他、センターが伴走支援している商店街を取上げ、会長自らが事業について発表、意見交換をしてもらうことで成功体験を得、その積み重ねによって商店街会員の意識改革にも寄与している。後で事例紹介する、セブン商店会、くすぐるカード会の桜プロジェクトについても第一回の商店街創生フォーラムで発表をおこなった。

図２　京都商店街創生フォーラム2018

また、ベンチャー的な企業のショートプレゼンの場としても提供しており、企業、商店街それぞれが新しいマッチング先を見つける機会ともなった。

ウェブ上での地図の作成を手がける会社のプレゼンを聞いた商店街が、高齢化している組織に新しい若い会員が入ってもらうきっかけになればと、商店街の地図に導入した例もある。

年々、このフォーラムへの周知が進んでいるようで、このフォーラムを知った京都市内のある女子短期大学部の先生から「授業で商店街での取り組み内容の成果報告をフォーラムでさせてくれないか」との申し出があるなど。センター自身としても、周知・PRについて一定の成果は上がっているものと思う。

3　伴走支援の具体的な取り組み事例

事例1

〈商店街名称〉：セブン商店会
〈所在地域〉：京都府長岡京市
阪急長岡天神駅の西側、アゼリア通りから北に延びる「セブン通り」にある商店会。通りが『市道の七号線』だったからという説、商店会が『7の形』をしていたからという説、『七人の事業主』が集まって商店会ができたという諸説あり。住宅と店舗が混在。
〈類型〉：3
〈加盟店舗数〉：二六→七五（二〇二三年）
〈課題〉：商店主の高齢化と新規加盟店募集等していないことから数年で加盟店が約二〇店舗と減少、「活性化委員会」を設け、商店街としてどうするか議論を重ねたが画期的な意見を得るのは難しかった。
〈目指す姿〉：歩きやすく、安心・安全な商店街。加盟店を増やし、認知される商店街に。後に、『みんなにやさしい商店会』とコンセプトを決定。
〈活性化のポイント〉：従来の商店会としがらみの少ない新会長の登場。誰でも参加できる「未来予想図委員会」の開催。その中で出た意見を実現化することで商店会活動が活発化し、協力者や会員も増加。
〈キーワード〉：世代交代の潮目、地域の巻き込み、オープンな交流

【センターからのアプローチ】
○支援の内容：ステップアップ、商店街組織再編、ステップ①→②→③→④
○支援メニュー：商店街若手プロジェクト、アイデア実現プロジェクト、専門家派遣

センター創設と新会長が活動を始めた時期が同じ頃であり、センター発足のチラシを持って前会長店舗を訪問。新しく会長になった林氏から前会長のもとでまとめられた活性化委員会の報告書について意見を求められたことがきっかけで、商店街若手プロジェクトチームのタナカユウヤ氏と藤田始史氏と共に商店会を訪問。「商店街を盛り上げるための取り組みをオープンに議論できる場をつくりたい」という林氏の思いのもと「未来予想図委員会」が発足。会の告知はFacebookで行われ、記事等についてはセンターのFacebookでも毎回シェアをし、活動

の周知に努めた。

「未来予想図委員会」へは若手プロジェクトチームの二人と共にオブザーバーとして毎回参加。その中で出た意見を参考に商店会の理事会で話し合う、というサイクルを繰り返すことで、イベントや会員の活動が活発になっていった。その中でも今のセブンをつくるきっかけとなったイベントがある。「セブンのハロウィン」である。地域にある保育園を巻き込むというのが画期的で、初回から予想を上回る一九八名の保育園児が参加した。園児の親にもこの取り組みは好評で、商店会の店舗の認知度も向上した。その他、「未来予想図委員会」からでた意見が実現したものとして、「商店街はじめます」イベント（一二月）、防犯カメラの設置、「立ち飲みセブン」等がある。これらの取り組み等と林会長の加盟店勧誘の地道な動きにより一年で一六店舗の新規加盟があった。

　センターとしては、センターのPRツールを使っての告知はもちろんのこと、「商店街はじめます」イベントへはアイデア実現プロジェクトで、餅つきをしたいという団体とマッチング。各イベントにも当日参加し、Facebook にて記事を投稿した。

　セブン商店会の一連の取り組みについて、広くいろいろな人にこのような事例を知ってもらうために、林会長に商店街創生フォーラムに登壇してもらい、情報の共有を図った。また、折につけては「セブン商店会の事例」として、他商店街を回るときや視察の際には紹介した。もちろん、セブン商店会自身も有効にパブリシティを活用され、その相乗効果でセブン商店会の知名度もあがり、商店会会員の活動へのモチベーションや新規会員の入会動機の向上にも寄与したのではないかと思う。

令和元年には、「商店街から考えるまちのデザイン」をテーマに、セブン通りにある保育園の跡地の活用について意見交換をする「未来予想図委員会Ⅱ」を開催し、エリアマネージメントについて知見のある藤田氏（前出）を専門家として派遣しながら議論をすすめた。紆余曲折あったものの、現在その空き地は「セブンストリート・ラボ」と名付けられ運営委員会を立ちあげ、商店会とは別組織で運営されている。

現在は、林氏は会長職を子育て世代の女性に譲られたが、センターとしては当初のスタンスと変わらず、伴走支援をつづけている。

事例2

〈商店街名称〉：くすぐるカード会

〈所在地域〉：京都府与謝野町《よさのちょう》

旧3町（加悦町、野田川町、岩滝町）内地域にそれぞれ商店街が形成されていたが、店舗が点在化。商店にとって厳しい状況が続く中、スタンプ会、カード会がまとまって「くすぐるカード会」を組織し事業を実施してきたが、次の展開ができない状況。
〈類型〉：3
〈加盟店舗数〉：五四（二〇一七年）→五八（二〇二二年）
〈課題〉：店主の高齢化、廃業による会員店舗減少。会で新規事業をする予算もマンパワーもない。
〈目指す姿〉：この地域にある百の商店・人が一気一丸となって動いていく「百商一気」を軸に、商店会だけでなく町民も巻き込み、皆が心を一つにできるシンボルとして「桜プロジェクト」を進め、与謝野町全体の活性化と若者が戻ってきやすい町にする。
〈活性化のポイント〉：ワークショップで各人の思いを引き出し、「桜」を切り口に決起集会で立ち上がる。会員以外の幅広い人々を巻き込み訴求力のあるコンセプト「百商一気（登録商標）」づくり。
〈キーワード〉：地域資源活用、ネットワーク化（会員以外も含む）

【センターからのアプローチ】
○支援の内容：ステップアップ、組織再編成（新組織編成）、ステップ②→③→④
○支援メニュー：商店街活性化若手プロジェクト、テーマ設定型商店街応援事業（地域資源活用

型）

副会長から会の活動が低迷しているので、なにかいい案はないかと直接相談にこられた。会員だけでなくいろいろな人も含めてアイデア出しのワークショップを開催しないかと提案。後日、カード会のメンバーだけでなく、若手プロジェクトのメンバー、地域おこし協力隊、商工会など商店街に興味があるものを集めワークショップを開催。後日そのまとめとして若手プロジェクトから提案書を提出したが、ワークショップ中に、参加したある人から「与謝野を日本一の桜のまち」にしたいという、熱い思いをどうにか形にしたいとのことで「桜プロジェクト」として実施していくと決定した。その思いを実現するために、また、今後につなげた継続的な事業とするためにはどうしたらいいのかを会議で話し合った結果、「テーマ設定型補助金」を使いながら事業を行うことになった。

これは、一年単発の補助ではなく、三年間先には自立した事業ができることを見据えて計画を練り、その到達地点からバックキャストして、その前の年度には何をするか、またそのための一年目は何から取りかかるかということを明確にして実施していくものである。

地域資源を活かした仕掛けから、商店街活性化をはかるというテーマで、「桜」を軸に郷土への愛着の促進、誘客、商業振興、新規創業、新商品開発を目指すプロジェクト。まずは桜の植樹から始め、二〇一七年九月の決起集会を経て、二〇一八年一月に与謝野駅裏に植える桜の木のオーナーを募集。会長には二〇一八年の「商店街創生フォーラム」に登壇していただき、その活動内容を発表してもらった。その後、二年間植樹し続け、三年目には駅裏に総勢五〇〇本もの桜を植えた。

桜の苗の提供先探し、桜に関する勉強会、葉っぱビジネスの企業視察にも行き、桜を食品に利用すること等、桜に関するいろいろな知見も集め、植樹だけでなく桜の葉を使ったビジネス「見る桜から食べる桜」へ転換していくことになる。

私たちも桜プロジェクトの決起集会、毎月の会議等にも参加し、事業の進捗状況を見守った。「桜で与謝野を日本一に!」を合言葉に、百商一気(一〇〇以上の商店・人が一気一丸となって動く取り組み)の中心を務める「くすぐるカード会」。桜プロジェクトに賛同し、新しく会員になった店もあるが、会員の高齢化、減少には歯止めがかからない。そこで、町内の桜の名所とカード会の会員店舗の情報を載せた地図を作成することで新規会員への加入動機をつくることにした。さらに、若い世代にも関心が向くようなWebマップ(Storyマップ)にするなど、新しい技術の取入れにも貪欲だ。

また、カードも新たなシステムを導入し、機器の更新と共にアプリも導入することで新たなカードユーザー獲得にも力を入れている。そのような活発な活動へ与謝野町も支援しており、新しいカードへの転換の際には、町からの協力で大々的なキャンペーンを打つことができた。その成果もあって、今ではユーザー会員は与謝野町の町民全体の約半数を超えている。

現在「桜プロジェクト」は、元会長でプロジェクトのリーダーであった小長谷氏を中心に合同会社（京都よさの百商一気合同会社）を設立し、桜の葉っぱビジネスを着実に展開している。

4　地域コミュニティの核とは

†コロナ禍での伴走支援――POSTコロナ社会に向けて

「地域コミュニティの核としての商店街」を目指し、「特異」な伴走支援や補助事業による支援を行ってきたが、新型コロナウイルスの感染拡大により、都市中心部や観光地の商店街への来街者が大幅に減少、商店街のイベントや個店の大売り出しなど集客による販売促進や商店街の強みである対面による接客が制限されていった。

そんな中、私（前田志津江）は三代目事務局長となったのである。

京都府では、POSTコロナ社会における産業戦略を検討することを目的に「新型コロナウイルス感染症対策危機克服会議」（以下「危機克服会議」）を二〇二〇年六月に設置し、分野別会議「商店街・小売業」の委員の一人として広井氏と出会ったことが今回このような機会をいただいたきっかけである。

当時、商店街のことも中小企業のことも知らなかった私は、商店街の現状を知るため各商店街を訪問し、「特異」と言われる伴走支援を肌で感じることになる。

その「特異」と言われることについて少し触れたい。

前述の神崎とともに商店街を訪問すると、大歓迎！とまでは言わないが話を聞いてくださる。「忙しいねん」「何しにきたん」という商店街もあってもよいと思うが、まずない。

これは、このセンターのコーディネーター的役割を担う神崎と田中智子氏が、これまで商店街と信頼関係を築いてきた証である。そして、この「特異」と言われるセンターの本質が継続できているのは、この二人のおかげだと思っている。

公務員には人事異動がある。よく言われるのが「慣れてきたころに担当者が変わる」や、あってはいけないが「担当者によって言っていることが変わる」である。新しい組織を立ち上げても、設立当初の思いは、年月が経つにつれ良くも悪くも変化していくが、この二人は変わっていない。二人は、店舗が閉まってから始まる商店街の会合に行き、土日のイベントに顔を出すなど、常に商店街に足を運んでいる。

商店街の支援に答えはない。

だからこそ、その商店街の持つ歴史や背景、時代に合った支援を、時には背中を押し、時には突き放しながら、まさに「伴走」して商店街と一緒に悩みながら行っている。

最初の頃は、商店街に対してここまで言っても大丈夫なの？　言い過ぎでは？　と驚いたが、商店街内部で言いにくいことを、ある意味ソトの者がズバズバ本音で言うことで、客観的視点での気づきを提示しており、よい役割分担になっているのではないかと思っている。

また、神崎は、府内約三〇〇ある商店街を回った経験からアドバイスも具体的であり、その想いが商店街の方々もわかっているのだと感じている。

さらに、商店街組織を支援するのは基礎自治体、と言われているが、広域的な役割を持つ京都府が、府内の身近な事例から全国の状況まで、国や府内市町と情報共有・連携しながら商店街支援をしていることも「特異」なことだと思っている。

そして、この基本の伴走支援はコロナ禍でも変わらない。

さて、話を元に戻し、府内各商店街を回っていると、コロナ禍でも、自分たちで何ができるのかを考え、行動している商店街があった。例えば、

● 加盟店以外の店舗を巻き込んでテイクアウトのお弁当を「崖っぷち弁当」という共同のパッケージでPR

図３　商店街ＮＯＷ

・各店舗に絵画を展示し、密にならずに分散して参加できる絵画展覧会の実施
・商店街の加盟店によるオンラインセミナーなど

こうして行動している商店街の取り組みを共有しようと始めたのが、YouTubeでの動画配信「商店街ＮＯＷ」である。理由は後述のこともあるが、これまでも商店街を訪問すると「他の商店街はどんなことをしているのか」と聞かれることも多かったため、デジタル化の一環として、月一回昼食をとりながら聴いてもらおうと、商店街の現場から商店街のキーパーソンとタナカユウヤ氏、私との対話形式で行ってみた。ライブ配信のため、途中途切れたり、お客さんから「今なにしているの」と声をかけられたり、毎回なにかしらハプニングもあった。それでも、応援してくださる商店街関係者もおられるが、視聴率は伸び悩んでいる。

パソコンやWi-Fiを持っていない店舗も多くデジタル化の難しさ、コロナ禍での支援の難しさを感じることとなったが、商店街訪問時にはパソコンを持ち歩き、その場で「他の商店街ではこんなチャレンジをしていますよ」と紹介できるようになった。

さらに、これまでの支援の一つである「商店街ネットワークサロン」や「商店街創生フォーラム」もSNSなどで配信することで、当日お店が忙しく参加できない方も、後日視聴できるようになった。加えて、オンラインならではの良さとして、〝商店街〟をキーワードに全国各地の方ともつながることができるなど、リアル参加型イベントではできないことが、コロナをきっかけにデジタルに触れてもらえ新たな可能性につながったのではないかと思っている。

また、商店街に関わる人材の育成や交流を促進するため、商店街に関心を持つ方々とをつなぎ、事例の共有や現場見学などを通じて商店街の〝これから〟を考える「商店街これからラボ」や、一年限りではあったが、読んでもらえる情報発信の方法や人を巻き込んだ企画のつくり方などをグループワークをしながら学べる「商店街デジタル研究会」もコロナ禍で生まれた支援である。

†商店街の新たな価値に向けて――多機能化への挑戦

危機克服会議で「地域の課題解決に向けて、商店街のDX化や多機能化により多様な人材の集積を進めることで、商店街が地域コミュニティの核として、地域・個店と一体的に発展していくことを支援する」との提言を受け、二〇二一年度から「新しい商店街づくり総合支援事業」として新しい商店街の価値に対する支援に取り組んだ。

行政が「DX化」、「多機能化」と言っても、商店街から提案が出てくることはない。そこには、センター独自の伴走支援と、仕掛けが必要だと考えている。

そんな時、「きょうと子育て応援施設」の担当者（健康福祉部）から、商店街との連携について相談があったのである。

「きょうと子育て応援施設」とは、京都府が目指している「子育て環境日本一」の取り組みの一つである。

妊婦の方や子ども連れでの外出では「休憩場所や授乳スポットがない」「急にトイレと言われても借りられるトイレがどこにあるのかわからない」などの要求に対応できる施設・商店を見える化し、さらにコロナ禍で外出をためらい、子育てに孤独感や心細さを感じている保護者が、気軽に安心して子どもと一緒にお出かけできるよう応援するものである。

これは、地域に買い物に来てもらいやすく、また安心して子育てができる環境、まさに商店街の多機能化として商店街が子育て世代の居場所になるのでは、と神崎と相談し、モデルとしていくつかの商店街に足を運んだところからはじまった。

個人的にも、幼い頃母に連れられた商店街が思い浮かぶ。そこに買い物に行くと、私と弟は子供服専門店に預けられ、店のおっちゃんの手品を見たり、店で飼っているインコと遊んだりしているうちに、買い物が終わった母が迎えにくる、という楽しみな場所であった。私にとっての「商店街」は、あの時の子どもも心にワクワクした場所、母としても安心して子どもを託せるところ、そういう場所を目指したいと思った。

取り組み内容は、可動式ベビーケアルームの設置や子育て応援している！　というステッカーの掲示やのぼりを店頭の見えるところに掲示する、というものである。

写真1　可動式のベビーケアルーム

ステッカーものぼりも無償で商店街に配布するので、商店街で作成費用などがかかるわけではないのだが、商店街の代表者や商店主から「こういうステッカーやのぼりを掲出しなくても普段から困った時には手を貸している」と最初断られた。商店主の皆さんは、普段から困った人には手を貸しているのである。それが商店街なのだ。

なかには、店舗の壁をつぶして可動式ベビーケアルームを設置した店舗もあり、皆さんの熱い想いには驚いた。

写真２　子育て応援している！というステッカーを掲示

その商店街の普段のままを「見える化」しようと、声をかけつづけ、二〇二〇年度には五つの商店街だったのが、二〇二一年度には一三の商店街となり、二〇二二年度には京都府商店連盟とも協力し、三六まで増えたのである。

もう一つは、大学生と商店街とのつながりである。

もともと大学と連携している商店街もあるが、きっかけがないと、なかなかむずかしい。しかも、「大学連携」というと聞こえはいいが単なる手足として学生を見てしまうと、お互い辛いことにもなる。

そこで、政策企画部（当時の担当部局）と連携し、「学生×地域つながる未来プロジェクト商店街編」として、商店街と大学生がチームとなり、一緒に地域活動に取り組むプロジェクトを実施。三つの商店街と、参加学生がともに一年間地域活動を実施した。

書いてしまうと短いが、何度も何度も話し合いながら、子ども連れで買い物しやすい環境づくり、そして大学生などを含めた若い世代が商店街や地域に関われる仕掛けを他部局との連携で行うこと商店街の多機能化を推進するきっかけになったのではないかと思っている。

コロナによって起こった社会変化を契機に、商店街の新たな価値に向けて、商店街とともに毎年挑戦してきたように思う。

5　商店街復権のかすかな兆しと多機能化の具現

†商店街組織の世代交代

コロナ禍では、従来のように頻繁な商店街への訪問が制限されていたのだが、ちょうどその時期位から、これは商店街復権の兆しでは？　と思える事象がちらほらと見えるようになった。一つは、商店街組織内の世代交代、もう一つは若い店主による商店街の立ち上げである。

京都市内の比較的大きな（類型では2）商店街で若い人たちの活性化への動きがみられるようになった。以前から会員の子ども世代からなる青年部的な組織はあったのだが、それとは性格を異にするものである。親世代の活動とは別のところで、「商店街を変えたい」「商店街でなにかしたい」との思いでゆるやかな別組織を立ち上げながら、活動を始めている。

理事会にオブザーバーとして参加していた今熊野商店街振興組合では、親世代の理事会役員の子ども世代が集まって「ＫＯＧＵＭＡ会」を結成し、若い世代（大学生や子育て世代）に商店街に来てほしいとの思いから、まず今あるコミュニティホールを綺麗にしたいと自分たちで内装の改修を行った（京都市商店街地域資源活用事業二〇二一年〜二〇二三年を活用）。場の名前も「みらくまの」とし、いろんな世代にも親しみやすいものにした。

以前は主に高齢者世代の集会や資源ごみの集積の場、コミュニティトイレとしての活用の場であったが、「みらくまの」になってからは、一日コーヒー店、マルシェなどにも使用され、子育て世代のママ層の自己実現の場としても活用されている。今までにない購買層が商店街に来訪するきっかけとなりつつある。

特に今熊野商店街の周辺は、かつては京焼の窯元等が多数あった地域であるが、その窯元等の廃業により工房跡地が建売の住宅になり、子育て世代が住んでいるようだ。超高齢化が進む東山区において、人口が増加している特異な地域であり、その中で「みらくまの」を擁する今熊野商店街は潜在顧客の新規獲得や新しいコミュニティづくりの可能性を秘めている。

京都市の事業を引き継ぐ形で、センターとして二〇二三年度七月からコミュニティづくりの専門家を派遣し、会議に参加している。今までは商店街関係者だけであった「KOGUMA会」を地域の方や大学生なども巻き込み、今熊野商店街を中心に地域に愛着を持つ人の集合体としてバージョンアップさせるともに「みらくまの」の有効活用についても話し合いながら進めていく計画である。

最近、子育て世代が商店街に足を運ぶきっかけづくりとして、「子育て応援〇（ゼロ）円マーケット」、「子ども向け体験教室」などの新しい企画も動き出している。

もう一つは、上京区にある北野商店街である。近くに有名な北野天満宮はあるものの、北野天満宮の観光客や参詣客ではなく、地域の特に高齢者が利用する商店街で、購買客の高齢化に伴い来街者が減少の一途をたどっている。その中で「商店街これかラボ」に参加した理事長、まだ珍しい小児用補装具専門店の店主を中心に「きたのラボ」を立ち上げた。理事長からの声掛けもあり、オブザーバーという形で毎回会議に参加しながら動向を見守っている。

ここでは商店街の将来、五年先、一〇年先を見据えて取り組みを考えていこうとしている。今とは違う購買層を呼び込もうと二カ月に一回のマルシェ「きたの参道市場」を企画・開催しているが、まだまだ苦戦中である。商店街のほとんどの店舗が傍観的で、商店街内店舗を巻き込むのに苦心している。他のところでも商店街内で何か新しい動きをするときは、全員賛成というのはあり得ない。大体が始めは非協力的であり、徐々ににぎわいがでてくると「様子見」していた店もちゃっかり参加してくるようになる。

「きたの参道市場」は、他店舗への働きかけをしつつ、自分たちの活動を振り返り、更新し続けていくことがまず肝心である。「きたのラボ」に関しても、商店街関係者以外の参加を呼び掛けているが定着が難しい状況であるので、その原因の分析と改善が急務である。

†若手による商店街の立ち上げ

センターでは、新しく商店街をつくるという話を聞くと、第2節で言及しているように、まずヒアリングに赴く。そしてアンケート項目に基づいた項目を聞き取り、カルテを作成後、京都府の商店街として登録する。コロナ禍では、明らかに補助金目当てと思われる商店街申請もあり、そういうところに向けての足どりは重いのだが、今から挙げる二つの商店街は新しいコミュニティの担い手になるのではと期待しているセンター一押しの新しい商店街である。

名前も個性的な「一乗寺ドットネット商店会」は若手の飲食店店主・谷田晴也氏が新しく立ち上げた商店街である。もともとは京都のサブカルの聖地といわれる一乗寺で、「一乗寺フェス」をいう音楽イベントを中心に集まった店舗らをもとに構成されたものである。既存の商店街という概念ではなく、商店街の枠を越えて、『一乗寺をこよなく愛する飲食店主・商店主・事業所・個人事業主などにより、学区や街区にとらわれないメンバーで構成（一乗寺ドットネット商店会HPより）と、もっとゆるやかなコミュニティとして、新しい形の商店街を目指している。

中でも、二〇一五年の商店会発足時から続けられている地域の清掃活動、Ichijoji Clean-up Action（ＩＣＡ）は二〇二〇年より月例日を日曜日の午後三時三〇分からと設定し行っている。

『ゴミ拾いを通じて、地域のことを細かく観察し、街ブラしながら日々のイロイロを雑談しながら（同HPより）』と、この活動にこうしなければならないといった拘束感はない。何気にあそび感覚のようではあるが、実はとても戦略的である。

清掃は商店会活動を地域の人に認知してもらうためには、最も効果的な活動と谷田氏は言う。月例日の開始時間が三時三〇分なのも、飲食店主が多いため、アイドルタイムに設定されている。掃除の際はおそろいの派手目のビブスを着て、存在をアピールすることを忘れない。ごみを拾いながら地域の人と一言二言言葉を交わしていると、そのうち顔見知りとなり、「何とかいう横文字の商店会の人ら、地域のこともしっかりとしてくれたはる」となり、その信頼感はイベントなどをするときにとても役に立つ、とのことだ。

それだけでなく、ごみを拾いながら大通りから一歩脇道に入ったりすると新しい気づきがあるという。それは、まちの魅力の発見だけでなく、安全・防災の面のことであることも多い。その情報を地域の人へ提供し、対策に向けて取り組むなど、従来の商店街にはあまりないユニークな活動が多い「特異な」商店街である。

「特異」というキーワードが好物のセンターでは、早速、谷田氏を前年度から実施している「商店街これからラボ」にスピーカーとして招き、口演をお願いした。谷田氏はそこで、活動を行ってきた中での失敗事例を紹介してくれた。成功事例を聞くことは多いが、なかなか自らが失敗したことをあからさまに話すスピーカーは少ない。

後に紹介する東寺道親交会の西山相在氏もこの口演を聞いた一人であり、「あの話を聞いていたお陰で、イベントの朝一番、クレームを言いに来られた時に『ああ、このことか』と心に余裕を持って対処することができた」と言っている。

その西山氏が会長を務める「東寺道親交会」も、二〇二二年に新しく商店街となったところである。京都駅八条口から徒歩五分程度のところにあり、元々そこには「東寺道商栄会」という商店街があったのだが、活動は休止されていた。その場所に店舗を構えた西山氏は、「小さい時から知っている場所が廃れているのが心もとない。商店街だけでなく、地域を盛り上げたい」という思いから商店街を組織し、マルシェやまち歩きイベントを仕掛けながら、その地域の個店の魅力を発信し、「商店街の人たちだけでなく、いろいろな人を巻き込みたい」と精力的に動いている。

西山氏に初めてあったのは、例のごとく商店街と認定するためのヒアリングであった。二〇一七年度に休止する前の東寺道商栄会にも訪問したことがあったので、当初は休止していたが会長のなり手を得て、活動を再開するのかと思っていた。よく聞くと名前が違うので、失礼な話だが補助金目当ての新しい商店街ではないかと訝しい思いをもって、ヒアリングに臨んだ。しかし、話を聞いていくうちに西山氏の口からでたのは、「商店街を始めたばっかりなので、補助金より情報が欲しい」という言葉だった。こちらとしても望むところである。情報の提供という形から伴走支援を始めた。

西山氏には、こちらからの一方的な情報提供というよりは、商店街の活性化にむけて同じような思いを持った人たちとの交流の中で、自らがつながりや情報を得てほしいとの思いから、ある事業への参加を強く勧めた。そこで、先の谷田氏を知ることになる。

以前は、商店街に外部の人材をかけ合わせたり、事業を紹介していたのだが、いままでの商店街への伴走支援の中で、感じたのは、やはり一番のカギとなるのは「人」だということである。それは、商店街内の人はもちろんのこと、それに関わる外の人も含めているのだが、商店街の活性化を推し進めていくプレイヤーが絶対的に少ない。特に外部からアプローチをかけても、商店街内部にその理解者がいないと動かない。外と内のプレイヤーが車の両輪のように一致してこそ、動くことができるのだ。

府内商店街の現状のヒアリングも一応一巡し、今後はそのようなプレイヤーの発掘と育成をする必要があると感じだしていた。

上記の谷田氏や西山氏、二人のように面白い取り組みをしている人をできるだけ知ってもらうために、前半のセブン商店街の時とも同じ手法ではあるが、センターが持つ媒体を通じて紹介し、広く周知することでそれぞれの活動の後押しをしている。

二〇二〇年度から始めた「商店街NOW」もその媒体の一つである。当初は、オンライン等に苦手意識をもつ商店街の店主等に向けて、「こんな機械音痴の私たち（前田と私）でも、YouTube配信できますよ」と見せるためのものでもあったが、商店街のコンテンツがたまっていくにつれ、京都府の商店街の興味深い事例として、アーカイブ化できればと思う。

二〇二一年度より商店街同士や商店街に興味がある人や大学生たちが自ら交流し学ぶ場「商店街これからラボ」という事業を始め、二〇二三年七月末から「これからラボ」のアドバンス的な事業として「商店街ジャンクション」を始めるところである。

図４　商店街これからラボ

図５　商店街ジャンクション

自発的に事業に参加してくれそうな人への勧誘はもちろんのこと、センター創設時の時と変わらず、御用聞きに商店街を回りながら、人を探し続けている。

†多機能化の具現

地域コミュニティ機能の弱体化が言われ、そのための対策が急がれる中、先の四つの商店街では、自らの活動が商店街の多機能化の推進に結びついている。

一乗寺ドットネット商店会、東寺道親交会の活動は、地域コミュニティの持続的な発展に寄与するものであり、商店街を核として多様な人を巻き込みながら、地域課題の解決にあたる組織として機能している。それが、コロナを契機に起こったものなのか、時代の趨勢によるものかはわからない。しかし、商店街の復権という意味では潮目がいい方向に変わってきたといえる。

6 今後の課題

最後に、「何とかしたい」という思いへの伴走支援ができず心残りの商店街について言及し、この章の終わりとしたい。

京都市内での新しい動きがあるのとは裏腹に、やむを得ず活動を停止したところがある。京都北部の京丹後市弥栄にある「弥栄ラッキーシール会」だ。先日、センター行事へ参加依頼の電話をかけた時、電話口に出られた奥様から会長の吉岡さんの急逝を知らされた。吉岡会長は、地域コミュニティの核としての商店街の役割を、会員減少にも関わらず存続させてきた人だ。「商売をやめても、お店は開けといてって言ってる。地域のお年寄りの行く場所がなくなるから」、「うちが(店を)閉めたらどうなるんかなぁ。あと五年は続けようと思ってる」。当時、吉岡さんはいろいろな健康法も実践されていて、ひょっとしたら一〇年くらいは続けられるのではと思うくらい元気だった。

「ぼちぼち商店街終活に向けて、これから五年の間に一緒に考えていきましょう」と言っていたのだが、間に合わなかった。このようなことはこの先どんどん増えていくだろう。知らない間になくなっていたではなく、商店街への適切な「終活支援」もこれからの課題である。

さらに、過疎化・高齢化が進んだ地域では、なによりも人がいない。同じ北部にある商店街の方からも「店をするものも、店に買いに来るものもいなくなっている」と言われた。それは商店街だけの話では到底解決できるものではない、人の移住も含めた地域の課題として考えていく必要がある。

また、商店街の課題というよりは、支援側の課題としては、商店街の活性化には、このように時間と手間がかかる。しかし、時代や組織のトレンドは変わっていく。今や、センター創生時からの状況を知る者は私一人となった。そのような中で、創生時からのセンターの支援マインドをいかに引き継いで理解してもらうかが、今一番の課題となっている。

【本章のポイント】

①他府県では類をみない商店街創生センターの創設からその活動内容について知る基本説明。
②補助金頼みではない。思いはあるが体力のない商店街への伴走支援の取り組み方を事例から知る。
③次世代型？　地域コミュニティの核となる多機能化商店街が出てきている。

参考文献

商店街の活性化について（京都府商業・経営支援課商店街活性化担当課長兼商店街創生センター事務局長　小西葉子）
商店街創生センター支援事例集（商店街創生センター（二代目）事務局長　濱田裕美子編集）
一乗寺ドットネット商店会（https://ichijoji-dotnet-shoutenkai.info/）
商店街創生センター（https://syoutengai-c.com/）

第6章
中心市街地再生と交通まちづくり政策

宇都宮浄人

地方都市の中心市街地がシャッター通りになって久しい。もっとも、郊外の大型ショッピングセンターは、それなりの賑わいを見せている。豊富な品物が並び、楽しく買い物ができる場所であれば、各人の足もそちらに向かう。市民が自発的に選んだ街の姿を、かつての中心市街地へのノスタルジーや商店街は賑わうべきという思い込みだけで、議論はできない。

しかし、今日の地方都市の姿が、個々人の自由な選択の結果であったとしても、それが、交通というツールで誘導された選択肢であるとすれば、別の姿も考えられる。しかも、脱炭素に向けた持続可能な社会を築き、誰もが社会参加できるまちづくりを考えるとき、現在の姿は社会全体でみて望ましいのだろうか。

本章では、交通という観点から、商店街を含む中心市街地のあり方を考える。交通は社会を支えるインフラであるが、その際のキーワードは「交通まちづくり」である。以下では、まず、商店街の現況を概観した後、交通まちづくりについて説明し、国内外の事例をみながら、交通まちづくりによる中心市街地の再生を議論する。

1　商店街の衰退と交通

三〇年前から続く中心市街地の衰退

日本の地方都市に活気がない、商店街の再生が必要だと言われたのはいつ頃からだろうか。バブル経済崩壊後、地域経済が疲弊した一九九〇年代前半にはすでに多くの問題が指摘されていた。中小企業庁『平成八年版中小企業白書』では、「競争激化により厳しい環境下にある商店街」という節を設け、「顧客の郊外への分散、駐車場不足、空き店舗の増加といった問題」という点を指摘したうえで、日本商工会議所のアンケート結果（一九九五年）から「その八九％が『衰退』または『停滞』と答えている」という結果を引用している。今から四半世紀以上前のことである。

これに対し、政府は一九九八年には、中心市街地活性化法、大規模小売店舗立地法（大店立地法）を成立させるとともに、都市計画法も改正し、いわゆる「まちづくり三法」によって、地方都市を念頭に置きつつ、中心市街地の活性化対策に当たってきた。それでも事態が改善しないとなると、二〇〇六年には、「まちづくり三法」を改正して、郊外における大型小売店など大規模集客施設の出店規制を強化するなど、さらなる梃入れも行った。手をこまねいていたわけではない。にもかかわらず、二〇二〇年代になっても、なお事態は改善していないというのが現状であろう。

†中心市街地の衰退の要因

中心市街地の衰退の背景についても、すでに多くの分析がある。経済産業省が諮問した中心市街地活性化評価・調査委員会(以下、評価委員会)の二〇一三年の中間的論点整理では、「中心市街地を巡る状況」「構造的制約・課題」として、それまでに指摘されてきたことを網羅している。そこでの議論を、大まかに括ると、中心市街地の衰退の背景にある大きな要因は、人口減少・高齢化、地域産業の衰退、自家用車の普及によるモータリゼーションの進展という整理ができる。こうした論点整理は一見する限り、もっともらしい。

しかし、よく考えれば、高齢化は大都市圏でも当てはまるし、地方都市圏では人口が減少に転じる前から中心市街地に元気はなかった。また、経済的には豊かな大都市圏の周辺部でも、中心市街地が衰退している都市は多い。この問題を社会構造や経済構造に帰着させた抗えない時代の流れと捉えてしまうと、思考停止に陥る。

本章が着目するのは、評価委員会の三点目の指摘、モータリゼーションの進展である。交通は人々の移動を変え、まちの姿をも変える。ただし、こちらも、自家用車の普及がそのまま中心市街地の衰退をもたらすという短絡的な考え方では、問題の本質を見誤ることになる。後ほどみていくように、欧州も自家用車が普及しているが、一定の人口集積がある地方都市であれば、中心市街地にはそれなりの賑わいがある。コロナ禍やネットショッピングの普及など、中心市街地の商店街の厳しさは、欧州とて変わらないが、日本のような人気のないシャッター通りではない。

日本の現状の背景には、自家用車の普及とあわせ、自家用車を優先し、自家用車に適した都市計画を立ててきたこと、また、バブル崩壊後の三十年余り、道路建設を中心とした公共投資をマクロ経済対策の柱として進めてきた意図的な政策があったと考えられる。

†自家用車の普及と公共交通のサービス低下、中心市街地衰退の悪循環

ここで、自家用車の普及と中心市街地の衰退について、そのメカニズムを見ておこう。重要なのは、この二つの要素に加え、公共交通の衰退というもう一つの要素が入り込んで、三位一体で悪循環になっている点である。

すなわち、自家用車が普及して、長距離で郊外への移動が便利になると、公共交通で出かけ

る中心市街地よりも、広い駐車場を完備した郊外の商業施設の方が、行きやすくなる。中心市街地を通る鉄道、バスの利用者が減少すると、交通事業者はコスト削減のために本数を減らすなどサービスを低下させる。そのことがさらなる自家用車依存を助長し、ますます郊外の商業施設の利用者が増える。その結果、中心市街地は利用者の減少により商店が撤退し、衰退する。

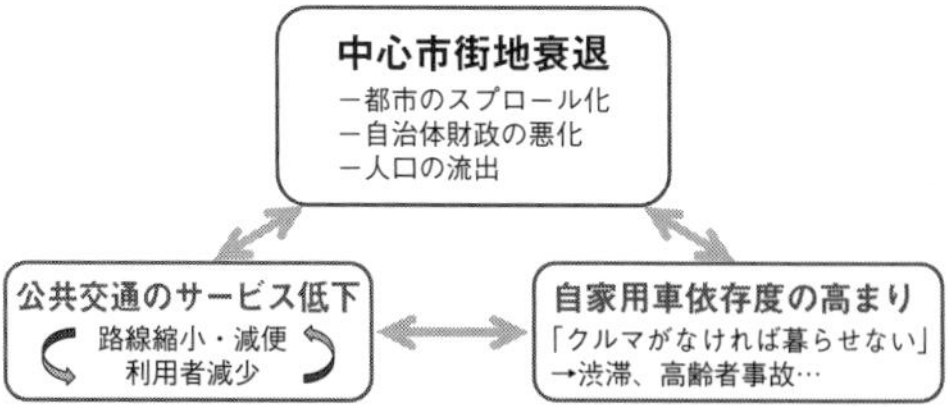

図1　中心市街地衰退の悪循環

　こうした悪循環をさらに加速させるのが、道路と駐車場建設である。自家用車は一人当たりの空間スペースが公共交通よりも圧倒的に広い。渋滞が発生すれば、道路車線の拡幅、新たな道路の要望が高まり、さらに道路を建設する。駐車場を完備するために、郊外の広いスペースが必要になる。こうしたことが、商業施設のみならず、あらゆる都市機能の郊外への拡散を生み出す。

　しかも、高度経済成長期から、バブル期も含む右肩上がりの時代は、自家用車の普及に合わせて都市を拡大開発することが、都市の発展とみなされた。都心にあった県庁や市役所、大学や病院を、郊外に移転した都市は多い。筆者が育った茨城県の県庁所在地、水戸市は、一九七二年、城址の一角にあった市役所を、かつては湖であった未開の

「駅南」地区に移したほか、茨城県も、一九九八年には、同じく城の堀に面していた県庁を、駅から南に、直行シャトルバスで二〇分程度の位置に移転した。駐車場五三四台を完備し、高速道のインターチェンジから五キロという自動車のアクセスには便利な場所である。

このような都市計画を実行するために、各都市は郊外の道路整備をさらに進め、計画は、バブル崩壊後の景気低迷期も拡大した。道路建設を中心とする公共事業は、「真水」何兆円という金額を上積みしたマクロ経済政策のツールにもなっていた。(1) なるほど、道路整備が、物流も含めて、我々の生活を支えてきたことは間違いない。しかし、今日の無秩序に郊外に広がるスプロール化した都市と中心市街地の衰退は、単に住民の自由意思というだけではなく、行政側の政策として進められたという面があることも忘れてはならない。

†ダウンズ・トムソンのパラドクス

道路建設が渋滞を解消するのであれば、郊外のみならず、中心市街地にも恩恵があるのではないかと感じる人もいると思う。街中に行く道路が混雑しているので、郊外で買い物を済ませるという人もいるかもしれない。あるいは、街中に行くバスが渋滞に巻き込まれるので、結局自家用車に乗るという人もいるだろう。

しかし、道路建設が渋滞を解消したであろうか。道路を作れば作るだけ、自家用車が増えてきたのが実態ではないか。道路とは別に鉄道があるケースを考えると、鉄道のサービス改善を行わないまま道路の容量拡大を実施すると、結果的に渋滞を悪化させるという逆説が、理論上成り立つ。「ダウンズ・トムソンのパラドクス」と呼ばれるものである。

二つの地点を移動する手段として道路と鉄道があり、すでに渋滞が発生しているとしよう。両地点を移動する人数が一定で、各人は自動車か鉄道を選択できるという前提の下、行政が渋滞解消のために、道路の拡幅工事を行ったとする。

鉄道は線路や鉄橋などインフラ部分の固定費が高いため、利用者が増えるほど、通常、一人当たりの平均費用は低下する。これに対し、道路を走る自動車の場合、利用者が一定水準を超えると、渋滞が発生して、時間的なコストも含めた平均費用は増加する。

道路拡幅によって、スムーズな通行を期待できるようになると、鉄道から自動車利用に移動手段を変更する人が現れる。一方、鉄道側は利用者が減るので平均費用は上がる。費用増加によって、鉄道運賃に上乗せされたり、費用削減のために列車本数が減らされたりすれば、利用者にとって鉄道の魅力は低下する。その結果、移動しようという人は、たとえ渋滞という時間的コストがかかったとしても、自動車を選択する人がさらに増える。

このようにして、自動車利用者が増え、鉄道利用者は減り、両者のコスト（時間的なコストも含む）が均衡するところで、二つの移動手段の間の利用者割合が決まる。(2) ここでのポイントは、鉄道のコストが上昇しているので、実は自動車のコストも上昇した点に至り、均衡点が決まるということである。つまり、鉄道サービスを何ら改善せず、道路拡幅の投資を行うと、投資前よりも渋滞が激しくなっているのである。

これは鉄道と道路という二つの選択肢があるケースで、いくつかの前提条件を踏まえた理論である。現実はもちろん、このような単純な話ではない。けれども、日本の場合、地方都市圏には、ベースとしての鉄道があり、しかも、これが活かされていない現状がある。

昨今の地方都市の現状をみると、鉄道など公共交通のサービス改善を行わずに、公共投資として道路整備を進めた結果、さらなる渋滞と公共交通の利用者減少というパラドクスどおりの事態が発生し、そのことが中心市街地の衰退を招いているという面があるように思われる。

2 交通まちづくりとコンパクトシティ戦略

†交通まちづくり

日本の場合、都市計画において道路は計画されるものの、公共交通は、民間事業者による採算性などを基準に、路線やサービス水準が決まってきた。しかも、道路の計画は、既存の公共交通のことを必ずしも考慮しない。都市計画の地図上、うっすらと書かれている鉄道路線の存在感のなさに、驚いたことがある。したがって、都市計画道路の費用対効果を費用便益分析(3)で検討する場合、道路整備が鉄道に与えるマイナスの影響も計算に含まれない。この点は、鉄道投資の費用便益分析の際に、国土交通省によるマニュアルで、並行する鉄道路線やバス路線に対するマイナスの影響を考慮することが定められているのとは基本的に異なる。

旭川市の旭川買物公園のように、自家用車の流入を規制し、商店街の賑わいをもたらした一九七〇年代の事例もあるが、歴史的にみれば、高度経済成長期からバブル期にかけて、都市化や人口増を背景に、ともかくも都市を拡大し、そのための道路整備を行うというやり方が主流であった。そうした動きを変えようという動きが具体化するのは、一九九〇年代頃からである。地球環境問題に対する意識が高まる中、海外における住民参加の手法の影響も受けて、自家用車の利用抑制のために、住民も巻き込んだパークアンドライド実験など交通需要管理（ＴＤＭ Transportation Demand Management）が実施されるようになった。

さらに、交通をきっかけに、交通と一体となったまちづくりを行おうという「交通まちづくり」という考え方も広がった。「交通まちづくり」という言葉を定着させた太田勝敏氏は、「『交通まちづくり』という発想は、道路や新交通システム、鉄道といった大規模なインフラ施設整備による都市交通問題への対応の限界が次第に明らかになってきた状況を背景に、……市民参加型の新しい計画アプローチ」を提案したと述べ、そのうえで、「この提案の基本は交通計画における住民、市民の参加と都市計画、都市づくりとの連携の二点である」と位置付けている。[4]

このような交通まちづくりの理念は、法的には、まず、二〇〇七年の「地域公共交通の活性化及び再生に関する法律」(以下、地域交通法)を経て、「交通政策基本法」に結実した。日本は、公共交通が民間ビジネスだったこともあり、従来、交通政策に対する基本的な理念を定めた法律がなかったが、二〇〇〇年代以降の社会経済構造の変化の中で、公共交通計画に対する行政の関与が議論され、地域交通法の基本方針「交通の機能と都市機能とが相互に密接に関連する」(第三条)と明記された。そして、紆余曲折を経つつも、[5]二〇一三年の基本法において、「交通に関する施策の推進は、まちづくり、観光立国の実現その他の観点を踏まえ、当該施策相互間の連携」(第六条)を図るとされた経緯がある。

†コンパクトシティ戦略

二〇〇〇年代は、先に述べたとおり、「まちづくり三法」の改正もあり、コンパクトシティという考え方が導入された時期でもある。中心市街地の活性化をめざすだけではなく、自家用車に過度に依存した都市におけるCO2排出量の増加は、地球環境問題という観点で見直す必要が出てきたからである。加えて、人口減少と高齢化に直面し、薄く広がるスプロール化した都市の維持管理費が膨らんでいることに対し、行政経費の面でもより効率的な都市の形が求められ、「集約型都市構造」への転換が政府によっても推進されることとなった。都市の一人当たりの歳出と人口集中地区（DID）の人口密度の間には負の相関があることが知られている。(6)

改正中心市街地活性化法の下での最初の中心市街地活性化計画として認定された二つの都市、青森市、富山市は、いずれも「コンパクトシティ」、「コンパクトなまちづくり」という言葉を用いて注目された。しかし、その後の展開は異なった。すなわち、青森市は、街中に複合商業施設を設け、中心市街地活性化の核としたが、賑わいが長続きせぬまま、施設の経営破たんに追い込まれることになった。(7) これに対し、富山市は、街の集積を「団子」、公共交通の軸を「串」、に見立てた「お団子と串」のまちづくりをコンパクトシティ戦略のキャッチフレーズとし（図2）、日本で最初のLRT（Light Rail Transit、次世代型路面電車）を整備するなど、主として公共交通の整備に取り組み、一定の成功を収めた（写真1）。

つまり、コンパクトシティの形成にあたっても、人々の移動を支えるしっかりとした公共交通が不可欠であるということである。政府も、「集約」というだけではなく、二〇一〇年代になると、「コンパクトシティ＋ネットワーク」という言葉を用いるようになった。単に行政機関や商店などを中心部に集積させるのではなく、いくつかの拠点を設け、その間を公共交通の

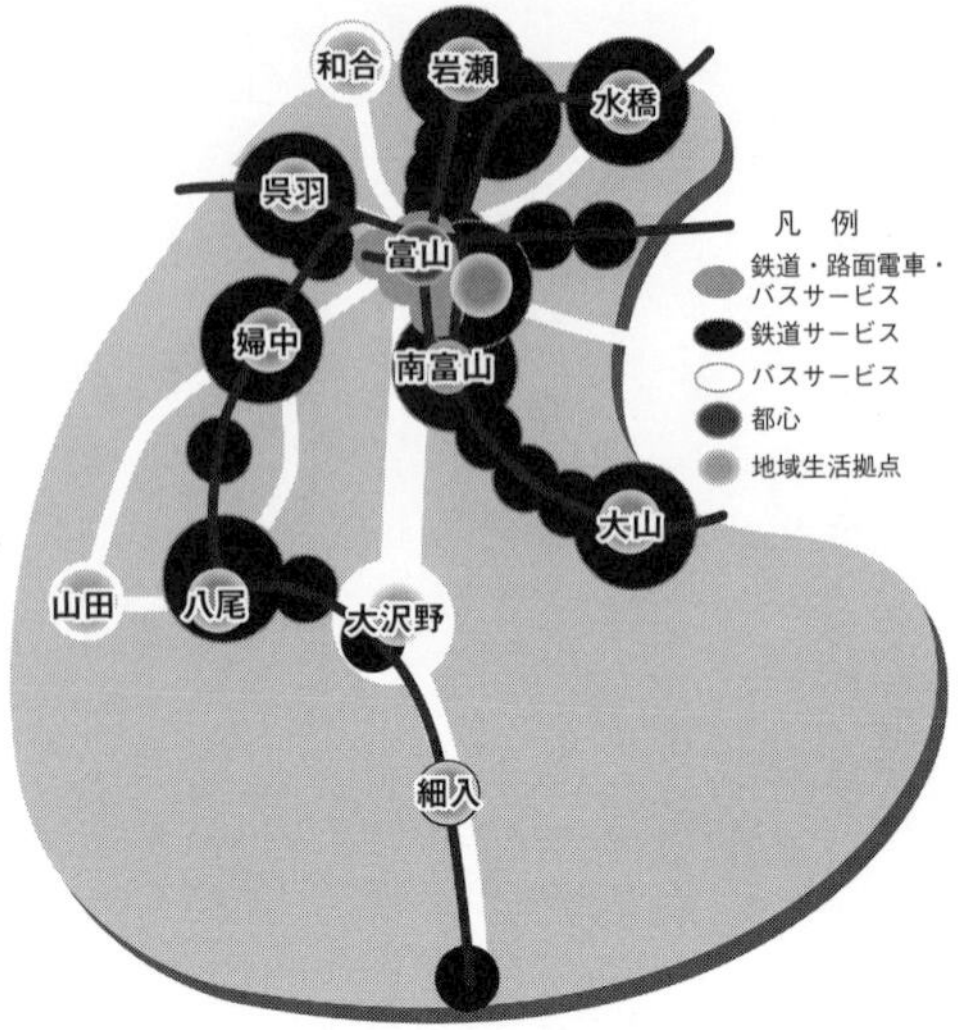

図2　富山市の「お団子と串」のまちづくり
出典）富山市都市マスタープラン

ネットワークで結ぶ形を、一つのイメージとして提示した。

　このような都市計画を政策的に具体化しているものが、立地適正化計画である。この計画は、二〇一四年の都市再生特別措置法の改正によって制度化されたもので、その背景は、「医療・福祉施設、商業施設や住居等がまとまって立地し、高齢者をはじめとする住民が公共交通によりこれらの生活利便施設等にアクセスできるなど、福祉や交通なども含めて都市全体の構造を見直し、『コンパクトシティ・プラス・ネットワーク』の考えで進めていくことが重要」(8)という問題意識があった。

　実際、立地適正化計画制度の「意義と役割」においても、「都市計画と公共交通の一体化」が挙げられており、(9)交通政策基本法の下で改正された地域公共交通法による地域公共交通網形成計

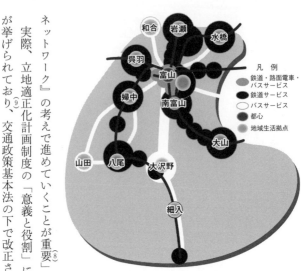

画（二〇二〇年の法改正で地域公共交通計画に変更）を立地適正化計画と一体で進めることが推奨された。かつて、広い駐車場を求めて、中心市街地から郊外に移転した総合病院を、再び中心市街地に立地させる。それによって、公共交通を利用しての通院を容易にするだけではなく、医療関係者、お見舞いの人も含め街中に来る人を増やし、さらにはその人たちの食事や買い物、花束のようなお見舞い品も含め、一定の消費とそのためのビジネスを街中に戻すことができる。

写真１　路面電車が駅の高架下に乗り入れる富山駅前

ただし、街中の駐車場、道路が限られている以上、自家用車で来る人を減らさなければいけない。同時に地域公共交通を再生・活性化し、自家用車を利用しなくても済む公共交通のサービス水準が求められるのである。

†コンパクトシティの現実

コンパクトシティ政策の目玉である立地適正化計画は、二〇二二年度末現在、五〇四都市が作成・公表している。地域公共交通計画（地域公共交通網形成計画も含む）の両方を策定した自治体も少なくない。その意味では、この一〇年、政府の旗振りの下、交通まちづくりの理念が全国に浸透したと言えなくもない。

しかし、中心市街地、さらには商店街の活性化につながっているかといえば、青森市のような形で躓く前に、多くの地方都市は、ほとんど手を打てていないというのが現状であろう。今なお、各地でコンパクトシティを標ぼうしつつ、郊外の大型商業施設の誘致を行っている。[10] 集約型都市構造が示された二〇〇七～〇八年と立地適正化計画が策定され始めた二〇一四～一六年の二回にわたって、地方自治体の担当者に調査を行った興味深い結果があるが（越川ほか［二〇一七］）、それによると、地方自治体の行政担当者の多くが、コンパクトシティは「実現性がない」と答えている。その理由として、最も多い答えは「市民の無理解」である。

調査によれば、「市民の無理解」という答えは、一回目に比べ二回目の調査時点では少し減っているが、それでも担当者の過半が選んでいる。コンパクトシティ導入の障害として、制度としての手法を理由に挙げる担当者は顕著に減少しているのに対し、そもそもコンパクトシティを理解しない者がいるということは注意する必要がある。自家用車は公共交通と違い、ドアツードアの移動が可能で天候などにも左右されないし、時刻表にも縛られない。重い荷物も運ぶことができる。個々人にとってみれば、コンパクトシティよりもむしろ自家用車に適した都市の方が、豊かな生活ができると感じる人が少なくないというのは、容易に想像できる。

3　交通の社会的な影響

†自家用車に過度に依存することの弊害

自家用車という利便性の高い移動手段があれば、公共交通の有無にかかわらず、郊外の安価で広い住宅での生活が可能になる。コンパクトシティよりも、むしろ政策的に道路を整備し、自家用車を前提としたライフスタイルを支える方が良いという考え方も一理ある。

しかし、自家用車にせよ公共交通にせよ、交通の世界では、個々人の合理的な選択が社会全体では適切な結果を生まないことが知られている。経済学では、これを「市場の失敗」と呼ぶ。「市場の失敗」には、さまざまなケースがあるが、まちづくりという点では、外部経済効果による社会的な影響が重要である。以下、経済学の基礎的な内容を簡単に整理しておこう。

一般に、人も企業も何か行動を起こすときには、そのことに伴う費用を考慮して、自らにとって最も高い効用（幸せ度合い）や利潤を得られるように努める。ここでの費用には金銭的なコストだけではなく、時間などのコストも含まれる。例えば、個々人がどこかに出かけようとするとき、自家用車の場合であれば、ガソリン代や駐車料金を気にして行動し、鉄道を利用する場合は運賃や待ち時間、乗り換えの手間なども考える。

ところが、一定の距離を走るためにガソリン代と時間を考慮して自家用車を運転しても、渋滞が発生すれば、時間通りに移動できなくなる。その結果、道路を利用する全ての人に余分なコストがかかることになる。同様に、自家用車が増えれば、大気汚染や二酸化炭素の排出など、環境面でみて社会全体でみた負荷もかかる。騒音や振動といった問題もある。さらに、安全性という面でも、運転者としては素人の一般市民がドライバーである以上、事故が起こる。交通事故は減少したとはいえ、二〇二二年でいえば、年間二六一〇人が二四時間以内に死亡するという事故が発生している。内閣府の調査では、二〇一四年度の交通事故による損失額は、慰謝料を含む総計で一四兆四〇〇〇億円となる。[11] こうしたコストに関係者の悲しみなども含めると、目に見えない社会的コストは極めて大きい。

つまり、個々人は意識することのできないマイナスの効果を伴うもので、外部不経済と呼ばれる。古くは、宇沢弘文が「自動車の社会的費用」[12]として問題提起したものであるが、これを金額換算すると、年間二四兆円という試算もある。

†公共交通の外部経済

一方、公共交通の場合はどうであろうか。騒音や振動という面では、マイナスの効果を持つ外部不経済として、鉄道やバスも社会的な負担をかけている。しかし、一両で一〇〇人乗れる鉄道は、圧倒的な輸送力で渋滞を解消することができる。環境にもやさしい。そして、自動車であれば発生した交通事故を防ぐこともできる。「自動車の社会的費用」を抑えるという意味で外部経済、つまりプラスの効果が働く。

さらに、公共交通は、現時点の利用者以外にも価値を持つ。オプション効果と呼ばれるもので、高齢になって自家用車の運転ができなくなったとき、あるいは自分の子どもが学校に通うときなど、将来のことを考えて、公共交通が便利な地域に住む人は少なくない。このような選択肢（オプション）を与えること自体が価値なのである。また、公共交通でも、とりわけ鉄道のような場合、地域のシンボルとしての価値を有する。

ただし、こちらも列車やバスを運行する事業者は、基本的にはそのようなことを考えていない。動力費、人件費、車両や各種設備の費用に対し、運賃収入によって利潤を最大化することが事業である。もし、自社が負担する費用に見合う売上が得られなければ、運行事業を取りやめるということになる。いわゆる「赤字線」である。公共交通が「社会的費用」を削減して、社会全体にプラスの効果をもたらしていても、個々の事業者にとってはメリットのないことを、単純な市場メカニズムで実現することはできない。

4　欧州の政策

†自動車の流入規制

欧州で地方都市を訪れると、中心市街地の歩行者専用空間、広場の賑わいに驚かされる。そして、そうした空間が、かつては自家用車が渋滞した道路と駐車場であったことに、二重に驚かされる。欧州も、郊外の商業施設があり、自家用車の台数は多い。しかし、中心市街地で多くのビジネスが成立し、賑わう姿は、日本の地方都市とは異なる。少なくとも、市民に選択肢があることは確かである。そして、街の中心にある城や教会などの歴史的建造物、あるいは劇場などとともに、市外から訪れる者にとっても、魅力的な街となり、観光客を引き付けている。

ドイツ語圏では、一九五〇年代頃から歩行者専用道路がみられるようになったが、一九七〇年代前後から、フライブルクやカールスルーエなど人口二〇〜三〇万人といった地方都市が、既存の路面電車を存続させながら、広範囲に自動車流入規制を行い、歩行者空間に公共交通だけが乗り入れる「トランジットモール」を導入した。[13]

一方、フランスやイギリス、スペインなどは路面電車をほとんど廃止したが、一九九〇年代頃から、再度新たな路面電車、LRTを導入し、こちらも自家用車の流入を規制したトランジットモールで、ウォーカブルな中心市街地を作り上げた。また、新設するLRTの場合、沿線の停留場に大規模なパークアンドライド施設を整備することで、郊外部での自家用車の利用を前提としつつ、都心への自家用車の乗り入れを抑制しようとした。駐車場料金についても、郊外のパークアンドライド施設であれば、割安もしくは無料で利用できるのに対し、都心の駐車場料金は高くすることで、人々の公共交通への誘導を図った。このほか、「ゾーン30」と呼ばれる時速三〇キロの速度規制の区域を街中に設けることで、徒歩でショッピングや散歩を楽しむ歩行者の安全も確保した。その際には、ドライバーの注意を促すハンプと呼ばれる道路上の突起も設置した。

なお、緊急車両や荷捌きの自動車もあるので、自動車の流入を全面的に禁止しているわけではない。特定の車両が入れるように、上下するライジングボラードを設置し、荷捌き場も設けることで、逆に自動車を使う必要がある人の利便性も高めている。

†公共交通のサービス改善

欧州が行ったことで重要な点は、単に自家用車の流入を規制するだけではなく、同時に公共交通のサービスを劇的に改善したことである。自家用車の利便性や快適性に慣れた市民に、自

都市名	人口（万人）	開業年	都市名	人口（万人）	開業年
リール	22.8	1874	クレルモンフェラン	13.9	2006
マルセイユ	79.5	1876	ミュールーズ	11.1	2006
サンテティエンヌ	17.6	1881	ニース	33.9	2007
ナント	27.7	1985	ルマン	14.5	2007
グルノーブル	15.9	1987	ツールーズ	43.3	2010
パリ	213.9	1992	ランス	19.7	2011
ストラスブール	27.5	1994	アンジェ	16.8	2011
ルーアン	11.3	1994	ブレスト	14.5	2012
オルレアン	12.4	2000	ディジョン	15.0	2012
ナンシー	10.5	2000	ルアーヴル	18.6	2012
モンペリエ	24.8	2000	トゥール	14.2	2013
リヨン	47.2	2001	ブザンソン	12.8	2014
カーン	11.1	2002	オーヴェルニュ	4.5	2014
ボルドー	23.2	2003	アヴィニョン	9	2019
ヴァランシェンヌ	4.5	2006	中央値	15.9	2006

表1　フランスのLRT（トラム）導入都市

家用車に頼らず、街中を楽しむことを再認識してもらうためには、自家用車以外の選択肢になるだけの公共交通サービスを提供しなければいけない。パークアンドライド施設の整備は、そうしたドライバーを中心市街地に呼び戻す一つの入り口である。

自家用車を駅で降りてもらうためには、公共交通も便利かつ快適でなければいけない。その一つの手法が、LRTの導入であった。LRTは、バスよりも輸送力が大きく、ピーク時でも快適な移動が可能である。また、低床車の開発により完全バリアフリーが実現し、頻発運行によって待ち時間を短縮できる。建設費用も安価で、それでいながら、軌道を街中に通すことで、空間再編のきっかけとなり、その光景が、それぞれの都市の顔にもなる。フランスでは、一九八五年のナント以降、二六都市が新規のLRTの導入を行っている（表1、写真2）。

LRTは、主として地方都市圏の軸として導入され、その際にはバスも含めた公共交通のサービスの再編が行われた。フランスの場合、都市圏交通計画（PDU：Plan de Déplacement Urbain）の策定が、一九九六年にLAURE法（Loi sur l'Air et l'Utilisation Rationnelle de l'Energie：大気とエネルギーの効率的な利用に関する法律）によって、人口一〇万人以上の都市圏で義務付けられ、全国に広まった。LRTの整備をある程度終えた都市や、元来人口が少なく、利用者がそこまで多くない都市では、バスを用いたBRT（Bus Rapid Transit、高速バス輸送システム）を導入している。

写真２　ストラスブール（フランス）で導入されたLRT

運賃面でも、日本のように、路面電車、バス、鉄道でバラバラな運賃体系ではない。ドイツ語圏の場合であれば、運輸連合という市町村の行政単位を超えた地域公共交通サービスを策定する機関によって、交通モードや事業者の区別なく、地域内の運賃が統合されており、乗り換え等で初乗り運賃をその都度支払うということはない[14]。しかも、割引率の高い定期券を発売することで、住んでいる人が安価に移動できるよう工夫がなされている。一九八四年に発売されたフライブルクの「環境保護定期券」は、従前に比べて二割安く、地域全体が乗り放題になる当時としては画期的なものであった。その後、こうした割引チケットは欧州で広がりを見せ、二〇一二年、オーストリアのウィーンは、一日一ユーロ換算でウィーン市内の全ての公共交通機関が一年間乗り放題という格安のいわばサブスクチケットを発売した。その結果、大幅な割引価格にもかかわらず、利用者は大きく増加し、五年後の二〇一七年には、二〇一一年の収入を上回り、その後も収入は増え続けた。一方、エストニアの首都タリンは、二〇一三年に市民は無料というさらに踏み込んだ施策を打ち出し、欧州の比較的小さな地方都市の公共交通無料化が広がっている。また、ルクセンブルクは、二〇二〇年、国全体、公共交通を無料とした。

†SUMP（サンプ）——持続可能な都市モビリティ計画

欧州連合は、フランスの都市圏交通計画など、欧州各国の交通計画の経験を生かしつつ、二〇一三年に「持続可能な都市モビリティ計画（Sustainable Urban Mobility Plan）」、通称SUMP（サンプ）という指針を公表した。SUMPは、「人」のモビリティに焦点を当て、渋滞を減らすような交通流を設計するだけではなく、公共交通のネットワークや運賃体系をハード、ソフト両面で構築し、さらに、各種シェアサービスから歩道の整備まで、あらゆる人のアクセシビリティと地域のQOL（Quality of life、生活の質）を高めることを目標とした。

欧州委員会は、SUMPの計画策定のガイドラインも公表しており、四つのフェーズと、各

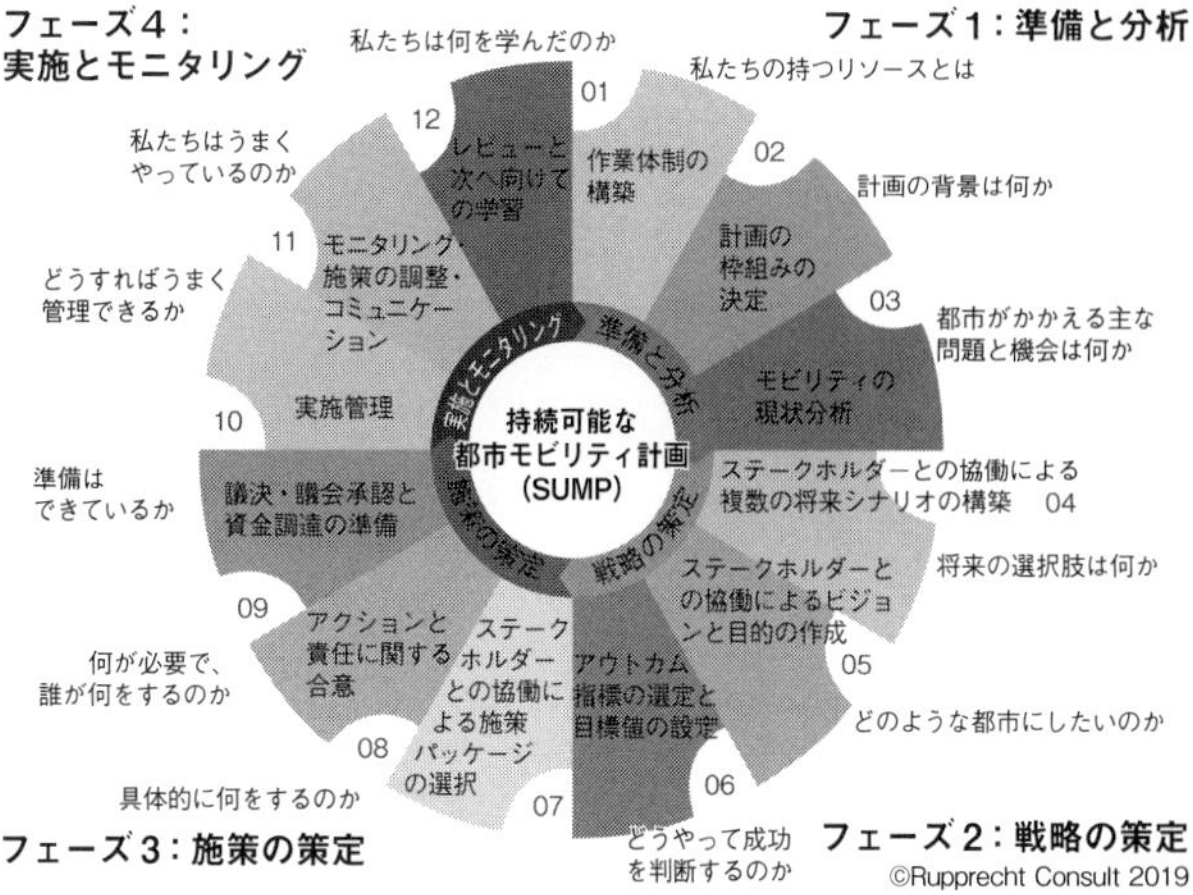

図3　SUMPの計画プロセス
資料）『持続可能な都市モビリティ計画の策定と実施のためのガイドライン』図2を一部修正

フェーズ三つのステップから成る策定プロセスを詳細に記述している。PDCA（Plan Do Check Action）の考え方と同じ一つのサイクルではあるが（図3）、計画手法の最大の特徴は、最初に目標を設定し、逆算する形で計画を立てるバックキャスティングアプローチだという点である。二〇五〇年までのカーボンニュートラルの達成といった環境制約や不平等をなくすという社会政策的な観点を踏まえつつ、まず目指す将来について、住民を含めた関係者との間の合意形成を行い、そうした将来像を実現するための目標値と具体的な施策を決めるのである。太田勝敏は、交通まちづくりは「市民参加型の新しい計画アプローチ」と述べたが、まさにSUMPは、交通まちづくりの指針といえるもので、今や欧州のみならず、世界の一〇〇〇都市がこの指針の下、計画の策定を行っている。

目指す将来、ビジョンについては、各地域で定めることになるが、SUMPガイドラインには、「ビジョンは三段階の連続したプロセスに沿っている」[15]という記述がある。具体的には「自動車を中心に据えた都市」から「持続可能なモビリティを目指す都市」と移行するものだが、SUMPはさらにその次の段階として「居場所（プレイス）としての都市空間を重視する都市」像を提示している。ガイドラインによれば、「居場所としての都市空間を重視するビジョン」の目的は、公共交通やアクセスという面だけではなく、「住みやすく、人々が経済的、社会的、コミュニティ的な活動に参加できる安全で魅力的な場所」を提供し、「都市再生、良好な公衆衛生と福祉、コミュニティの結束など、より広範な都市政策の目標」を達成することだという。[16]日本でいう中心市街地の再生が、モビリティ計画の理念に盛り込まれているのである。

SUMPでは、そうしたビジョンを実現するために目標値とそのための施策を設定するが、ここで注目している目標値は「交通手段分担率」である。「他の指標の上位に位置付けられる目標値としてSUMPに組み込むことが推奨される」[17]とまで述べたうえで、移動手段を自動車から公共交通、自転車、徒歩に転換する施策を求めている。しかも、施策は、お互いに相乗効果を持つ施策の組み合わせ（パッケージ）を選択することを求めている。単なる自家用車の流入規制だけでは効果はない。前節で述べたとおり、公共交通のサービス改善がなければ、市民が移動手段を変えることはしない。自動車車線を削り、LRTを導入してきた経緯は、そうしたビジョンと目標値から出てきた施策といえる。さらに、ガイドラインでは、LRTの建設時に、同時にモビリティ・マネジメント(18)を並行して行うことで、市民の行動スタイルを変革したフィンランドのタンペレの事例も紹介している。

なお、LRT等の整備が一定程度進んだ国では、現在、自動車車線の自転車道への転換、歩行空間のさらなる拡充という施策が前面に出ており、SUMPでも言及されている。徒歩、自転車は、モーターやエンジンを使わずに人の力による移動で「アクティブモビリティ」と総称される。究極のエコであるとともに、文字通り、ウォーカブルな街づくりに直結するもので、中心市街地の商店街の賑わいに貢献するものといえる。

5 交通政策は中心市街地活性化に寄与するのか

†公共交通サービス改善がお出かけを後押し

欧州における地方都市の賑わいをみると、過去三〇年の間実施してきた自動車優先の都市計

調査対象路線	運行事業者	概要
富山ライトレール（現富山地方鉄道富山港線）	富山地方鉄道（調査時は第3セクターの富山ライトレール）	JR西日本が廃止の意向を示した旧富山港線を、2006年、富山市が全面的な改良を加え、一部を併用軌道とした全長7.6 kmのLRT。2020年以降、富山地方鉄道市内線と一体化されている。
くるくるバス	みなと観光バス	2006年、住民が主体となって導入したコミュニティバス。神戸市の六甲山中腹に位置する住吉台の団地とJR住吉駅との間を結ぶ
マリアツェル鉄道	ニーダーエスターライヒ交通有限会社（州100%出資）	オーストリア連邦鉄道（旧国鉄）の廃止の意向を受けて、2010年、州が施設等を引き継いで再生した全長84 kmの狭軌鉄道。新車の導入、インフラの更新等で列車本数を増やし、定時発車の時刻表とするなどのサービス改善を実施
ピンツガウ地方鉄道	ザルツブルク株式会社（州100%出資）	洪水で路盤が流出したのを機にオーストリア連邦鉄道（旧国鉄）が廃止の意向を示し、2008年、州が施設等を引き継いで再生した全長53 kmの狭軌鉄道。インフラの復旧と車両更新等を行い、列車本数を増やすなどのサービス改善を実施

表2　調査対象となった路線

画の見直しが功を奏しているように感じられる。また、日本でも、富山市では、「お団子と串」のまちづくりをうたって街中の人口の社会増をもたらし[19]、地方都市の中では一定の成功を収めているように見受けられる。

そこで、そうした定性的なイメージに対して定量的な裏付けを行うために、欧州と日本を対象に、公共交通のサービスが大幅に改善された際、沿線住民の行動がどのように変化したかをアンケート調査したものを紹介したい[20]。アンケート対象とした地域は、富山市の富山ライトレール沿線、神戸市住吉台の「くるくるバス」沿線、オーストリアの地方圏にあるマリアツェル鉄道沿線、ピンツガウ地方鉄道沿線である（表2）。

回収数に占める構成比：%

	富山ライトレール		くるくるバス		マリアツェル鉄道		ピンツガウ地方鉄道	
	合計	70歳以上	合計	70歳以上	合計	70歳以上	合計	70歳以上
a. 買い物回数が増えた	10.4	13.4	39.9	44.0	17.9	36.9	15.6	28.6
b. 習い事やクラブへの参加が増えた	4.2	8.0	15.9	14.5	6.1	4.6	5.6	2.0
c. 地元の祭や行事への参加が増えた	5.7	5.9	4.3	6.0	30.7	27.7	20.3	14.3
d. ボランティア、NPO・市民活動への参加が増えた	1.1	2.1	5.3	5.4	9.4	10.8	12.6	12.2
e. 観劇・スポーツなど娯楽に行く回数が増えた	15.3	15.0	15.3	15.7	22.7	24.6	17.1	18.4
f. 気分転換に外出する機会が増えた	18.5	23.5	27.6	30.7	28.1	29.2	20.3	22.4
g. 電車／バスの中で本や雑誌を読む機会が増えた	3.0	1.1	5.0	3.0	17.9	18.5	9.7	8.2
h. 自家用車に乗る回数が減った	25.3	24.6	22.6	22.3	19.3	36.9	18.5	22.4
i. 自家用車に乗せてもらう回数が減った	9.3	9.1	11.3	8.4	13.1	23.1	15.3	16.3
j. 特に変化なし	39.3	35.3	16.6	15.1	39.6	36.9	52.1	46.9

表3　公共交通のサービス改善に伴う「自分の行動」の変化
出典）宇都宮（2020）『地域公共交通の統合的政策』表10-1

このうち、神戸市の住吉台は、本章が対象とする地方都市ではないが、神戸市内からは離れた六甲山腹にある高齢者の多い住宅地であり、地方都市と抱える問題は共通であることから、ここの調査も合わせて紹介する。

まず、上記四つのケースにおいて、サービス改善というイベントの前後でみた「自分の行動」の変化に対する回答（複数回答可）を表3でみると、「特に変化なし」と答えた人数は半数もしくはそれ以下である。言い換えれば、それ以外の人は、何らかの「変化」があったと感じており、高齢者の方がその割合は高い。地域を問わず、公共交通のサービスの改善がライフスタイルにかなりの影響を及ぼしていることを示している。

具体的な変化の内容は、富山ライトレールの場合は四分の一、他のケースも二割前後が「自家用車に乗る回数が減った」と回答している。オーストリアのケースは「地元の祭や行事への参加が増えた」が多く、その点は日本と異なるが、「気分転換に外出する機会が増えた」はオーストリア、日本ともかなり高い比率の回答を得ており、特に高齢者で顕著である。また、「買い物回数が増えた」という人は、くるくるバス沿線で非常に多く、それ以外も一割以上ある。オーストリアでは、高齢者で「買い物回数が増えた」と回答する人が多い。退職した高齢者にとって、通勤や通学といった外出目的はない。買い物はするが、中には自家用車を運転せず、郊外の商業施設に行けない人もいるであろう。そうした高齢者を街に引き付けることが、中心市街地の活性化につながることも間違いない。実際、欧州では、高齢者が、街をのんびり散歩し、時折、街中のカフェで憩う姿をよく目にする。

†公共交通はコミュニティの人間関係を醸成

個々人の行動の変化は、人間関係にもつながる。この調査では、公共交通のサービス改善に

回収数に占める構成比：%

	富山ライトレール		くるくるバス		マリアツェル鉄道		ピンツガウ地方鉄道	
	合計	70歳以上	合計	70歳以上	合計	70歳以上	合計	70歳以上
a. 友人・知人と会う回数が増えた	20.0	26.7	30.9	28.9	19.5	33.8	17.4	20.4
b. 親戚・家族に会う回数が増えた	4.7	7.5	7.0	9.6	10.2	15.4	12.4	20.4
c. 近隣のお付き合いが増えた	3.6	4.8	21.9	23.5	9.4	16.9	7.1	16.3
d. 新たな知り合いが増えた	6.2	7.5	17.6	17.5	10.7	16.9	8.2	8.2
e. 特に変化なし	63.3	53.5	45.8	44.0	66.0	50.8	70.9	61.2

表4　公共交通のサービス改善に伴う「他人との関係」の変化
出典）宇都宮（2020）『地域公共交通の統合的政策』表10-3

伴う「他人との関係」の変化についても尋ねている。回答（複数回答可）をまとめた表4をみると、「くるくるバス」では半数以上、それ以外も三〜四割が何らかの変化を感じていることになる。また、こちらも七〇歳以上という年齢層で平均すると、「くるくるバス」以外は、「特に変化なし」の占める割合が一割程度低下し、高齢者の人間関係には、より強く影響していることがわかる。変化の内容は、いずれのケースも、「友人・知人と会う回数が増えた」が多く、「くるくるバス」が三割、それ以外の鉄道が二割前後となっているが、「くるくるバス」の場合は、「近隣のお付き合いが増えた」、「新たな知り合いが増えた」も多い。SUMPで示されたビジョンの一つ、プレイスの創出とそこでの人の出会いを、公共交通の整備が支えているのかもしれない。

このような人間関係は、社会を支える一つの基盤であり、ソーシャル・キャピタル（社会関係資本）[21]という概念で学問的には議論がなされてきた。公共交通は、単に人を職場や学校に運ぶだけではなく、何気ない外出を促し、ソーシャル・キャピタルを育《はぐく》んでいるといえる。[22]まちの再生という観点からいえば、活性化された中心市街地は、単に職場や学校がある場所、必要な物を購入する場所ではなく、コミュニティとして人間関係が根付き、市民にとって、職場と自宅に次ぐ居場所、いわばサードプレイスのような役割を果たす場所といえそうである。

6 今後の課題――交通がつなぐサードプレイスの創出を

商店街の活性化というとき、ある年齢以上の世代には、昔ながらの商店街にノスタルジーはあるかもしれない。けれども、街の商業をかつてのように個人商店だけで担うということは難しい。郊外の商業施設が一定の役割を果たし、また、ネット通販も普及した今日、中心市街地の位置付けを改めて考える必要がある。本章では、交通まちづくりという切り口から、商店街を含む中心市街地の再生を議論してきたが、最後に、地方都市圏を念頭に、今後の課題をまとめておきたい。

第一に、繰り返し述べてきたことではあるが、自動車優先のまちづくりから、公共交通、そして自転車や徒歩中心の交通政策への転換である。「クルマがなければ暮らせない」という生活は、ティーンエイジャーや高齢者の移動を阻む。そうでない人にとっても、モビリティ（移動可能性）の選択肢がない生活は、QOLという観点で問題が残る。各地のアンケート調査を見ても、公共交通の利便性の低さが、不満度合いとして高い。そうした現状を改める際に、欧州委員会のSUMPは参考になる。目先の対症療法的な交通政策ではなく、関係するステークホルダーと最初の段階で目指すビジョンを共有し、バックキャストする形で、市民のモビリティの質を高めることである。

第二に、そうした交通政策の実現のために、道路だけではなく、公共交通の整備もまちづくりの観点から、行政がしっかりと責任を持つことである。日本の場合、公共交通事業は、基本的に民間事業が担ってきた。しかし、地方都市圏では、自家用車が普及した今日、ビジネスとしての魅力はなくなり、コスト削減のためのサービス削減が続き、事業者自身も疲弊している。これに対し、欧州など日本以外の国は、地域の公共交通は「公共サービス」という位置づけで、地方自治体がサービス水準を決定する。欧州の場合、行政が交通事業者との間で、PSO（Public Service Obligation：公共サービス義務）を事業者に課す一方、一定の公的資金を供与する契約を、競争入札等を介して締結する。このことで、まちづくりに必要な交通サービス水準を確保しつつ、優れた民間事業者のアイデアや知恵を活用することができる。日本でも、公民の責任と役割分担を見直す「地域交通のリ・デザイン」という議論が進められているが、[23] 今のところ、具体化するだけの予算措置も乏しい。制度、財源両面で、従来の制度を抜本的に変革する必要がある。

第三に、まちづくりのビジョンの中に、SUMPも提案している居場所（プレイス）のあるまちづくりを取り込むことである。サードプレイスの創出といってもいい。これまでの施策は、商店街のアーケードの改築といったハード面と、既存の個人商店を保護することに重点が置かれてきた印象がある。中心市街地が郊外の大型商業施設よりも魅力がないのであれば、たとえ、移動の利便性が高まっても、人は集まらない。これからの時代は、中心市街地を新たな居場所にふさわしい場所にすることで、人が集まり、そこからコミュニティが広がるという循環を作ることである。そうなれば、若者のセンスが光る個人商店で、郊外の商業施設にない魅力も生まれるであろう。中心市街地であれば、その街の歴史が凝縮されていて、文化的な施設もある。地方都市は、大都市圏のような激しい混雑はない。モビリティ政策と一体となった形での循環的な中心市街地の発展は、真にQOLの高い豊かな生活を実現する可能性を秘めている。

【本章のポイント】

①自家用車の普及と公共交通のサービス低下が中心市街地衰退の悪循環を加速させており、ス

プロール化した都市が、社会全体に負荷をかけている。

②一定の人口集積があれば、公共交通のサービス改善によって悪循環を切り替えることができる。ただし、これまでのコンパクトシティ政策の成果が各地に広がっているとはいえない。

③欧州では、SUMPの指針の下、持続可能な社会の構築に向けたバックキャスティングの計画で、公共交通への投資、徒歩・自転車も活用するモビリティ政策を進めている。

④日本も地域の公共交通を「公共サービス」と位置付け、まちづくりという観点で公共交通を運営し、サービス改善を行うために、公民の責任・役割分担を、制度、財源両面で抜本的に改革する必要がある。

⑤交通まちづくりによって、中心市街地にサードプレイスを創出するというビジョンを実現することで、QOLの高い豊かな生活を期待することができる。

注

(1) 道路整備五箇年計画でみると、計画事業費は、一九八三～一九八七年の計画事業費が三八兆二億円であったのに対し一〇年後の一九九三～一九九七年は、これが七八兆円となっている。さらに一九九〇年代後半以降、「緊急経済対策」「総合経済対策」といった経済政策による大型の補正予算が組まれ、公共事業が推進された。データは日本道路協会編（二〇一八）参照。

(2) こうした均衡は、各利用者がルートに対する完全情報を有しているなどの条件の下、起終点間に存在する可能な経路のうち、利用される経路については所要時間が等しくなるというワードロップの原理が成立するという前提がある。
（3）公的なプロジェクトについて、それが行われる場合（with）と行われない場合（without）について、ある年次を基準として、一定期間に発生する社会的便益と、社会的費用を貨幣換算し、それぞれの増分の現在価値を比較して、プロジェクトの評価を行うもの。
（4）太田（二〇〇八）一三七頁。
（5）民主党が与党だった時代に「交通基本法」が閣議決定されたが、政権交代とともに廃案となり、二〇一三年に「交通政策基本法」として成立した経緯がある。詳細は、宇都宮（二〇一五）参照。
（6）例えば、国土交通省（二〇一四）『国土交通白書』図表2-1-46など。
（7）青森市の場合、コンパクトシティ戦略の失敗といわれることがあるが、人口減少や高齢化に加え厳しい地域経済状況の下、商業施設の経営問題をもって直ちに失敗という評価をすることにも慎重であるべきであろう。青森市も、二〇一八年、立地適正化計画を策定し、「コンパクト・プラス・ネットワーク」の都市づくりを基本理念として、コンパクトな複数の拠点として六つの「地区拠点区域」を設定するとともに、それらを接続する公共交通ネットワークを連携させるという施策を進めている。
（8）国土交通省ホームページ「立地適正化計画」https://www.mlit.go.jp/en/toshi/city_plan/compactcity_network.html
（9）国土交通省ホームページ「立地適正化計画の意義と役割——コンパクトシティ・プラス・ネットワークの推進」https://www.mlit.go.jp/en/toshi/city_plan/compactcity_network2.html
（10）例えば、日本経済新聞では、「中心市街地の再整備と郊外の大規模開発を同時並行で進める矛盾」として、秋田市や取手市の事例を報道している（『日本経済新聞』二〇二二年一二月一九日）。

(11) 内閣府政策統括官（二〇一七）参照。
(12) 兒山（二〇一四）参照。
(13) とりわけフライブルクのトランジットモールは、単に一つの通りを歩行者空間とするのではなく、市の中心部四十二ヘクタールというかなり広い区域で自動車の乗り入れ規制を行ったもので、路面電車の延伸政策も含め、その後の各都市の計画に影響を与えた。
(14) 運輸連合は、一九六五年にドイツのハンブルク市で、地下鉄、路面電車、バス、ドイツ連邦鉄道などが、運行計画の統合や共通運賃化を行うために、それぞれの事業会社によって設立された組織が始まりで、その後、ドイツの他都市、さらにスイス、オーストリアにも広がった。なお、運輸連合が各地で設立される過程で、事業者主体で組織された当初の形態から、行政主導で設立された組織が増え、オーストリアの場合、全ての運輸連合が州の出資による公的組織となっている。
(15) 宇都宮・柴山監訳（二〇二二）八九頁。なお、本文では、このガイドラインの記述を引用する場合も、SUMPとしている。
(16) 宇都宮・柴山監訳（二〇二二）九〇頁。
(17) 宇都宮・柴山監訳（二〇二二）一〇〇頁。
(18) コミュニケーションを通じた交通政策で、「ひとり一人のモビリティ（移動）が、社会的にも個人的にも望ましい方向に自発的に変化することを促す」（土木学会・土木計画学研究委員会編、二〇〇五）ことを主眼とする。
(19) 富山市における中心市街地の人口の社会増減をみると、二〇〇五年から二〇一〇年にかけて三三二人、二〇一一年から二〇一六年にかけて六九三人増加している。
(20) 本分析の詳細は、宇都宮（二〇二〇）を参照。

(21) ソーシャル・キャピタルとは、ハードな社会資本ではないが、安定的な社会生活や経済活動にプラスの影響を与え、社会のインフラとして広く認識されているもので、論者によって定義の幅はあるが、「人々の協調行動を活発にすることによって、社会の効率性を高めることのできる、信頼、規範、ネットワークなどの社会的しくみの特徴」(Putnam 1995) という基本概念は共有されている。
(22) 実証研究例は多くないが、宇都宮(二〇二〇)のほか、Qin & Fukuda (2022) でも、日本の分析から公共交通とソーシャル・キャピタルの関係性を実証している。
(23) 国土交通省では、アフターコロナに向けた地域交通の「リ・デザイン」有識者検討会を開催し、二〇二二年に提言を公表している。

参考文献

アフターコロナに向けた地域交通の「リ・デザイン」有識者検討会(二〇二二)「アフターコロナに向けた地域交通の「リ・デザイン」に関する提言」https://www.mlit.go.jp/sogoseisaku/transport/content/001499051.pdf
宇都宮浄人(二〇一五)『地域再生の戦略――「交通まちづくり」というアプローチ』ちくま新書
宇都宮浄人(二〇二〇)『地域公共交通の統合的政策――日欧比較からみえる新時代』東洋経済新報社
太田勝敏(二〇〇八)『「交通まちづくり」の展開と課題、方向性」『IATSS Review(国際交通安全学会誌)』33(2)、国際交通安全学会
国土交通省(二〇一四)『平成二五年　国土交通白書』https://www.mlit.go.jp/hakusyo/mlit/h25/
越川知紘・菊池雅彦・谷口守(二〇一七)「コンパクトシティ政策に対する認識の経年変化実態―地方自治体の都市計画担当者を対象として―」『土木学会論文集D3』73(1)、一六～三三頁

兒山真也（二〇一四）『持続可能な交通への経済的アプローチ』日本評論社
中小企業庁（一九九六）『平成八年版中小企業白書』東京官書普及
中心市街地活性化評価・調査委員会（二〇一三）「今後の中心市街地活性化施策の方向性について――計画運用に関する緊急点検項目を含む（中間的論点整理）」https://www.chisou.go.jp/tiiki/chukatu/hyouka/pdf/shiryou2.pdf
土木学会・土木計画学研究委員会編（二〇〇五）『モビリティ・マネジメントの手引き――自動車と公共交通の「かしこい」使い方を考えるための交通施策』土木学会
内閣府政策統括官（二〇一七）「交通事故の被害・損失の経済的分析に関する調査報告書」https://www8.cao.go.jp/koutu/chou-ken/h28/index.html
『日本経済新聞』二〇二二年一二月一九日付朝刊
日本道路協会編（二〇一八）『道路政策の変遷 改訂』日本道路協会
Putnam, R. (1995), Bowling alone: America's declining social capital. *Journal of Democracy*, 6 (1), 65-78.
Qin, Z., Fukuda, D. (2023), Use of public transport and social capital building: An empirical study of Japan, *Research in Transportation Economics*, vol. 99, 101290
Rupprecht Consult ed. (2019), *Guidelines for developing and implementing a Sustainable Urban Mobility Plan, Second Edition*, European Commission（宇都宮浄人・柴山多佳児監訳〔二〇二二〕『持続可能な都市モビリティ計画の策定と実施のためのガイドライン第2版』薫風社）

第7章

シャッター通りと耕作放棄地──未利用ストックの活用と効果

加藤 猛

シャッター通りにおける空き店舗と農地における耕作放棄地は未利用ストックである。ストックとは一般的に土地、住宅、金融資産などを指し、未利用ストックとは本来の利用目的に対して有効に活用されていない資産のことを呼ぶ。本章では、この未利用ストックという観点からシャッター通りと耕作放棄地の課題と、その活用策や効果について述べる。

1 シャッター通りと耕作放棄地の課題

†シャッター通りとは

シャッター通りとは、商店が営業しておらず、シャッターを下ろしたままの状態が多く見られる、活気を失った商店街のことである。地域の人口減少とそれに伴う顧客の減少、店主の高齢化と後継者不足、公共交通から自動車への生活スタイルの変化、大型ショッピングセンターの郊外進出、中心市街地の空洞化とそれに伴うドーナツ化現象、空き店舗の増加による衰退の悪循環など、様々な原因が挙げられている。

中小企業庁の平成二八年度商店街空き店舗実態調査（中小企業庁、平成二九年三月）によると、一四六六五の母集団から抽出した一八五九の商店街のうち、空き店舗率が一〇〇％と回答した商店街と無回答を除いた一四四一の商店街で、一商店街当たり平均店舗数四〇・四店に対して平均空き店舗率が一〇・四％となっている。商店街の空き店舗率の分布をみると、〇〜五％の商店街が三五・四％であるが、五〜五〇％以上まで幅広く分布しており、商店街によってかなりのばらつきがあることが分かる。

ここで、もし無回答の商店街にはすでに商店街としての実態がなく空き店舗率がほぼ一〇〇％であると仮定し、空き店舗率が一〇〇％と回答した商店街と合わせると、調査した商店街全体の平均空き店舗率は約三〇％と計算される。この値は平均値であり、商店街ごとのばらつきを考慮すると、かなりの商店街がシャッター通りになっているのではないだろうか。

空き店舗が生じた原因については、「商店主の高齢化・後継者の不在（六七・七％）」が最も多く、次いで「経営不振のため廃業・撤退（六二・三％）」、「大型店の進出、撤退の影響を受けたため（二二・一％）」の順となっている。空き店舗状態が続いている原因は、「商店街のにぎわいが少ないため（四九・一％）」が最も多く、次いで「築年数が古く、耐震工事などの補修・改修を行っておらず貸しにくいため（三一・三％）」、「所有者に貸す意思がないため（三一・二％）」の順となっている。空き店舗があることによる悪影響は、「商店街としての魅力の低下（七二・六％）」が最も多く、次いで「買い物客に必要な業種の不足（四八・六％）」、「地域行事の担い手不足（三二・一％）」、「景観の悪化（三二・一％）」の順となっている。

しかし、このような空き店舗の悪影響がありながら、実施している空き店舗対策では「特に何もしていない（六一・一％）」、空き店舗所有者への利用策の提案では「ない（七六・一％）」、たとえ「提案した（一一・〇％）」としても空き店舗所有者から同意が得られ「ない（四一・二％）」となっている。空き店舗の所有者の意向では、「賃貸・売却意向あり（三三・八％）」、「賃貸・売却意向なし（二二・三％）」、「意向不明（四三・九％）」となっている。すなわち、空き店舗の約八〇％が対策されないまま、空き店舗所有者の約六六％が未利用ストックを放置していることになる。なお、いくつかの取材記事によると（木下［二〇一六］牧野［二〇一七］）、空き店舗所有者の多くは困っていないのが実状のようである。過去の蓄財、不動産収入、年金暮らしで生活の心配がなく、将来の不動産価値に期待しつつ、更地に戻すと固定資産税が六倍かかるために空き店舗を放置し、資金を出してリニューアルする気力もないのである。

商店街によってさまざまな事情があると思うが、空き店舗が「高齢化・労働力不足（後継者不在）」や「収益性の低下（経営不振、大型店の進出、補修・改修の必要など）」によって生じたとしても、その空き店舗に対して対策を講じないまま「未利用ストックの放置（賃貸・売却意向なし・不明、対策・提案せず）」が常態化していることが問題なのである。

なお、商店街が空き店舗対策として効果的だと思う施策は、「所有者へ積極的に活用するよう要請（三三・八％）」が最も多く、次いで「空き店舗情報の発信、出店希望者等に対する誘致活動（三三・五％）」、「有効利用策を所有者へ提案（三〇・九％）」の順となっている。すなわち、前述したように空き店舗が放置されているものの、その対策として未利用ストックの活用が効果的であることは認識されているのである。なお、実施した空き店舗対策で大変有効であったのは、「空き店舗の改修費用に係る補助（二五・九％）」が最も多く、次いで「駐車場・駐輪場として利用（二一・八％）」、「コミュニティ施設として利用（二一・五％）」の順となっている。これらの対策は、本書の他の章で論じられている「ウォーカブル・シティ（歩いて楽しめる街）」と関連が深い。

行政が空き店舗対策として効果的だと思う施策は、「新規出店希望者等の誘致（三五・八％）」が最も多く、次いで「店舗改修またはリノベーション費用に対する補助金（三四・五％）」、「新規出店者に対する家賃補助（三二・四％）」の順となっている。国の制度としては、平成二一年に「商店街の活性化のための地域住民の需要に応じた事業活動の促進に関する法律（地域商店街活性化法)」が施行され(土肥［二〇一〇］)、中小企業庁では平成二七年度地域商業自立促進事業、平成二八〜二九年度地域商業自立促進事業、平成三〇年度〜令和二年度商店街にぎわい創出事業、令和三〜四年度地域商業機能複合化推進事業などを進めている(中小企業庁、令和五年三月)。

商店街自身や行政による空き店舗対策が効果をあげるためには、シャッター通りにおける空き店舗という未利用ストックの活用と、それを可能にするための空き店舗所有者への働きかけが重要な課題なのである。

†シャッター通りと耕作放棄地の共通点――未利用ストック

耕作放棄地とは、過去一年以上耕作せず、今後数年の間に再び耕作する意思のない農地のことであり、農家の主観的な自己申告に基づいている。荒廃農地とは耕作の放棄により荒廃し、通常の農作業では作物の栽培が客観的に不可能となっている農地のこと、遊休農地とは現に耕作の目的に供されておらず、引き続き耕作の目的に供されないと見込まれる農地のことである。これらの農地は、有効に活用されていない資産という意味で未利用ストックと言える。

農林水産省の令和二年度調査によると(農林水産省、令和三年四月)、国内の農地面積は、耕地が四三七・二万ha、荒廃農地が二八・四万ha、遊休農地が九・八万ha、荒廃農地と遊休農地を含めた耕作放棄地は四二・三万haとなっている。この面積は、富山県の面積にほぼ等しい。耕作放棄地の発生原因については、「高齢化・労働力不足(二三%)」が最も多く、続いて「土地持ち非農家の増加(一六%)」、「農作物価格の低迷(一五%)」と「収益の上がる作物がないこと(六%)」が挙がっている。

耕作放棄地への対策として、多面的機能支払制度、中山間地域等直接支払制度、農地中間管理事業等による耕作放棄地の発生防止・解消に加えて、未利用ストックの活用という観点では農地中間管理機構や農地情報公開システムによる担い手への農地の集積・集約化や働きかけが行われている。前者は一般的に農地バンクと呼ばれ、二〇一四年に全都道府県に「信頼できる農地の中間的受け皿」として設置された、農地の貸し借りを円滑に進めるための組織である。後者は一般的に全国農地ナビと呼ばれ、経営拡大や新規参入を目指す農家がより簡単に希望する農地を探せるように整備されたシステムである。令和三年度食料・農業・農村白書によると(農林水産省、令和三年度)、令和元年度にはこれらの耕作放棄地対策により一年間で〇・八万haの農地が再生利用されている。

さて、あらためてシャッター通りと耕作放棄地の問題を眺めると、「未利用ストックの増加・放置」「高齢化・労働力不足」「収益性の低下」という共通点が浮かび上がる。両者は商業と農業という異なる業種でありながら、根本的な課題が通底しているのである。言い換えれば、労働力、収益性という課題に向き合いながら、未利用ストックの活用を進めることが重要なのである。

土地問題という観点では、日本の制度は土地の絶対的所有権の考え方を取っており、未利用ストックである土地の活用が進みにくい背景がある（吉原［二〇一七］）。例えば、ドイツでは土地を適切に利用すべき義務と土地を未利用のまま放置させないための制限があり、イギリスでは土地の所有権が利用権に近いうえ公的権限が私的権利に優先されている。しかし、日本では強い所有権が、シャッター通りと耕作放棄地に共通する未利用ストックの活用を阻み、悪循環を生んでいるのである。

2 経済物理学からのアプローチ

†経済物理学とは

シャッター通りと耕作放棄地には未利用ストックという共通課題があることを前節で述べた。それでは、未利用ストックは経済の活性化や格差にどのような影響を及ぼすだろうか。本節では、経済物理学のアプローチを用いて未利用ストックと経済フローや富の格差の関係を見てい

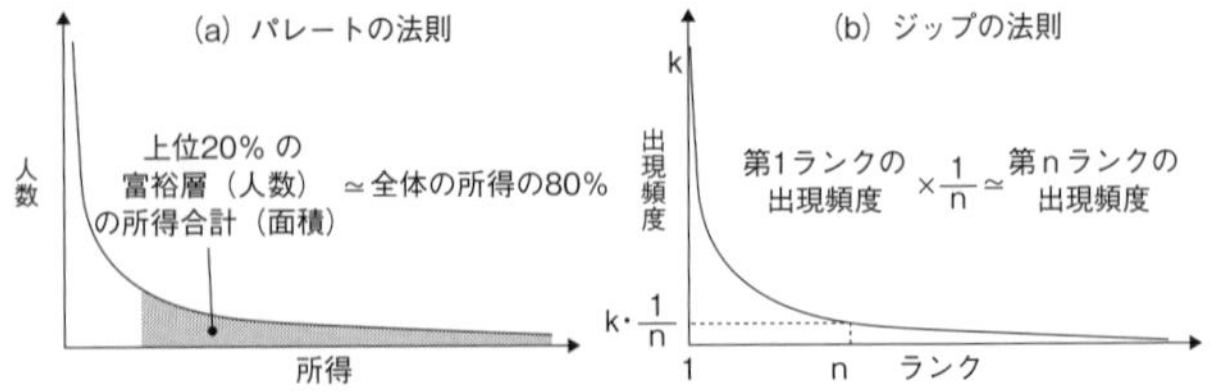

図1　パレートの法則とジップの法則

きたい。なお、ここからいささか抽象的な内容になるので、あまりご興味のない読者は次節に移っていただいて構わない。

経済物理学は、複雑な経済現象の特性や要因を物理学的な観点から解明しようとする比較的新しい学際的な分野である。例えば、経済物理学では、統計力学における運動理論と確率過程のモデルを用いて、所得の分布に関するパレートの法則や都市の規模の分布に関するジップの法則などを説明してきた。図1に示すように、パレートの法則とは、上位二割の富裕層の所得が全体の所得の八割を占めるというべき乗則である。ジップの法則とは、第nランクの規模の都市の出現頻度が第1ランクの規模の都市の出現頻度の1/nになるというべき乗則の一種である。べき乗則は、多くの自然現象、社会現象、経済現象に見られる法則であり、ロングテールという裾野の広い分布と要素間の大きな格差が特徴である(図2(b)参照)。

†資産交換モデル

経済物理学では、富の分布や格差を説明するための様々な資産交換モデルが提案されている。これらのモデルは、二人のエージェント（行為者）の間の資産の交換をモデル化したものである。多数のエージェントの中からランダムに二人のエージェントが選ばれ、両者が資産を出し合って交換を何度も繰り返していくと、資産の分布と格差が生じる。

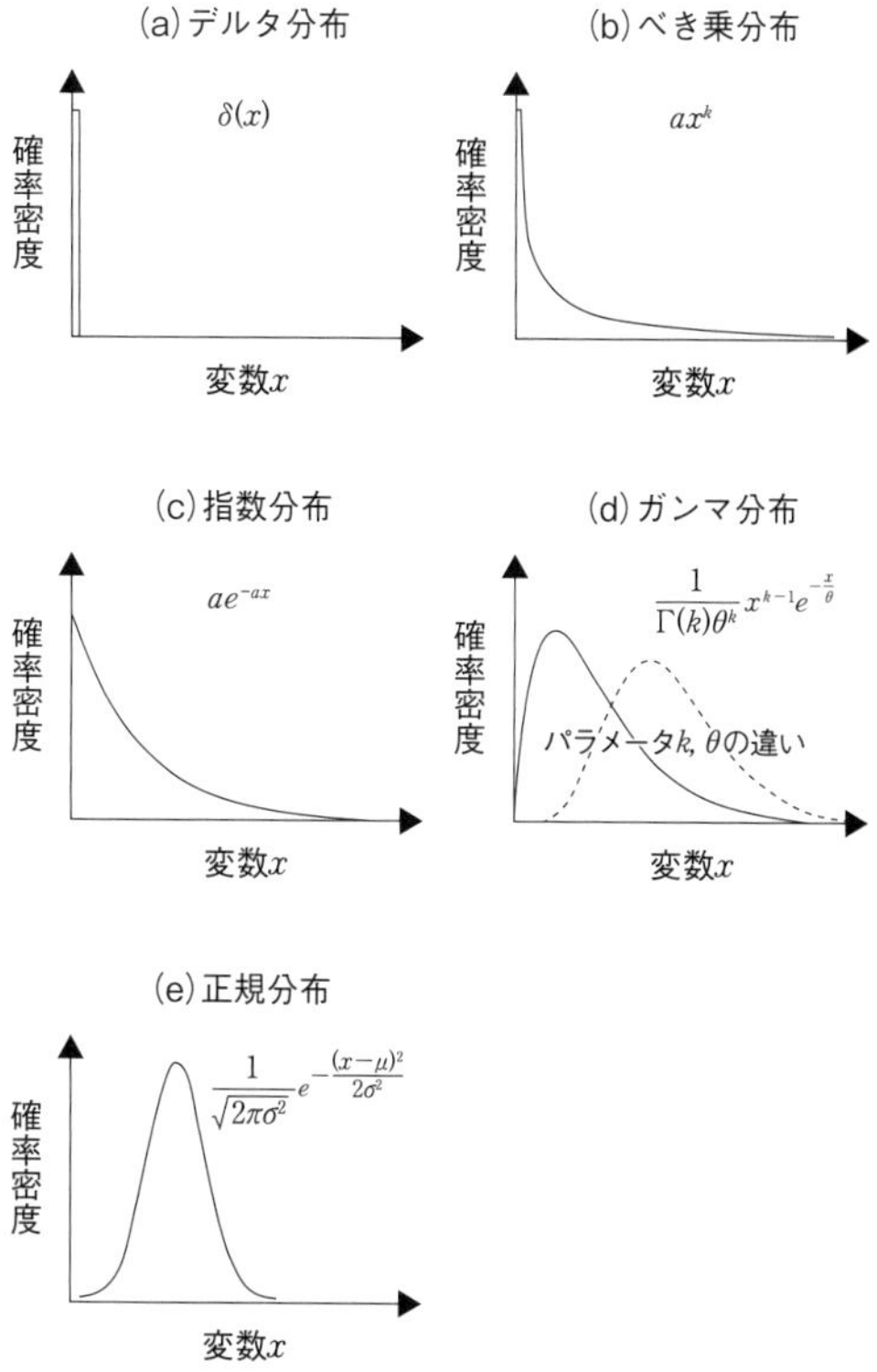

図２　様々な確率分布

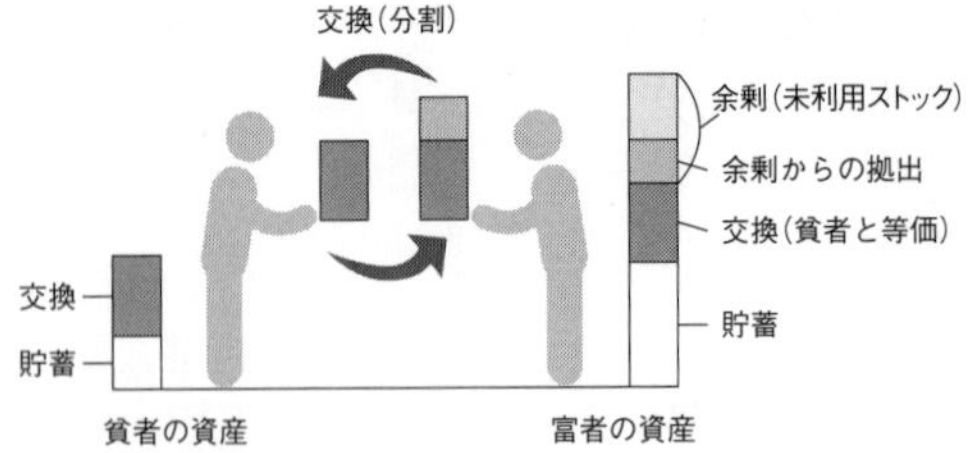

図3　資産交換モデル

また、交換に供する資産の割合に応じて、格差の生じ方が変わり、資産の交換量すなわち経済フローも変わる。

ここで、図3に示すように、貧者と富者の資産交換モデルを考える。貧者と富者は同じ貯蓄率で資産を蓄え、貧者は貯蓄を除く残りの資産を交換に供するとする。富者は、貧者の交換量と等価な資産に加えて、余剰資産（未利用ストック）の中から拠出率に応じた資産を交換に供する。そして、貧者と富者が出し合った交換量を互いに分割する。このとき、分割はランダムな確率で行われるので、貧者が得をする場合も、富者が得をする場合もあり得る（詳細に興味のある読者は、筆者と広井がオープンアクセスジャーナルに公開した論文（Kato & Hiroi [2021]）を参照されたい）。

図3の資産交換モデルにおいて、まず、多数のエージェントの初期の資産分布を均等分布として、貧者と富者の貯蓄率と富者の未利用ストック拠出率というパラメータを0か1かで設定した四つのケースを見てみよう。第一のケースでは、貯蓄率を0、未利用ストック拠出率を0として資産交換を繰り返していくと、資産の分布は極端に格差の大きいデルタ分布になり、全ての資産が一人のエージェントに集中す

る（図2（a）参照）。これは、富者が一度得た未利用ストックを一切手放さないからである。第二のケースでは、貯蓄率を0、拠出率を1とすると、資産の分布はべき乗分布よりも格差の小さい指数分布になる（図2（c）参照）。貯蓄率を1とする第三と第四のケースでは、拠出率が0か1かに関わらず交換が全く行われなくなるため、資産分布は初期の均等分布のままである。

次に、貯蓄率と未利用ストック拠出率を0と1の間で設定した様々なケースについて資産交換を行うと、貯蓄率と拠出率の組合せに応じてデルタ分布（図2（a））からべき乗分布（図2（b））、指数分布（図2（c））、ガンマ分布（図2（d））、そして正規分布（図2（e））に近い分布まで様々な資産分布が現れる。このとき、貯蓄率が大きくなるほど格差と総交換量が小さくなり、未利用ストック拠出率が大きくなるほど格差が小さく総交換量が大きくなる。これらの関係を、総交換量をf、格差を表すジニ係数をg、貯蓄率をλ、未利用ストック拠出率をγとして近似式で表すと次の関係式Aのようになる。

$$\frac{f}{g} \sim \ln\sqrt{(1-\lambda)\cdot\gamma} + C \cdots\cdots\cdots\cdots A$$

総交換量fは、値が大きいほど資産交換が活発に行われていること、すなわち市場活性度が高く経済フローが大きいことを表す。ジニ係数gは、格差が全くない均等分布では0、格差が最大のデルタ分布では1であり、格差が大きいほど大きい値をとる。右辺の$\sqrt{(1-\lambda)\cdot\gamma}$は単位的な交換量を意味し、Cは資産の初期設定値すなわち総資産量に対応する定数である。

　左辺のf／gは、右辺が一定値であれば経済フローfと格差gが比例、すなわち経済フローfを大きくすれば格差gが大きくなり、gを小さくすればfが小さくなり、経済フローfの活性化と格差gの抑制がトレードオフの関係にあることを示している。そして、左辺のf／gと右辺の$\sqrt{(1-\lambda)\cdot\gamma}$の関係は、格差gを抑えつつ経済フローfを高めたければ貯蓄率λを減らすか、未利用ストック拠出率γを増やす必要があること、将来への長期積立や災害などによる臨時支出に備えて貯蓄がある程度必要であるとすれば、未利用ストック拠出率γを増やすしかないことを示している。

　さて、実際の統計データは同じような関係を示すだろうか。そこで、OECD（経済協力開発機構）の加盟国三七カ国を対象として、世界銀行のオープンデータを調べてみる。一人当たりGDP（ドル換算）（The World Bank. GDP per capita）を最大値で規格化した値を総交換量fnorm、ジニ係数（世界銀行推定）（The World Bank. Gini index）をそのままジニ係数g、総貯蓄（対GDP比）（The World Bank. Gross savings）を貯蓄率λ、税収（対GDP比）（The World Bank. Tax revenue）を未利用ストック拠出率γと見なすことにする。税収は未利用ストック拠出率そのものではないが、税収が高い国ではストックの再分配、すなわち未利用ストックの活用が比較的進

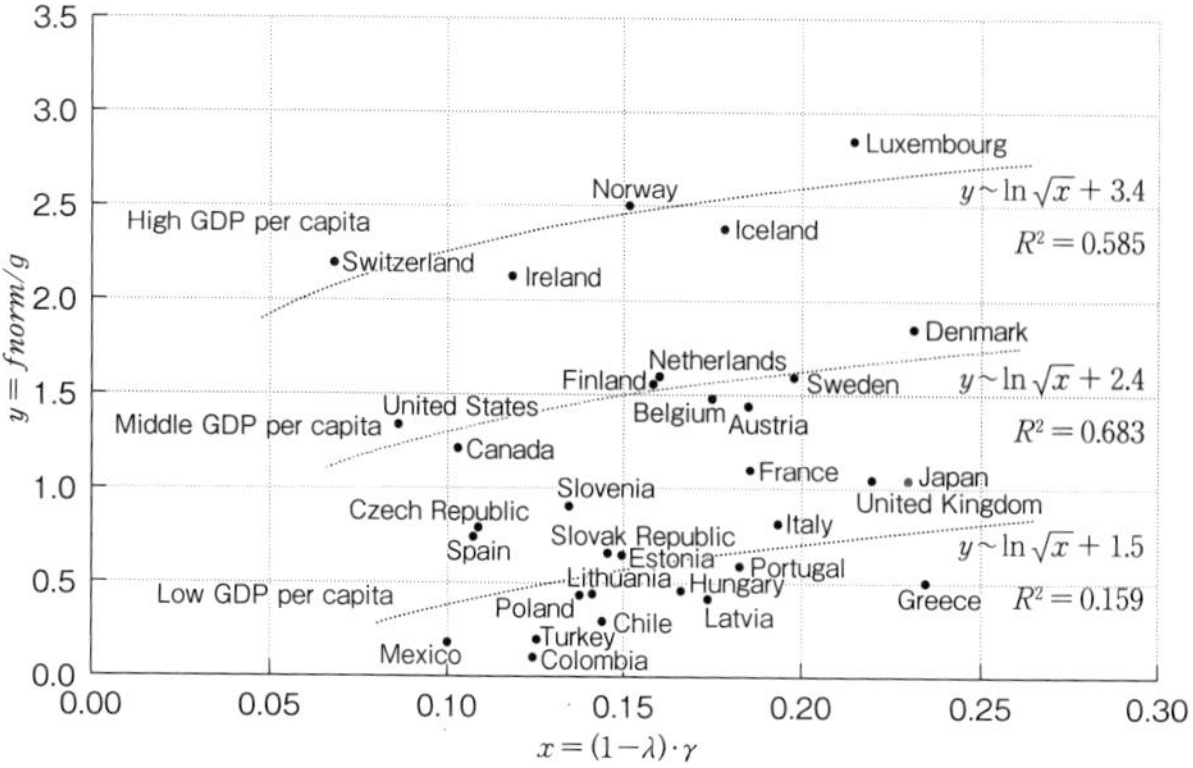

図4　OECD加盟国の *fnorm*, *g*, λ, γ の関係

んでいると推察されるからである。

図4は、OECD各国のfnorm/gと（1－λ）・γをプロットしたグラフである。国々のプロットにはばらつきがあるが、一人当たりGDPを基準にして高位、中位、低位の三つのグループに分けると、それぞれのグループで関係式Aと同様の関係が見受けられる。三つのグループの違いは関係式Aの定数Cの違いすなわち総資産量の違いであり、それぞれのグループにおける国々の違いは社会保障政策の違いを表していると考えられる。各国とも、fnorm/gを拡大する、すなわち経済フローを活性化させ格差を抑制するためには、新たな資源を開発して総資産量Cを増やすか、既存資産の未利用ストックの拠出γを増やして活用するか、どちらかの政策が必要なのである。ちなみに、日本は低位グループに属し、その中では他の国々に比べて未利用ストックが活用さ

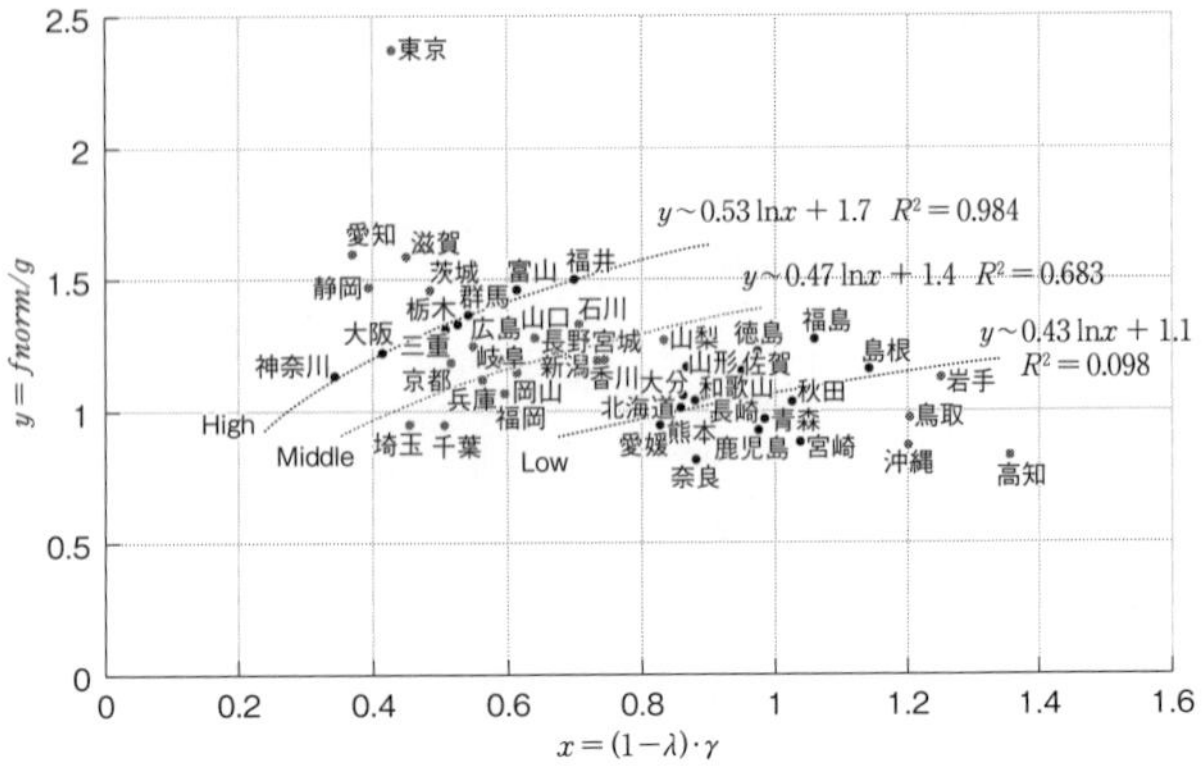

図5　都道府県の *fnorm*, *g*, λ, γ の関係

れ、経済フローと格差のバランスが良いように見受けられる。

それでは、日本国内ではどうだろうか。四七都道府県を対象として、県内総生産（内閣府、平成二三年度〜令和元年度）を県内人口（内閣府、平成二三年度〜令和元年度）で割り、一人当たりの県内総生産を最大値で規格化した値を総交換量fnormにとり、都道府県別等価所得のジニ係数g（e-Stat［二〇一九］）、都道府県別の貯蓄率λ（本川［二〇一九］幻冬舎［二〇二一］）を用い、都道府県別歳出（総務省統計局、令和元年度）を県内総生産で割った値を未利用ストック拠出率γと見なすことにする。歳出は未利用ストックの拠出そのものではないが、歳出が高ければストックの再分配、すなわち未利用ストックの活用が比較的進んでいると考えられるからである。

図5は、四七都道府県のfnorm/gと（1－λ）・γ

をプロットしたグラフである。都道府県でかなりのばらつきがある。OECD加盟国では各国の社会保障政策が異なるため図4では各国の傾向の違いが表われやすかったが、日本国内では同じ政策の下にあるために各都道府県の傾向の違いが表れにくいのだろう。しかし、いささか恣意的ではあるが五つのグループに分け、そのうち外れ値が大きい二つのグループを除くと、中間の三つのグループでは関係式Aと同様の関係が見られる（関係式Aの対数の中の平方根を対数の外に出すと係数0・5であり、図5に示した近似式の係数は0・5に近い）。三つのグループのそれぞれで右上に寄っている都道府県は、比較的経済フローと格差のバランスがとれているのではないだろうか。

東京都は格段にfnorm/gの値が大きく、ジニ係数gが他県とあまり差がないことを考慮すると、経済フローfnormが東京都に一極集中していることを示している。このグループには、一人当たりの県内総生産が大きい愛知県、滋賀県なども属している。二番目の高位グループには大都市のある神奈川県、大阪府などと、北陸地方の富山県、福井県などが属し、三番目の中位グループには、東京都に近い埼玉県、千葉県、大阪府に近い兵庫県、京都府、そして九州地方の福岡県などが属している。四番目の低位グループには、北海道と、東北地方、九州地方、山陰地方などの多くの県が属している。五番目のグループに属する沖縄県、鳥取県、高知県などでは県内総生産に対して歳出が大きい傾向があり、おそらく地方交付金などによる補助が多いものの、経済が活性化していないように見受けられる。

ここまで、本節では、未利用ストックの活用が経済フローの活性化と格差の抑制に必要であることを示してきた。経済物理学のアプローチを用いて経済活動という複雑な相互作用現象を単純化しているものの、それ故に、本節で得られた知見は物理法則の下での原理的な必然性を示しており、シャッター通りと耕作放棄地の課題にも当てはまる。両者において、未利用ストックである空き店舗と耕作放棄地の活用が進まなければ、経済が停滞し、格差が縮まらないということである。

3 シャッター通りと耕作放棄地への提言

†未利用ストックの活用施策――ストックの社会保障

未利用ストックの活用を進めるためには、どのような施策があるだろうか。それには、広井が述べているストックの社会保障という考え方が参考になる（広井［二〇〇九］同［二〇一五］同［二〇一九］）。ストックの社会保障では、フロー（所得）の格差よりもストック（土地・住宅、金融資産など）の格差の方が格段に大きいことに着目し、従来の社会保障政策が進めてきた事後的なフローの再分配ではなく、機会平等に向けた事前的なストックの再分配を求めている。ストックの社会保障に則って、まず考えられる未利用ストックの活用施策は、経済フローに寄与せずに富者が死蔵している未利用ストックを放出させることである。例えば、制度的な介入によって富者の未利用ストックを貧者に再分配する、富者が未利用ストックを市場に提供するように義務付ける、未利用ストックの所有権と利用権を分離して富者に所有権を認めつつ利用権を公有化するなどの案が考えられる。これらの案は、前節の結果から導かれた指針が示すように、格差を抑制しつつ経済フローと新陳代謝を活性化することにつながるだろう。

さらに未利用ストックの活用を促進する施策として、共同所有自己申告税(COST)という制度が提案されている(エリック・A・ポズナー&E・グレン・ワイル[二〇二〇])。この制度では、ストックに対して高い自己申告税を申し出た者、すなわち高い利用価値を認めた者がストックを保有できる。ストックの保有者は申告者を排除できない。したがって、ストックが未利用のまま死蔵されることを防ぎ、経済のフローと新陳代謝を促進できると考えられる。前節で得られた指針は、経済物理学の観点からCOSTの有効性を裏付けていると言える。

ただし、ストックの共有や公有を促進する施策をいきなり導入することは、所有権者の抵抗が大きいことが予想されるため、まずは未利用ストックの所有権と利用権を分離する施策から取り組み始めるのがよいように思われる。未利用ストックへの課税を強化し、所有者が利用権を開放すれば減税すると共に、利用権の譲渡による利益を還元するような施策である。

別の観点では、ソーシャル・ビジネスへの投融資を促す施策が考えられる。この案は、富者の未利用ストックを金融資産を介して間接的に貧者へ移転することになり、ソーシャル・ビジネスによって経済フローを拡大し、格差の固定化を防ぐことにつながる。民間企業のＳＤＧｓ（持続可能な開発目標）への取り組みや、金融機関のＥＳＧ投資（水口［二〇一七］）や社会的インパクト投資（マーク・Ｊ・エプスタイン&クリスティ・ユーザス［二〇一五］）をさらに促進するようなコーポレートガバナンスや優遇税制が望まれる。

†商店街と農地を結ぶ地域復権

ここまで一般論的な観点から未利用ストックの活用施策を述べてきたが、これらの施策はシャッター通りと耕作放棄地、そして地域経済の活性化と格差の問題にも当てはまる。商店街再生への具体的な取り組みは本書の他の章に譲るが、耕作放棄地に関しても様々な取り組みがなされている（板垣編［二〇一三］、井上編［二〇一九］、曽根原ほか［二〇一五］）。表1と図6は、本章の筆者が第1章および第8章の筆者と共に実施したシャッター通りや耕作放棄地の事例調査を踏まえて課題と施策をまとめたものである。

第1節ではシャッター通りと耕作放棄地の三つの大きな共通課題として「未利用ストックの

シャッター通りの課題と施策	耕作放棄地の課題と施策
空き店舗活用： 売り待ちを抑止する利用権譲渡の促進	**農地集積**： 農地バンクを活用した利用権譲渡の促進
協同経営： 個店競争ではなく商店街全体のセンター化	**協同営農**： 共同管理と共同設備化による相互扶助
地産地消： 郊外一次産業との連携による特産品展開	**六次産業化**： 直営や特定取引先のサプライチェーン化
担い手育成： 金融機関への架橋による投融資の促進	**担い手育成**： 多面的機能に対する直接支払いの増額
技術革新： 大店舗並みマーケティングとスマート化	**農法改革**： スマート化の支援による生産効率の向上
共通施策	
・未利用ストックの利用権譲渡を促す課税の強化 ・公共性に位置付けた社会的インパクト投融資の促進 ・担い手を増やす業種向けベーシックインカムの導入 ・地域ごとの具体的な様々な課題に対する、核となる人材とそれにつながる人脈とリソースに応じた、地域の実情に合った長期的な取り組みと行政による円滑な支援	

表1　シャッター通りと耕作放棄地の課題と施策

活用」「労働力の確保」「収益性の向上」を挙げたが、表1を見ると改めてシャッター通りと耕作放棄地には共通点があることに気づく。すなわち、それは「未利用ストックの活用」に向けた利用権譲渡の促進、「労働力の確保」に向けた協同経営や担い手補助、「収益性の向上」に向けた六次産業化や技術革新などである。

図6では、未利用ストックと協同体をつなぐ仲介者、協同体と地域をつなぐ地域経済、地域と未利用ストッ

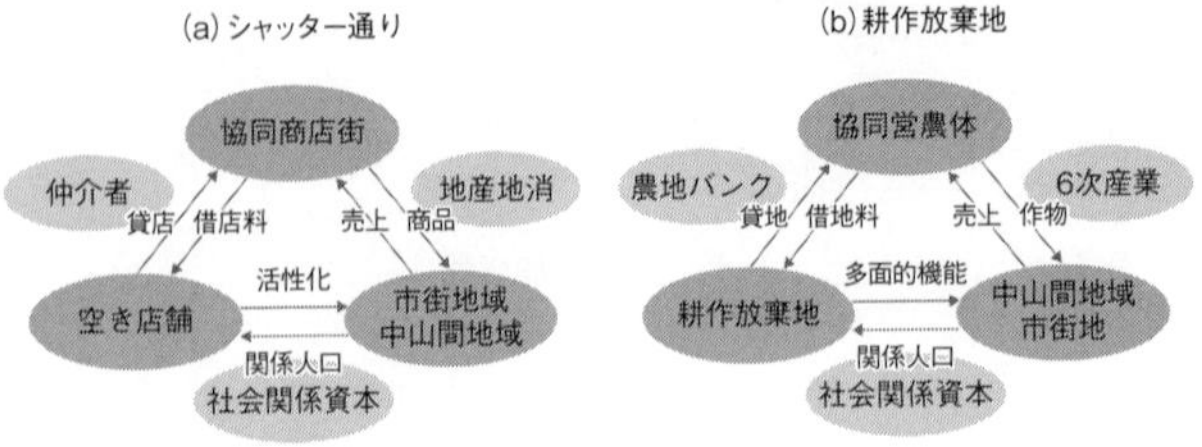

図6　シャッター通りと耕作放棄地に向けた施策

クをつなぐ関係人口という地域の循環的なエコシステムが見えてくる。

ここで、表1に載せた、担い手を増やすための業種向けベーシックインカムの導入について補足しておく。第1節で述べたように、現状の主な空き店舗対策では「新規出店希望者等の誘致」「店舗改修またはリノベーション費用に対する補助金」、「新規出店者に対する家賃補助」であり、「労働力の確保」に向けた新たな担い手に対して間接的な補助が行われているものの、直接的な支援は行われていない。農業に関して、生産額に対する補助金を比較すると、日本が約五〇%、EUが約二〇%であり（坪田［二〇二〇］）、日本の補助金はかなり大きい。しかし、生産額に対する広義の直接支払では日本が一〇%、EUが一六%（佐野［二〇二一］）、農家所得に対する直接支払では日本が二三%、EUが七八%となっている（平澤［二〇一八］ 農林水産省、平成二二年）。日本の補助金は主に価格調整のために使われ、農家への直接的な支援は劣っているのが実状である（竹下［二〇一九］）。現状ではシャッター通りと耕作放棄地において主に間接的な補助が行われているが、新たな担い手の生活の心配を取り除きインセンティブを与えるためには、直接支払すなわち業種向けベーシックインカムの導入が必要ではないだろうか。

関係人口は、シャッター通りや耕作放棄地の再生にとって重要な役割を担っている。関係人口とは社会学的には「特定の地域に継続的に関心を持ち、関わるよそ者」であり、地域再生プロセスは、①地域課題の顕在化、②関係人口の地域再生主体としての形成、③地域住民の地域再生主体としての形成、④地域課題の創発的解決からなるとされる（田中［二〇二一］）。市街地のシャッター通りにとっての郊外や中山間地域の住民と、中山間地の耕作放棄地にとっての市街地や郊外の住民は、互いに関係人口や社会関係資本として地域再生主体に成り得ると考えられる。

本書の第2章では、商店街の再生パターンとして、起点となる「強い個店」から始まり、ターニングポイントとなる「商店街に閉じない、開かれた対話の場」を経て「強い個店」が増殖し、デジタル技術の活用などの新しい取り組みによって商店街活動が発展していくことが述べられている。また、別の文献では、既存の商店街組合から独立した活性化組織の創設、新規創業の「場」の整備による出店の誘導、「強い個店」が新たな店を呼びこむ自律的な発展が挙げられている（辻井［二〇一三］）。これらは、「強い個店」から「開かれた商店街」への関係人口の増殖パターンとして捉えることもできるだろう。

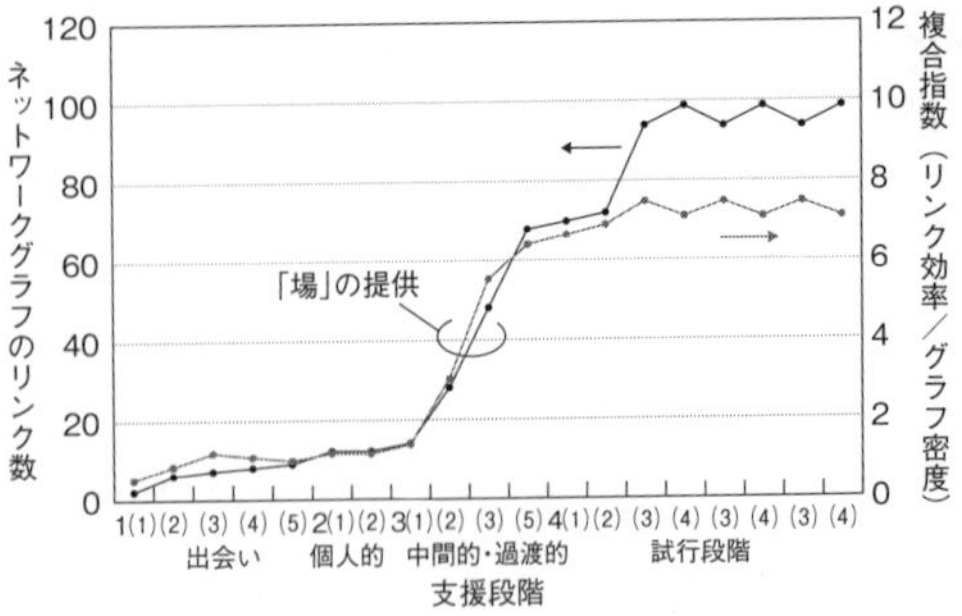

図7　社会関係づくりのネットワーク分析

参考までに、図7は、筆者と広井らが社会的弱者支援のための社会関係づくりに関してネットワーク分析を行った結果である（加藤ほか［二〇二二］）。社会関係づくりとは、社会的弱者に対する関係人口づくりであるとも言える。図7の横軸は、四つの主な支援段階（出会い段階、個人的支援段階、中間的・過渡的段階、社会参加の試行段階）を示し、二つの縦軸の左側は社会関係ネットワークグラフのリンク数、右側はリンク効率をグラフ密度で割った複合指標である。リンク数は人と人の関係の数、リンク効率は関係性の強さ（近接性）、グラフ密度は関係性の濃さ（閉鎖性）、複合指標は関係性の強さと広がりの両立度を表す。

図7を見ると、主に第三の中間的・過渡的段階において社会関係が急に多く、強く、広くなるが、これには社会的弱者に対する「場」の提供が重要であることがわかっている。社会的弱者支援と商店街再生とは対象が異なるものの、「強い個店」と出会い・個人的支援段階、「開かれた対話の場」と中間的・過渡的段階、「商店街活動の発展」と社会参加の試行段階が対応しており、どちらも「場」が

都市	郊外	中山間地
市街地	住宅地	農地
（シャッター通り）	（空き家）	（耕作放棄地）
都市農業	家庭農園	専業・兼業農家
歩けるまち	緑農住	半農半X

コミュニティ連携（相互関係人口）
モビリティ連携（共同配送、貨客混載）
地域圏サプライチェーン（地産地消、圏内循環）

表2　市街地（シャッター通り）―郊外―中山間地（耕作放棄地）の連携

ターニングポイントになっている。したがって、シャッター通りや耕作放棄地の再生にとっても、互いの社会関係をつくり合う「場」を設けることが重要であろう。

「場」に関してはすでにいくつかの文献があり、簡単に紹介しておこう。「場」の機能は、ソーシャルキャピタルとしてのつながり、クオリティオブライフとしての健康、ソーシャルイノベーションとしての地域活動がつながるエコシステムであるとされている（坂倉ほか［二〇二〇］）。また、「場」のデザインには、それぞれの地域が目指したい未来像、それに向けた機会、地域に住む人々の主体性、人々の拠点となり得る場所、助け合える関係をつくる互いの知識と経験、これらの活動を継続させる仕組みが必要であるとされている（荒［二〇二二］）。これらの知見は、シャッター通りや耕作放棄地の再生に向けた関係人口づくりにも活かせるはずである。

さて、あらためてシャッター通りと耕作放棄地の共通課題を俯瞰すると、都市（市街地）と郊外（住宅地）と中山間地（農地）をつなぐ地域課題として捉え直すことができる。市街地では、「土地活用」

と「コミュニティ醸成」の観点から都市住民が空き地を利用して農業を行う「都市農業」に注目が集まっている（本木ほか［二〇一六］、新保［二〇二二］）。表2に示すように、都市農業は市街地から郊外を経て中山間地へ農業のグラデーションとして広がりをもたらし、中山間地から見れば都市農業を切っ掛けとして耕作放棄地の活用を担う関係人口に成り得る。また、それは域内の六次産業化や地産地消のサプライチェーンを通じて、コミュニティやモビリティの連携につながり、空き店舗や耕作放棄地という未利用ストックの活用と持続的な地域経済循環をもたらすだろう。すなわち、シャッター通りと耕作放棄地の課題には、別々の地域として取り組むよりも、市街地と中山間地を結ぶ地域圏として取り組むことが有効であると思われる。

なお、広井によると、コミュニティの形成原理は都市型と農村型に大別される（広井［二〇〇九］）。都市型は個人をベースとする公共意識、文明的で規範的な性格、橋渡し的な社会関係に特徴があり、農村型は共同体としての一体意識、文化的で情緒的な性格、結合的な社会関係に特徴がある。また、広井は、都市型は短期的な時間軸で動く市場経済と、農村型は長期的な時間軸で動く自然環境との結びつきが強いが、両者には相互依存性があり一方だけでは立ち行かないことを述べている。シャッター通りのある都市と耕作放棄地のある農村を結ぶことは、橋渡し的な社会関係と共同体的な社会関係を交わらせ、短期的な市場経済を長期的な時間軸で捉え直し、両者の持続可能な相互依存関係を維持することにつながる。

都市と農村を結ぶ取り組みとしては、イタリアのテリトーリオ戦略が参考になるだろう（木村・陣内編［二〇二二］）。テリトーリオとは「都市と周辺の田園や農村が密接に繋がり、支え合って共通の経済・文化のアイデンティティを持ち、個性を発揮してきたそのまとまり」と定義され、都市的機能（市場経済）と農村的機能（共同体的アイデンティティ）の相互作用によって経済価値を確保しながら社会価値と環境価値を守る社会システムとして捉えられている。そして、その内発的発展モデルとして、①高い地域意識が生むコモンズの精神、②自立したボトムアップの共同行動、③オープンアクセスな社会関係資本、④経済価値と外部経済価値の最適融合化、⑤価値のバランス管理能力の獲得による地域の持続的発展が挙げられている。

テリトーリオ戦略をシャッター通りと耕作放棄地に当てはめれば、商店街にとっては未利用ストックであった耕作放棄地から地域特産の魅力的な商品が供給され、農地にとっては未利用ストックであった空き店舗で土地の特性や伝統に根差した生産品が販売されることになる。そして、両者がオープンな社会関係資本すなわち関係人口でつながって共同体的アイデンティティを育《はぐく》むことで、市街地と中山間地を結ぶ地域圏すなわちテリトーリオの持続的発展につながるのではないだろうか。

市街地（市場経済）と中山間地（共同体）を結ぶ取り組みは、ポランニーの三つの経済類型（互酬性、再分配、交換）に則って広井が示した「公（国家）―共（コミュニティ）―私（市場）」の枠組みと（図8（a）、広井［二〇〇九］同［二〇一五］同［二〇一九］）、ペストフが組織類型として示した三角形「国家（公共機関）―コミュニティ―市場（企業）」（図8（b）、Pestoff［1992］）に当てはめることができる。市街地を私・市場・企業、中山間地を共・コミュニティとすると、公・国家の役割は商店街と農業を再分配によって支援することにある。そして、広井が述べている「公―共―私」の総合化およびローカルレベルからの出発と、ペストフが三角形の中央においたアソシエーションは、市街地と中山間地と行政の総合的な取り組みを指し示していると言える。すなわち、シャッター通りと耕作放棄地は、個別の課題ではなく、行政も含めた三者の地域圏の課題なのである。

広井とペストフの三角形の中央部は、右下の頂点にある市場経済や企業の側から見ると、資本主義経済からの転換を指し示していると言える。人類史の観点から、広井が述べているように現在は資本主義の拡大・成長期からポスト資本主義へ向けた定常期に差し掛かっており（広井［二〇〇九］同［二〇一五］同［二〇一九］）、グレーバーが述べているように現在は資本主義の貨

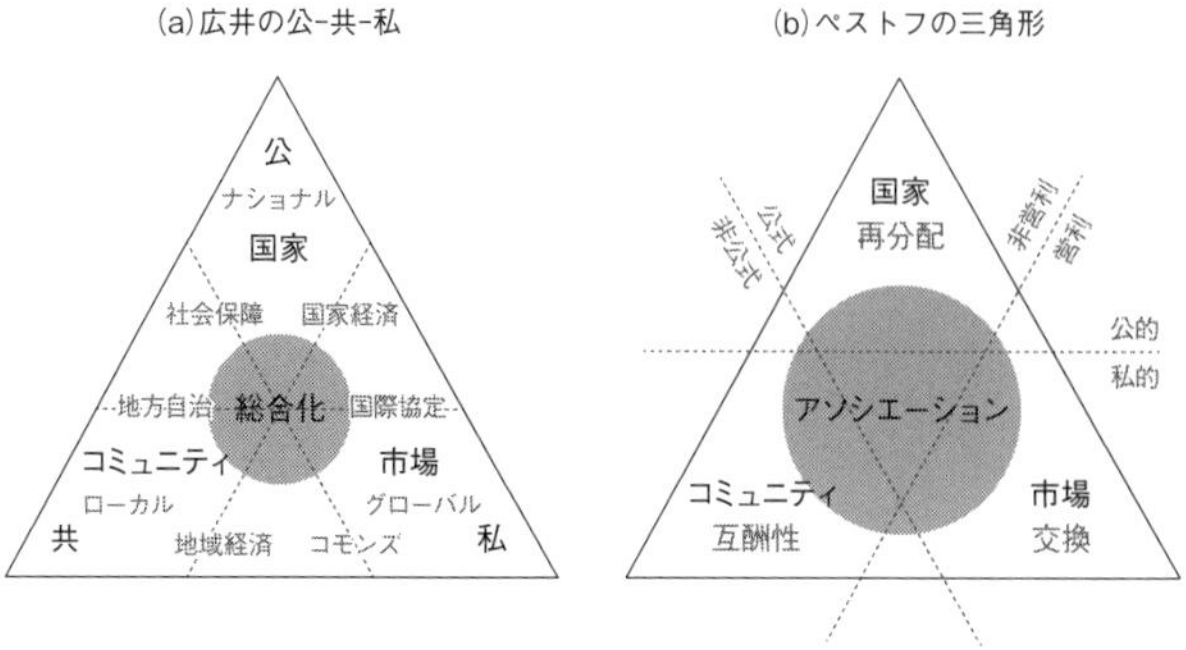

図８　広井とペストフの社会分析の枠組み
文献（広井、2009、Pestoff、1992）をもとに筆者が作成

幣経済からオルタナティブである次の信用経済へ向けた転換期にある（グレーバー［二〇一六］）。すなわち、企業は、従来の資本主義的な私的利益を追求する営利企業から、コミュニティや行政と連帯して地域圏の社会・環境・経済価値のバランスを重んじる社会的企業への転換を迫られていることになる。

グレーバーは、現代の一つ前の信用経済の時代である中世ではイスラーム世界からモラルと金融の革新が生まれたと述べ、長岡はイスラーム経済が資本主義経済のオルタナティブの見本に成り得ると述べている（長岡［二〇二〇a］同［二〇二〇b］）。筆者もまた前節と同様の経済物理学的なアプローチによって、資本主義経済のオルタナティブとして、利子や投機の禁止と合わせて自然や地域に根付いた「実物取引に埋め込まれた経済」への回帰、共同事業や協同組合による「顔の見えるアソシエーション経済」の推進、国家の権力や特定の宗教に代わる「相互扶助のモラルに埋め込まれた経済」の再興が必要であることを示した（Kato, 2022）。

これらのことは、モースが示した互いに助け合う贈与のモラル（モース［二〇一四］）、クロポトキンが示した相互扶助―正義―道徳の組み合わせ（クロポトキン［二〇一二］）、グレーバーが示した等価交換の外にある人間関係に基づく基盤的コミュニズム（グレーバー［二〇一六］）、サルトゥー＝ラジュが示した世代をまたがる第三者への借りの返済（サルトゥー＝ラジュ［二〇一四］）、柄谷が示した個人の自由を担保する相互扶助的な交換様式（柄谷［二〇二〇］）に通じている。すなわち、これらは贈与や相互扶助のモラルを内包しつつ「公（再分配）―共（コミュニティ）―私（市場）」のバランスの取れた人間経済を目指しているのである。

事業の観点から言い換えると、資本主義経済における営利企業のビジネスモデルはBusiness to Business（B to B）やBusiness to Consumer（B to C）が代表的であるが、オルタナティブにおける社会的企業ではBusiness to Society（B to S）からさらにBusiness with/of Society（B with/of S）へ転換するということである。B with/of Sでは、企業が短期的な利益を吸い上げるのではなく、地域アイデンティティを持った実物取引に基づいて、地域住民と顔の見えるコミュニティを形成し、相互扶助のモラルに根差した共同事業を行うことによって、長期的に持続可能な利益を地域の住民や自然環境とともに分かち合うということになる。

あらためてシャッター通りと耕作放棄地へ話を戻すと、両者の根元にある「未利用ストックの活用」「労働力の確保」「収益性の向上」という共通課題に対してB with/of Sという社会的企業として取り組むことは、地域圏において資本主義経済のオルタナティブへ転換していくことと同義なのである。本書の主題である商店街の復権へ向けて様々な取り組みが始まっているが、筆者はそれらが空間的には農地を含めた地域圏へ広がり、時間的には短期的利益を追求する営利企業から「公―共―私」をつなぐ持続可能な社会的企業への変革を促し、今は重荷であるシャッター通りと耕作放棄地が資本主義経済を次のオルタナティブへと牽引していくことを願っている。

【本章のポイント】

①シャッター通りと耕作放棄地には「未利用ストックの活用」「労働力の確保」「収益性の向上」という共通課題がある。
②経済物理学の資産交換モデルに基づくシミュレーションによると、未利用ストックの活用は経済フローの活性化と格差の抑制に効果がある。
③未利用ストックの活用を進めるには、ストックの社会保障の考え方に則って利用権の譲渡や共有・公有化を促進する施策が必要である。
④シャッター通りと耕作放棄地の課題には、市街地と中山間地の両者をむすぶ地域圏全体とし

て協同経営、関係人口、経済循環に取り組むことが有効である。

⑤市街地と中山間地と行政の総合的な取り組みは、資本主義経済から次のオルタナティブへ、すなわち貨幣経済・営利企業から信用経済・社会的企業への変革を促す。

参考文献

荒昌史・HITOKAWA INC.（二〇二二）『ネイバーフッドデザイン――まちを楽しみ、助け合う「暮らしのコミュニティ」のつくりかた』英治出版

板垣啓四郎編著（二〇一三）『我が国における食料自給率向上への提言――PART3耕作放棄地の解消を考える』筑波書房

井上和衛編（二〇一九）『いまこそ、農地をいかしてめざそう地域の活性化――農地利用最適化にむけた「遊休農地対策の優良事例」に学ぶ』全国農業員会ネットワーク機構、一般社団法人全国農業会議所

エリック・A・ポズナー／E・グレン・ワイル（二〇二〇）『ラディカル・マーケット――脱・私有財産の世紀』東洋経済

加藤猛・野々村光子・西村俊昭・山口美知子・広井良典（二〇二一）『ひきこもり支援のネットワーク分析（一社）Team Norishiroを実例として』京都大学学術情報リポジトリ、http://hdl.handle.net/2433/274738

柄谷行人（二〇二〇）『哲学の起源』岩波現代文庫

木下斉（二〇一六年一〇月七日）『「シャッター商店街」は本当に困っているのか』https://toyokeizai.net/articles/-/139294

幻冬舎ゴールドオンライン（二〇二一年二月二六日）『統計から紐解く日本の実情２０２１【第44-2回】——都道府県「貯蓄率」ランキング』https://gentosha-go.com/articles/-/32154

坂倉杏介・醍醐孝典・石井大一朗（二〇二〇）『コミュニティマネジメント——つながりを生み出す場、プロセス、組織』中央経済社

佐野良晃（二〇二一年七月八日）『農業直接支払に関する考察——ＰＳＥを用いた日本・ＥＵ・米国の農業支持の比較を通じて』参議院事務局企画調整室。https://www.sangiin.go.jp/japanese/annai/chousa/rippou_chousa/backnumber/2021pdf/20210708143.pdf

新保奈穂美（二〇二二）『まちを変える都市型農園』学芸出版社

木村純子、陣内秀信編著（二〇二二）『イタリアのテリトーリオ戦略——甦る都市と農村の交流』白桃書房

総務省統計局（令和元年度）『都道府県別地方普通会計歳入歳出決算額』https://www.stat.go.jp/data/nihon/05.html

曽根原久司・西辻一真ほか（二〇一五）『農業再生に挑むコミュニティビジネス——豊かな地域資源を生かすために』ミネルヴァ書房

竹下正哲（二〇一九）『日本を救う未来の農業——イスラエルに学ぶＩＣＴ農法』ちくま新書

田中輝美（二〇二一）『関係人口の社会学——人口減少時代の地域再生』大阪大学出版会

中小企業庁（平成二九年三月）『商店街空き店舗実態調査報告書』https://www.chusho.meti.go.jp/shogyo/shogyo/2017/171115shoutengai.pdf

中小企業庁（令和五年三月）『商業・地域サポート「商業活性化」』https://www.chusho.meti.go.jp/shogyo/shogyo/index.html

辻井啓作（二〇一三）『なぜ繁栄している商店街は１％しかないのか』阪急コミュニケーションズ

坪田邦夫（二〇二〇）「ＰＳＥ指標から見た主要国農業政策の動向」『農業研究　33』日本農業研究所、一四五〜二〇〇頁。http://www.nohken.or.jp/NOGYOKENKUYU/No.33-2020/kobetsuPDF/2020-3_tsubotakunio.pdf
デヴィッド・グレーバー（二〇一六）『負債論――貨幣と暴力の５０００年』酒井隆史監訳／高祖岩三郎・佐々木夏子訳、以文社
土肥健夫（二〇一〇）『地域商店街活性化マニュアル――地域商店街活性化法はこう使う』同友館
内閣府『県民経済計算（平成二三年度〜令和元年度）（2008SNA、平成二七年基準計数）〈四七都道府県、四政令指定都市分〉――県内総生産（生産側、実質：連鎖方式）※支出側も同じ』https://www.esri.cao.go.jp/jp/sna/data/data_list/kenmin/files/contents/main_2019.html
内閣府『県民経済計算（平成二三年度〜令和元年度）（2008SNA、平成二七年基準計数）〈四七都道府県、四政令指定都市分〉――総人口』https://www.esri.cao.go.jp/jp/sna/data/data_list/kenmin/files/contents/main_2019.html
長岡慎介（二〇二〇ａ）『資本主義の未来と現代イスラーム経済（上）――資本主義の危機とイスラーム経済の登場』詩想舎
長岡慎介（二〇二〇ｂ）『資本主義の未来と現代イスラーム経済（下）――金融資本主義からの脱却と「利己利他」の超克』詩想舎
ナタリー・サルトゥー＝ラジュ（二〇一四）『借りの哲学』高野優監訳・小林重裕訳、太田出版
農林水産省（平成二二年六月）『平成二一年度　食料・農業・農村白書』、平成二一年度食料・農業・農村の動向、トピックス戸別所得補償モデル対策の実施。https://warp.ndl.go.jp/info:ndljp/pid/12175499/www.maff.go.jp/j/wpaper/w_maff/h21_h/trend/part1/topics/index.html

農林水産省（令和三年四月）『荒廃農地の現状と対策』https://www.maff.go.jp/j/nousin/tikei/houkiti/attach/pdf/index-20.pdf
農林水産省（令和三年度）『食料・農業・農村白書』https://www.maff.go.jp/j/wpaper/w_maff/r3/pdf/zentaiban.pdf
ピョートル・クロポトキン（二〇一二）『相互扶助再論』大窪一志訳、同時代社
平澤明彦（二〇一八）『平成二九年度海外農業・貿易投資環境調査分析委託事業（ＥＵの農業政策・制度の動向分析及び関連セミナー開催支援）報告書』三菱ＵＦＪリサーチ＆コンサルティング株式会社、一九九～二三七頁、https://www.maff.go.jp/j/kokusai/kokusei/kaigai_nogyo/k_syokuryo/attach/pdf/itaku29-16.pdf
広井良典（二〇〇九）『コミュニティを問い直す——つながり・都市・日本社会の未来』ちくま新書
広井良典（二〇一五）『ポスト資本主義——科学・人間・社会の未来』岩波新書
広井良典（二〇一九）『人口減少社会のデザイン』東洋経済新報社
本川裕『社会実情データ図録——都道府県別の家計貯蓄率（二〇一九年）』http://honkawa2.sakura.ne.jp/7455.html
マーク・Ｊ・エプスタイン／クリスティ・ユーザス（二〇一五）『社会的インパクトとは何か——社会変革のための投資・評価・事業戦略ガイド』鴨崎貴泰・鵜尾雅隆監訳、松本裕訳、英治出版
牧野知弘（二〇一七年二月七日）『都会人にはわからないシャッター通り商店街の「本当の問題」』https://bunshun.jp/articles/-/1239
マルセル・モース（二〇一四）『贈与論』森山工訳、岩波文庫
水口剛（二〇一七）『ＥＳＧ投資——新しい資本主義のかたち』日本経済新聞出版

本木賢太郎・松澤龍人・小野淳（二〇一六）『都市農業必携ガイド――市民農園・新規就農・企業参入で農のある都市《まち》づくり』農山漁村文化協会
吉原祥子（二〇一七）『人口減少時代の土地問題』中公新書
e-Stat『２０１９年全国家計構造調査　全国年間収入・資産分布等に関する結果［分布指標］――全国・都市階級・地方・４大都市圏・都道府県別等価所得のジニ係数』https://www.e-stat.go.jp/dbview?sid=0003440743
Kato T, Hiroi Y (2021) Wealth disparities and economic flow: Assessment using an asset exchange model with the surplus stock of the wealthy. *PLoS ONE*, 16(11): e0259323. https://doi.org/10.1371/journal.pone.0259323
Kato T (2022) Islamic and capitalist economies: Comparison using econophysics models of wealth exchange and redistribution. *PLoS ONE*, 17(9): e0275113. https://doi.org/10.1371/journal.pone.0275113
The World Bank. GDP per capita (current US$). https://data.worldbank.org/indicator/NY.GDP.PCAP.CD
The World Bank. Gini index (World Bank estimate). https://data.worldbank.org/indicator/SI.POV.GINI
The World Bank. Gross savings (% of GDP). https://data.worldbank.org/indicator/NY.GNS.ICTR.ZS
The World Bank. Tax revenue (% of GDP). https://data.worldbank.org/indicator/GC.TAX.TOTL.GD.ZS
Pestoff VA (1992) Third sector and co-operative services — An alternative to privatization. *Journal of Consumer Policy*, 15(1), 21-45. http://doi.org/10.1007/BF01016352

第8章

各地の事例からの示唆と展望

小池哲司

本書ではすでにさまざまな切り口で商店街の現状について論じられているが、多くの商店街や中心市街地から賑わいが減っており、シャッター通り化してきていることは論を俟たないだろう。

全国一二二一〇の商店街を対象として実施された中小企業庁の「令和三年度商店街実態調査」(有効回答率四一・八%〈五一〇五件〉)では、回答した商店街の約半数(四九・九%)が今後空き店舗が増加する見込みであると回答している。

空き店舗の発生に対して、新規出店に向けた情報発信(一二・八%)やコミュニティ施設として活用(一〇・三%)などの対策に取り組む商店街はあるものの、五八・四%の商店街が「(空き店舗の発生に対する取組に)特に関与していない」と回答している。

商店街の景況についても、「繁栄している」が一・三%、「繁栄の兆しがある」が三・〇%にとどまる一方で、「衰退している」が三六・五%、「衰退の恐れがある」が三〇・七%とネガティブに捉えている商店街が多い。

本章ではこのような状況も踏まえ、商店街や中心市街地に新たな視点を加えて活性化を図っている事例を紹介していきたい。各事例がすぐに他の場所で活性化に結びつくわけではないが、それぞれの切り口や視点などから、今後の活性化や〝復権〟につながる要素を探っていければと思う。

1 商店街×「DIYリノベーション」

†辰野町で進められているDIYリノベーションまちづくり

最初に取り上げるテーマは「DIYリノベーション」である。商店街とリノベーションについてはすでに第3章で東京R不動産の事例が示されているが、ここではさらにDIYの要素が加わったテーマとして見ていきたい。

一般的にDIYとは、プロではない〝素人〟がものづくりをしたり、修理をしたりすることを意味する。DIYリノベーションとはリノベーションの一部を素人が手掛けることを意味する。では、DIYリノベーションと商店街にどのような関連があるのだろうか。この点について、DIYリノベーションによるまちづくりが進められている長野県上伊那《かみいな》郡辰野町《たつのまち》の事例を紹介しながら考えていく。

辰野町は長野県の中央付近、伊那谷の北に位置する人口約一七〇〇〇人の自治体である。中山道塩尻宿と東海道岡崎宿を結ぶ伊那街道沿いのまちであり、明治時代には伊那電車軌道が開通するなど交通の要衝として栄えてきた。

その辰野町では空き家や空き店舗を当事者や周辺住民が参加してDIY形式でリノベーションをすることを支援し、それによって移住や新規開業を推進している。具体的な取組として、辰野町が事務局となっている「辰野町移住定住促進協議会」では二〇一六年度から「DIY改修サポート事業」を実施している。この事業は辰野町の空き家バンクの紹介が成立した物件のうち年一件を対象として、その物件をDIYで改修していくために断続的に数日間実施するイベントで、物件の持ち主だけではなく近隣住民の方や町内外のDIYに興味を持っている人などが集まって物件の残置物運び出しや床や壁の貼替え、ペンキ塗りなどを行うというものである（写真1参照）。

リノベーションを専門業者に全て依頼するのではなく自分たちでできることはDIYで実施することで、新規開業する人にとっては初期費用を安価に抑えることが可能になるという費用的なメリットがある。

しかし、DIY改修サポート事業の仕掛け人である辰野町産業振興課の野澤隆生さんによるとDIY改修のメリットはそれだけではないという。

「外から人が来て住んだり事業を実施したりするとなると、地域住民の方は「どんな人が来るのか、何をするのか」と不安に思うこともあります。DIYイベントはSNSだけではなく回覧板などで町内に告知して地域の方々にもイベントに参加してもらい、新しく来る人が何をするのかを知ってもらう機会にもなります。また新規開業する人は、開業前からイベントを通じて地域の方にアピールをしたりファンを増やしたりすることができることもメリットです。DIYイベントを通じて、移住者や企業者が地域にソフトランディングすることを重視しています」と野澤さんは語る。

写真1　DIY改修サポート事業実施の様子（Yo Oki提供）

古い店舗や家をリノベーションして新規開業するというアクションはその地域の周辺を刺激し、活性化するものであるが、辰野町ではそこに誰でも参加可能なDIYのイベント形式というスタイルを取り入れることで、よりその取組が地域に知られ、地域のファンを増やすことに繋げている。

○と編集社が取り組む「トビチ商店街」

辰野町ではＤＩＹによるリノベーションを軸にまちづくりを進めているが、ＤＩＹから派生した商店街に関する取組がある。それが一般社団法人○《まる》と編集社によるリブランディング事業「トビチ商店街」である。

トビチ商店街を掲げている○と編集社は企画や建築、デザインなどを通じて「地域の再編集」に取り組む法人で、その事業は空家や空き店舗の活用や移住定住促進、自転車による観光や宿泊、シェアオフィスなど多岐に渡っている。○と編集社を立ち上げた代表理事の赤羽孝太さんは辰野町出身で、東京で建築設計の仕事をしていたが辰野町移住定住促進協議会が立ち上がる際に協議会に参画し、野澤さんらと辰野町の空家対策や移住定住に取り組んできた方である。

赤羽さんは○と編集社の事務所を商店街に構え、商店街の店舗のＤＩＹやリノベーションなどを手掛けるなかで、暮らしや仕事をする場所である商店街を楽しく、豊かにしていきたいと考えるようになり、「トビチ商店街」という考え方にたどり着いたという。

赤羽さんは商店街について「歩いて巡ることが楽しい場所であり、シャッターが全て開いて

写真２　トビチ market の様子（トビチ商店街提供）

いることは決して必須ではない」と語る。そしてトビチ商店街について、「本当に自分たちの暮らしを良くしてくれるような店舗が点々とあって、それらを歩いて巡るのが楽しいのが大事。開いているお店は『飛び飛びで良い』というのが『トビチ商店街』という考え方」と説明する。

○と編集社によるトビチ商店街のウェブサイトには「商店街をショッピングストリートとしてではなく、場所を拡張しながらそのまちのコミュニティ空間として再定義していきます」と解説されている。トビチ商店街とは具体的な場所や取組というよりも、○と編集社が掲げる理想の商店街やコミュニティ、ストリートのあり方であり、○と編集社が進める不動産仲介やDIYリノベ、空き家バンクなどのそれぞれの事業がトビチ商店街実現につながっていると捉えられるだろう。

トビチ商店街とは理念的なものであるが、その理念を多くの人に伝えるために興味深いイベントが過去に実施されている。それが二〇一九年一二月に実施された「トビチｍａｒｋｅｔ」で、十年後にこういう店が集まっていると良いよねという店を町内外問わず声をかけて招き、空き店舗や空き地などを使って一日限定マーケットを開催したというものである（写真2参照）。

トビチｍａｒｋｅｔはイベントではあるが、あくまで一〇年後の〝日常〟を体験するというコンセプトであり、ビジョンやコンセプトを商店街や住民と共有することに主眼をおいている点が特徴的である。全国で多くの商店街が「活性化」などといったやや漠とした目的で同様のイベントを実施しているかと思うが、トビチｍａｒｋｅｔはトビチ商店街という商店街の目指す姿を定義し、「それが実現していくとこうなる」という将来の姿を見せるものになっている。将来の姿を多くの人と共有し、商店街が目指す姿に共感してもらえれば、今度はその人たちが目指す姿に向けた動きに関わったり、サポーターとなったりしていく。イベント自体が商店街の将来像を共有し、共感してもらうための壮大な仕掛けとも言えるだろう。今後、商店街の〝復権〟に向けては、トビチ商店街のように理想を掲げ、そしてトビチｍａｒｋｅｔのように理想を共有するといった取組も重要になってくるだろう。

2 商店街×「宿泊・観光」

†観光資源としての商店街

改めて論じるまでもないが商店街とは普段の買い物の場であり、近隣住民にとって商店街は日常の風景の一部でありふれたものである（あるいはありふれたものだった）といえるだろう。しかし商店街や小規模店舗が衰退していくなかで、その日常の風景がむしろ普段出会えない貴重なものとして観光資源となってきている。顕著な例が大分県豊後高田市の「昭和の町」としてのブランディングである。豊後高田市では中心市街地の活性化に向けて「昭和」をテーマに商店街をブランディングし、昭和の風情が残る建物や看板を活かしたレトロな景観づくり、まちづくりを進めている。まちなかを周遊するボンネットバスや街歩き用の昭和レトロなレンタル衣装なども用意され、商店街を歩くことそのものが観光資源となっており、年間観光客数は四〇万人以上（令和元年）という屈指の観光スポットとなっている。

豊後高田市の事例は、商店街を昭和レトロ化して日常では味わえない体験を提供する観光地、いわば昭和のテーマパークのような存在に再構築したものといえる。しかし近年、商店街をリブランディングなどせず、いつもの商店街をそのまま観光資源化している事例も現れてきている。つまり、普段の商店街という存在そのものがある種の希少性を持ち、大型ショッピングモールにはない手作り品や特産品を購入したり、商店主や地元の買い物客とのコミュニケーションを楽しんだりと、外国人観光客や近隣に商店街がない人にとって非日常的な体験が楽しめる場となっているということである。

†商店街に泊まるホテル「SEKAI HOTEL Fuse」

こうした商店街の日常を観光資源として着目し、かつ商店街を宿泊の場としている先進事例として大阪府東大阪市の「SEKAI HOTEL Fuse」を取り上げたい。

SEKAI HOTEL Fuseは東大阪市の布施駅近辺に広がっている商店街のなかにある宿泊施設である。商店街にはSEKAI HOTEL Fuseの建物が七棟あり、いずれも元々は店舗や居住スペースとして利用されていた建物をリノベーションして宿泊施設として整備したものである。そのため、宿泊する七棟は一ヵ所にひとまとまりになっているわけではなく、商店街のなかに分散して立地している。SEKAI HOTELが掲げているのは「まちごとホテル」、商店街全体がホテルであるという考え方である。

どういうことかというと、宿泊客はSEKAI HOTEL Fuseにチェックインした後に商店街を散歩するだけではなく、例えば入浴は銭湯に行く、夕食は居酒屋などに行く、朝食は喫茶店に行く、といった形で商店街の店舗を巡ることが宿泊となっている。地域の住民の方々の暮らし、日常をそのまま体験するということが大事なポイントとなっている。コンセプトは「旅先の日常に飛び込もう」、布施のまちに暮らす方々の日常は来街者にとっては非日常であり、布施の日常を体験することが特別な体験、観光になるのだという。

このような、地域の他の施設をホテルの一部として捉える考え方は「アルベルゴ・ディフーゾ（Albergo Diffuso）」と呼ばれている。イタリア語でAlbergoとはホテルや宿泊施設を指し、Diffusoは英語でいうdiffusedすなわち「分散した・拡散した」という意味である。アルベルゴ・ディフーゾ・インターナショナル極東支部（ADIeo）のウェブサイトには「地域に散らばっている空き家を活用し、建物単体ではなく地域一帯を点在型ホテルとするイタリア発祥の取り組みのことです。まち全体をホテルと見立て、レセプション、宿舎、レストラン等の構成要素がまち中に広がっています。地域に暮らすような滞在スタイルであり、地域の「水平的発展」を実現する観光地域づくりのモデルとして注目されています」と説明されている。

一般的なホテルは、ひとつの建物に宿泊する場所や食事をする場所、場合によっては入浴やリラクゼーション、レクリエーションやアクティビティなど様々な要素を包含した施設であるが、アルベルゴ・ディフーゾの考え方はそれらの要素を一つの施設に包含するのではなく、さまざまな施設と水平的にネットワーク化させることで地域全体を宿泊施設として捉えるものである。SEKAI HOTEL Fuseは商店街全体を宿泊施設として捉えた事業であると言えよう。

SEKAI HOTEL Fuseを通した商店街での観光

筆者も実際にSEKAI HOTEL Fuseに宿泊をしてみた。まずはSEKAI HOTEL Fuseの1棟目である洋品店をリノベーションした建物でチェックインをするが、その際に「まちごとホテル」などSEKAI HOTEL Fuseについてスタッフの方が解説してくださるとともに、宿泊客のニーズを聞き出してオリジナルマップをもとにおすすめの店舗を紹介してもらえる。つまり、画一的に「このお店に行くと良い」という紹介ではなく、宿泊客がそれぞれどのような雰囲気を求めているか、何を食べたいのかなどの要望に合わせてマッチするお店を紹介してくれるというわけである。さらにチェックインの際にマップとともに渡されるのが、パスポートサイズの「SEKAI PASS」というアイテムである。一部のパートナーショップではSEKAI PASSを見せることで追加サービスを受けられるため、宿泊客はこのSEKAI PASSを首からぶら下げて商店街を周遊するように促される。

布施の商店街のお店の方々や各店舗の常連さんたちはSEKAI HOTEL FuseやSEKAI PASSについて認識しており、「SEKAI PASSをぶら下げている人＝SEKAI HOTEL Fuse

写真3　SEKAI PASSとオリジナルマップ（筆者撮影）

に宿泊して商店街を楽しみに来た人」とわかるため、「どこから来たの?」、「あっちのお店には行った?」、「これは食べた?」などコミュニケーションが生まれるという。SEKAI PASSをぶら下げることが布施の日常に入り込んでいく、布施の人たちとコミュニケーションを取るキーとなっているわけである。ちなみに銭湯ではさすがにSEKAI PASSを首から下げることはできないが、その代わりにSEKAI HOTEL Fuseオリジナルの木の風呂桶を部屋から持っていくことができる。銭湯の常連さんはその風呂桶を持っている人が宿泊者だと認識しており、カランやサウナの使い方を教えてくれるという。

実際に筆者も、銭湯では常連の方にサウナの入り方や気をつけるポイントについて教えてもらい、居酒屋でも常連の方に食べるべきメニューをいろいろと教えていただいた。SEKAI HOTEL Fuseの「旅先の日常に飛び込もう」というコンセプトやSEKAI PASSなどが機能している背景には、お店の方々や常連の方々の人情味や親切心があると感じる（さらに言えば、関西特有のいい意味での〝おせっかい〟や〝ノリの良さ〟も重要なファクターなのかもしれない）。

† SEKAI HOTEL Fuse の生まれた背景と状況

商店街の各店舗を宿泊施設のシステムの一部として捉えるこのSEKAI HOTEL Fuseはどのようにして生まれたのか。SEKAI HOTELの事業責任者である小林昂太さんによると、SEKAI HOTELの親会社は大阪市にある「クジラ株式会社」という不動産や建築設計関連の会社で、不動産やリノベーションなどに関する事業を行う中で、「価値が低く見られている土地や物件が多い」という社会的な課題を感じ、空家や空き店舗を活用して何かできないか考えるようになったという。そこで思いついたのが「旅先で観光地のような楽しさだけではない、地元の人が知るお店で地元の人と一緒にその生活を楽しむというのがおもしろいのではないか」というアイディアであり、このアイディアと社会的課題を組み合わせて「まちごとホテル」という企画が生まれた。

加えてまちごとホテルのアイディアの背景には様々な情報を集約したウェブページであるキュレーションサイトがあるという。つまり、まちに点在化している商店街の機能をSEKAI HOTELが集約し、来訪者のニーズに合わせてそれらを提供する役割を持たせようとしたわけである。

このような「まちごとホテル」のコンセプトには商店街の各店舗の協力が欠かせないが、協力する店をどのように見つけ、増やしていったかというと「最初に商店街の連合会長にはあいさつをし、その後はそれぞれのお店を一軒ずつ訪問して趣旨を説明して協力をお願いしていった」（SEKAI HOTEL 小林さん）のだという。「布施はもともと商店街があって、外から訪れる人に対してオープンな雰囲気があるまち。協力をお願いしに行くと『地域を盛り上げようとしてくれてるならとりあえず付き合ったるわ』といった感じで前向きに協力をしてくれるお店が多かった」（同上）とのことであり、SEKAI HOTEL Fuseで渡された地図にも、居酒屋や寿司屋などの飲食店をはじめ蒲鉾屋や肉屋、パン屋やたこ焼き屋など多数かつ多様なお店が掲載されている。また、SEKAI HOTELに協力する店舗グループを作ったり確固とした連携体制を構築したりということはなく、SEKAI HOTELと各店舗が個別にできる範囲で協力関係を築きながらSEKAI HOTEL Fuseというある種の概念を作り上げていると言えよう。

ではSEKAI HOTELの利用客はどのような人たちなのか。小林さんによるともともとはインバウンド需要、つまり外国人観光客が日本特有のローカルかつディープな雰囲気を味わうコンテンツになるのではないかと考えていたという。しかし蓋を開けてみると実際には日本人の宿泊客が多く訪れ、SEKAI HOTELと布施の商店街を楽しんでいる。「旅行とは新しいものや未知なものを見たり体験したりするものだが、商店街を歩いてお店の人や地域の人と話をするというコンテンツが多くの日本人にとって新しく未知なものになっているのではないか」という小林さんの話は、本節冒頭の「商店街という存在そのものの希少性」にも通じるものであろう。

小林さんからはさらに興味深い話を教えていただいた。「あるカップルが大阪旅行を計画する際に、ユニバーサル・スタジオ・ジャパン（USJ）とSEKAI HOTEL Fuseのどちらかにしようと検討して、USJではなくSEKAI HOTEL Fuseを選んでいただいた」というエピソードである。若いカップルが旅行先としてUSJではなくSEKAI HOTEL Fuseを選ぶというのは驚きだが、実際、SEKAI HOTEL Fuseの宿泊客の世代の多くが二〇〜三〇代の比較的若い世代なのだという。第1章でも近年の若い世代の「ローカル志向」の強まりが指摘されているが、このエピソードはまさに若者世代のローカル志向、言い換えれば地域や商店街などのコミュニティへの興味関心の強さを示しているとも言えるのではないか。

商店街の衰退や減少が進むなかで、商店街に慣れ親しんでいない若い世代がこれからますます増えていくのは疑うべくもない。彼らにとって商店街という存在は珍しいものであり、もしかしたらフィクションの世界でしか知らないという人もいるかもしれない。しかし、だからこそ「商店街を目的に旅行をする」という新たなムーブメントが今後さらに盛んになることも十分にありえるだろう。

3　商店街×「農業」

†一関大町商店街と新鮮館おおまち

すでに第1章などで述べられている内容だが、後継者や担い手不足といった人的資源に関する点、空き店舗や耕作放棄地といった不動産やストックに関する点など、商店街や中心市街地に関する問題と農業が抱える問題には近似する点が多くある。

では、農業という食料生産の場と、商店街という食料販売の場が連携することで、双方の活性化を図るあるいは新たな流れを生み出すことはできないだろうか。本節では地域農業との連携で商店街の活性化を図っている事例を見ながら、商店街と農業の連携の可能性について考えていく。

ここで取り上げるのは岩手県一関《いちのせき》市の事例である。岩手県一関市は岩手県南部に位置し、宮城県と秋田県に接している自治体で、中心部を南北に東北新幹線が走り、新幹線や在来線が停まる一ノ関駅が立地している。その一ノ関駅西口から徒歩五分程度のところに、東北新幹線と並行するように伸びる約五〇〇mの商店街「一関大町商店街」がある。本節で取り上げるのは一関大町商店街の店舗のひとつである「街なか産直　新鮮館おおまち」（以下、「新鮮館おおまち」）についてである。

新鮮館おおまちについて紹介する前に、まず一関大町商店街のあらましについて簡単に説明したい。かつて、一関大町商店街は近隣住民の消費行動の中心地であった。その原動力となっていたのは、地元資本とニチイ（後のマイカル、現イオンリテール）の連携による商業施設「一関ショッピングデパート千葉久」とスーパーマーケット「ダイエー一関店」であり、この二店舗が一関大町商店街に約三百m程度離れて立地していた。そのため、この二つの店舗を利用する消費者が、店舗間を移動する際に商店街にも回遊して商店街の店舗を利用するという構造になっていた（矢作［一九九七］）。

しかし、一九九七年に千葉久が閉店し、後継店となる「一関サティ」（現イオン一関店）が駅から約三㎞、車で一〇分程度の場所にオープンする。二〇〇二年にはダイエー一関店が閉店し、消費者が商店街の店舗を利用する要因となっていた二つの商業施設が一関大町商店街からなくなってしまう。その結果、商店街まで車で来ていた消費者が郊外のショッピングモールに流れるようになり、商店街の客数は減少するとともに空き店舗が増加していった。

一関の中心街でもある一関大町商店街の衰退に対して、一関市や一関商工会議所、商店街や地域企業が対応策を検討し、二〇〇五年に新鮮館おおまちの運営会社である「一関まちづくり株式会社」が設立された。この一関まちづくり株式会社は地元企業の社長や商店街関係者などが株主となっており、これまで会計事務所や服屋、花屋など商店街の関係者が社長として経営を行ってきている。

一関まちづくり株式会社が商店街や中心市街地活性化のために選んだ事業が産直施設だった。当時、産直施設や道の駅がブームのような状況となっており、一関市内でも一ノ関駅の西約八kmに道の駅「厳美渓《げんびけい》」、東約一五kmに道の駅「かわさき」がオープンしていた。また、実施する事業が商店街の他店舗と競合しないことが求められていたが、商店街に八百屋はなかったため、そのような観点でも産直施設は適していた（一般的な産直施設では魚介類の販売をしていることも多いが、商店街には他に魚屋があるため新鮮館おおまちでは魚介類の販売はしていない）。

一関まちづくり株式会社が新鮮館おおまちをオープンさせた建物は、もともとダイエー一関店が入っていた建物である。ダイエー一関店撤退後、一関市が建物を買い取っており、現在は市街地活性化センター「なのはなプラザ」として整備されている。新鮮館おおまちは「なのはなプラザ」の一階で営業をしている。

†新鮮館おおまちの取り組み内容

「街なか産直　新鮮館おおまち」の特徴的なポイントとして、その名前に冠している通り「街なか」、中心市街地に立地した産直施設であるという点がまず挙げられる。一般的な産直施設の多くは生産地に近接した場所に立地していることが多いが、新鮮館おおまちは上述の通りかつてダイエー一関店だった建物で営業をしている。

　商店街に立地し、商店街活性化も目指す産直施設である新鮮館おおまちは、その特徴を踏まえた取組を行っている。たとえば商店街の飲食店への食材の卸、つまり飲食店から新鮮館おおまちへの野菜の仕入れのオーダーを受け付け、各種野菜等を中一日で届けるというサービスである。中一日、つまり翌々日に届けるというのはやや時間がかかる印象を受けるが、店長の梁川真一さんによると、各飲食店で新鮮な採れたて野菜を活用してもらいたいという理由から注文が入るとその野菜の収穫を連携している農家に依頼して、依頼を受けた分だけ収穫して納品しているのだという。

写真4　「街なか産直 新鮮館おおまち」外観（筆者撮影）

　これは農家の販路不足や袋詰等の手間（飲食店に卸す野菜はきれいに袋詰などをする必要がない）などの農家側の課題と、新鮮な地場野菜を手間をかけずに安価に仕入れたいという商店街飲食店の課題を同時に解決することを試みるものとなっている。

この取組も含め、新鮮館おおまちの事業は近隣農家との密接なコミュニケーションの上に成り立っている。その背景には、新鮮館おおまちの梁川店長が毎日近隣の農家を訪問し、作業や作物の状況や困りごとなどを把握しているということが重要な要素となっている。「農家さんとコミュニケーションを重ね、把握した情報をもとに新鮮館おおまちで販売する野菜のプランニングをして各農家さんへ出荷のタイミングの調整などをしてもらっています。普通の産直施設は農家さんが売るものを自由に持ち込むスタイルですが、産直施設のポテンシャルを最大限発揮するためには産直施設側から出荷のオーダーや調整をすることが重要です」と梁川さんは語る。

上述の食材卸は商店街と農業者が近接しており、その両者をつなぎ多くの農業者とネットワークを持っている産直施設がなければ実施は難しい。単に野菜を仕入れて納品するだけならスーパーマーケットや八百屋でも実施可能だが、地場の野菜を、オーダーを受けてから収穫して納品となると、新鮮館おおまちのような各農家の作物等の状況を把握している存在にしか実施できない取組と言えるだろう。

商店街と農業について、梁川さんはさらに展望を語ってくれた。「できれば農家さんが新鮮館おおまちに納品に来た際に、そのまま商店街の飲食店でご自身が納品した野菜を使った料理を食べる……というような流れを作りたいと思っています。新鮮館おおまちが中心となって、商店街での農産物とお金の流れを生み出していくのが理想です」。

消費者に近い存在である商店街と、ほぼ全ての消費者が購入する青果物の生産を行う農業者が何らかの形で繋がることは双方にメリットを生じさせることができるはずである。新鮮館おおまちのように商店街と農業が近接しているような事例もあれば、都市部の商店街と地方の農業者をつなぐマルシェイベントなどもそれに該当するだろう。それぞれの商店街の特徴を生かした「商店街と農業の連携」が増えていき、それぞれに良い影響を与えていくことに期待したい。

4　商店街×「事業承継」

†商店街の衰退と〝事業承継〟

商店街の衰退、シャッター通り化にはいくつもの要因があるが、そのなかでも大きな要因として「事業を継ぐ後継者がいない」という点が挙げられる。経営者が高齢となって引退したくても事業を継ぐ人がいないため、黒字だったとしても廃業・閉店するという事例が全国各地で起きている。

もし閉店を考えている店舗の事業を別の人に引き継ぐ「事業承継」ができれば、譲る側は閉店時にかかる諸経費を抑えたり、店舗や事務所の物件を所有している場合は譲った相手側から賃料収入を得たりすることも可能になる。また譲り受ける側は、設備や販路（固定客など）が最初からある状態で事業を開始することができる。周辺住民にとっても、いつも使う店舗がなくならないですみ、商店街での事業承継や事業承継マッチングはさまざまなメリットがあるといえる。

一般的な事業承継マッチングというと、例えば日本政策金融公庫でも「事業承継マッチング支援」として譲渡希望企業の情報を掲載しているが、企業名や経営者名などは伏せられ、業歴や従業員数、売上高、経常利益、純資産などの数字情報や簡易な事業内容が記載されているのみである。この承継する企業の詳細が伏せられた情報は「ノンネームシート」と呼ばれ、M&Aや事業承継などで一般化しているものである。

商店街における事業承継を考えるうえで示唆に富む事例として、ここでは株式会社ライトライトが運営するオープンな事業承継プラットフォーム「relay」と「relay the local」について触れたい。

†事業承継プラットフォーム「relay」

ここで取り上げるrelayは「事業承継をオープンに。」をテーマに掲げた事業承継マッチングプラットフォームである。relayのサイトを見ると、さまざまな業種の後継者募集情報が掲載されているが、特徴的なのが募集ページに記載されている情報の内容である。

relayの後継者募集情報のページを開くと、譲渡することを希望する企業について、創業から現在までのあらまし、現経営者の人柄や事業承継に向けた思い、事業を譲り受ける側にとってのメリット、立地している自治体の概況や住みやすさなどがつまびらかに記載されており、ノンネームシートでは見えてこない、その企業の詳しい情報やバックグラウンドがよくわかるものとなっている。

relayを運営する株式会社ライトライトの代表取締役である齋藤隆太さんは、ノンネームシートへの違和感がrelayを立ち上げた理由の一つだと語ってくれた。

「地域に根づいた事業者が『後継者がいなくて事業を畳むことになった』というニュースは目にするが、『事業を承継したいので後継者を募集する』というニュースはあまり見ないことに違和感を感じ、その理由を調べたら各企業の具体的な情報を見せないノンネームシートという業界の習慣にぶつかった」

地域の事業者の事業を継承していくことは都市部の人材の還流、ひいては東京一極集中の是正にもつながっていく重要なものである。一方で、一般的なノンネームシートでは地方の事業者の魅力や価値を広く伝えることができない。そのような背景を踏まえて立ち上げたrelayでは、後継者募集情報を掲載するために取材やインタビューを行い、上述したような詳しい情報を掲載している。

事業を譲り受けたい人は、単なる経営情報だけではなくその事業者がどのような取組をしてきたか、地域にどのように根付いているかなどその事業者にまつわるストーリーを知ったうえで、そこに共感した人が手を挙げることになる。

一方で齋藤さんはこのように語る。

「立ち上げたばかりのスタートアップ企業が、事業を譲りたい人を掘り起こしていくことはなかなか難しい。地域の方に信頼されている行政などが事業を譲りたい人と我々の間に入ってもらえれば掲載できる件数が増えていくのではと考えました」

†行政等と連携する「relay the local」

そこで始まったのが「relay the local」の取組である。relayと各地の自治体などが連携し、自治体などが事業譲渡希望者の掘り起こしを行い、それらの案件をrelayが取材して掲載する

写真5　「relay the local 高原町」ウェブサイト

というものである。自治体が関与することで譲渡希望者もある程度信頼感や安心感を持ってrelayの掲載に臨むことができる。

　このrelay the localの第一号が宮崎県にある高原町と連携した「relay the local高原町」である。この取組を推進した高原町役場産業創生課の中武利仁さんはrelay the local高原町に取り組んだきっかけを次のように語る。「身近な話だが、自分がよく行く精肉店が閉店した際、客である地域の方々から寂しくなる、買い物に困るというような話を聞き、そういった店舗は地域のインフラ的な存在でなくしてはいけないものだと感じた。さらにその精肉店の冷蔵ケースやスライサーなどがえびの市で新たに開業した精肉店に引き取られたことを知り、『高原町のなかで承継していくことはできなかったのか』と後悔を感じていた」。

　そんなときにrelayを知り、齋藤さんとrelay the localの実施に向けて動き出したのだという。「relayはすばらしいサービスだが、高齢となった事業を継がせたい人とインターネットサービスとの親和性が低いという弱点がある。行政など地域に根づいた組織が、事業を継がせたい人を掘り起こして relay につないでいくことで、町内の事業承継の推進、ひいては事業承継をきっかけとした移住者の増加などにもつながる」（中武さん）とのことで、実際に高原町内では町役場と二〇二二年三月に設立された高原町の地域商社「奥霧島地域商社ツナガルたかはる株式会社」が連携して各地区の区長会や広報誌、イベントなどで普及啓発をしながら案件の掘り起こしを行い、relay への掲載を進めてきた。

relay the local 高原町では、二〇二〇年一〇月の立ち上げから二〇二三年六月までの三年半で、延べ六件の案件を掲載し、そのうち三件でマッチングが成立し、事業が承継された。三件のなかのひとつが高原町の中心部で営業していた「光来軒」という中華料理屋を引き継ぎ、「ムラタ拉麺」としてオープンしたという事例である。

ムラタ拉麺オーナーの村田健さんは relay the local 高原町を通じた事業承継について「行政として事業承継の支援に取り組んでいるので、開業する際にも『高原町役場の産業創生課が関わっている話だ』と認識され、新規で事業を立ち上げるよりも信頼してもらえたと思う。開店の際にはオープニングセレモニーを開いて町長もゲストとして来てくださり、テレビなど報道でも取り上げていただいた」と話す。

高原町は relay the local 高原町で事業承継する人に対してさまざまな支援を実施しているが、特筆すべき点として町内で事業を承継すること自体を〝地域おこし〟の一環として位置づけ、事業承継希望者に地域おこし協力隊を委嘱していることが挙げられる。村田さんも地域おこし協力隊として高原町にUターンし、事業承継のさまざまな準備を進めていったという（開業後は取組のテーマを情報発信に切り替えて地域おこし協力隊を継続中）。

これまでに三件がマッチングしているrelay the local高原町だが、それによって町内の雰囲気も変わってきていると中武さんは語る。「relay the local高原町の第一号のカフェが二〇二一年にできてから町内の飲食店新規開業が続いており、この二年くらいの間に八軒もオープンした。relay the local高原町で事業を受け継ぎながら若い人もターゲットにしたカフェやラーメン屋ができたことが町内の雰囲気を変えており、それが新しい店のオープンにも繫がっていると思う」。

本節冒頭でも述べた通り、商店街のシャッター通り化の背景のひとつには事業承継が進んでいないという点がある。事業承継は事業を譲る立場と譲り受ける立場、あるいはrelayのようにその仲立ちをする立場の人たちによるものであるが、高原町の事例は行政の立場でもその後押しをすることは十分可能であることを示している。その取組は単に事業承継だけにとどまらず、周囲の新規創業ひいては移住定住促進という行政施策にもつながるものであり、行政としてもそれら副次的効果まで見据えた事業承継サポートを実施していくことが望ましいだろう。

5　商店街×「起業創業支援」

†小さな起業と商店街

最後に「新たにビジネスを起こすフィールド」、すなわち起業する場としての商店街を考えていきたい。起業と言ってもここで特に注目したいのは、「小さな起業」、「スモールビジネス」と呼ばれるような規模の小さな事業を立ち上げるような起業である。

新規開業や起業について、日本政策金融公庫総合研究所が実態調査を行っているが、その結果を見ると小さな起業の増加が見て取れる。開業にあたっての費用を二五〇万円未満と少額で実施した割合は、二〇〇〇年の五・三％から二〇二二年には二一・七％にまで増加しており、五〇〇万円未満まで含めると実に四三・一％（二〇〇〇年二四・四％）を占めている。約二〇年の間に規模の小さい起業が増えてきていることがわかる。

資金やリスクを小さく抑えた小さな起業は、一般的に「起業」と聞いて想起されるような情報系などの業種だけではなく、飲食店や小売、サービス業など地域に根ざしたビジネスも含まれる可能性が十分にある。

加えて、二〇二二年から制度が開始された労働者協同組合による事業立ち上げも地域に根ざした小さな起業に影響を与えると考えられる。労働者協同組合はすでに第1章でも触れられているが、地域のさまざまな課題やニーズ、担い手不足を充足できる新たな働き方、形態として制度化されたもので、労働者協同組合法にもその目的として「地域における多様な需要に応じた事業が行われることを促進し、もって持続可能で活力ある地域社会の実現に資すること」という内容が掲げられている。

労働者協同組合の詳細な制度内容についてはここでは割愛するが、「地域の多様な需要に応じた事業」という点は商店街の存在意義ともつながるものと言えよう。

地域で新たな事業を立ち上げるとき、そのフィールドとして「商店街」を選ぶことは、事業者にとってはすでに地元に根付いて一定の人流がある場所で開業でき、商店街にとっても新たな店舗あるいは会員が増えることは商店街活性化の一助になり、事業者と商店街の双方にメリットがあろう。

†無印良品の〝一坪開業〟

そのような観点で考えたいのが、商店街をフィールドとして「小さな起業」をどのように支援できるかという点である。この点について関連する事例をいくつか取り上げて見ていきたい。

まず取り上げたいのは、株式会社良品計画が実施している「一坪開業」である。こちらもすでに第1章でも一部取り上げられているが、良品計画では二〇二三年春に前橋市や岡山市の商店街で相次いで出店を行い、「商店街活性化プロジェクト」を開始した。そのなかでも一坪開業という取組は、小さな起業への支援に極めて重要な要素であると考えられる。

以下、良品計画が二〇二三年四月二五日に公表したニュースリリースから一坪開業に関する記載を引用する。

地域におけるスタートアップの出店者を支援する取り組みとして、「無印良品 前橋中央通り商店街」と「無印良品 岡山表町商店街（下之町）」に新しく「一坪開業」というスペースを設けています。地元の事業者の方々にヒアリングした際、商店街への出店を決めるにあたり「店舗を持つのは不安」、「賃借できる店舗スペースが大きすぎる」、「初期投資が大きく、出店判断に躊躇する」などの課題があることが分かりました。そこで商店街への出店を検討する生産者や事業者を対象に、テストマーケティングに役立てられるよう、無印良品の店内で短期間での出店にチャレンジできるスペースを貸し出すこととしました。将来的な商店街への出店の一助となり、1次2次産業を主とした地場産業を支える販路が拡大し、次世代のお店を経営する人材が育成されていくことを目指しています。前橋では、えごま等を生産する地元生産者である「こむろ農園」が、岡山では、制服のリユース事業「るーぷ」や岡山県産デニムを使った和風パンツを販売する株式会社VASTが出店第一号でした。（「商店街活性化プロジェクト」を群馬県前橋市と岡山県岡山市で開始！ 商店街に賑わいを。https://www.ryohin-keikaku.jp/topics/035233.html）

商店街に出店するということは、規模の大小はあれどリスクやチャレンジを伴うものである。「本当にこの商品が売れるのか」、「どのくらい売れるのか」といった点を明らかにしていくテストマーケティング、試験販売ができることは出店希望者にとっては開業の後押しになるものと言えよう。テストマーケティングを通じて商店街での開業前から地域での認知度を高めたり、ファン層を増やしたりといったプロモーション効果も考えられる。

さらに言えば、商店街にとっても短期間でさまざまな業種の販売が入れ替わりすることは、ある種のイベント的な集客効果が期待できる。

†行政がお試し出店を支援する「コマワリキッチン」

同様のテストマーケティングを行政が支援した例もある。それが、豊島区が補助金を交付して整備した「コマワリキッチン」である（現在は民間事業者が運営）。

これは商店街の空き店舗を活用した「シェアキッチン」と呼ばれる施設で、中にはプロ仕様のキッチンが二つ、そして販売スペースやイートインスペースが整備されている。コマワリキッチンは飲食店や料理・スイーツの販売店を起業したいと考えている人をターゲットにしており、利用者はコマワリキッチンのプロ仕様のキッチンを使って料理の試作をしたりすることができる。加えて、コマワリキッチンでは飲食店営業や菓子製造業の許可を取得しているため、利用者が食品衛生責任者資格を所持していればコマワリキッチンで飲食物の製造・販売をすることが可能となっている。つまり、飲食店などを出したい人がコマワリキッチンを利用することで、お試し・プレ出店が可能になっているのである。実際にコマワリキッチンでお試し営業をした後、飲食店として独立起業している店舗もあるという。

テストマーケティング的な取組への支援について、大手企業である良品計画と、行政である豊島区の取組を見てきたが、企業や行政だけではなく商店街独自でも同様の取組を行うこともちろん可能である。例えば、高知県香美市の「えびす商店街」にある「ふらっと中町」では、今後独立して新規開業する意欲がある人を対象に、六カ月（最長一年）のあいだお試し営業ができる「チャレンジショップ」という取組を行っている。また、福岡県北九州市の若松商店街連合会と北九州商工会議所では、空き店舗を活用して「期間限定お試し出店」をイベントのような形式で実施している。

また、第2章・第5章で取り上げられている京都府長岡京市のセブン商店会でも「チャレンジを応援するスペース」というテーマのレンタルスペースとして整備しており、近隣住民が製菓等の販売や趣味を活かした習い事など副業的なビジネスを実施している。

商店街に新たな創業・開店を増やしていきたいと考えた場合、ここまで述べてきたようなスモールビジネスやお試し営業への理解や応援、受け入れの準備を商店街が整えることも視点として重要であろう。ビジネスのニーズ把握のための短~中期でお試し営業をできるようにするほか、ひとつのテナントを複数区画で区切ったり曜日替わりで営業する形式にして複数の事業者に貸して、各自の賃料を抑えるといった取組なども考えられる。

6 まとめ

本章では商店街や中心市街地活性化に向けて、さまざまなテーマや切り口を踏まえた取組を見てきた。辰野町で進められているＤＩＹリノベーションによる新規開業や移住定住と地域へのソフトランディング、そしてそこから派生したトビチ商店街という理念。東大阪市で取り組まれているSEKAI HOTEL Fuseを中心とした商店街の宿泊施設化と観光地化に向けた取組。一関市での商店街に立地する産直施設「新鮮館おおまち」が商店街と農業の連携のハブとなっている事例。事業承継をオープンにするポータルサイト「relay」と、relayと行政である高原町が連携することで域内での事業承継を推進しているrelay the local 高原町の動き。そして無印良品や豊島区などが進めている商店街でのお試し出店について。

今回見てきたこれらの事例について最後に三つ補足をしたい。

一つは今後の商店街の〝復権〟を考えていく際には、商店街を単なる「商業」や「消費」だけの場所として考えるのではなく、新たな切り口で捉えなおしたり、違う分野と連携したりしていくことが重要であるという点である。例えば東大阪のSEKAI HOTEL Fuseの事例では、商店街について基本的な商店街の観光ないし宿泊の文脈で捉えており、また、一関市の新鮮館おおまちの事例では商店街の活性化のために農業分野と連携した産直施設の運営をしている。

本章で紹介したもの以外にも商店街と組み合わせることで化学反応を起こすテーマは多くあるだろう。「商店街や地域にある資源や人材、特性を踏まえて考える」、「他所の先進事例を参考にする」、「内部だけではなく外部の人たちの意見を聞く」などして、どのようなテーマが良いか考えていくことが〝復権〟の第一歩になっていくだろう。

次に、商店街は新たなビジネスやチャレンジを受け入れる場になるポテンシャルがあるという点である。上述の通り、地域で新たな事業を商店街で立ち上げることは事業者にとっても商店街にとってもメリットがあるといえる。本章では新たなビジネスやチャレンジに向けた取組として、事業承継やお試し出店、レンタルスペースなどについて紹介したが、それぞれの取組は行政や商店街、大企業などさまざまな主体が実施していることがわかる。地域内外でスモールビジネス立ち上げなどをサポートするようなアライアンスを構築して、多様な主体・レベルでサポートをしていくことが重要となる。

最後に行政にできることについて考えたい。行政にとって商店街という存在は、地域における産業・商業政策という観点で重要な存在であり、すでにさまざまな支援や補助を実施しているところである。本章では自治体の取組として、relay the local 高原町という事業承継のマッチング支援と、コマワリキッチンというお試し出店の場を整備することによる創業支援という二つの取組を見てきた。今後の地方自治体は既存商店街への補助金などの支援だけではなく、事業承継や創業支援などに向けて、資金的な支援だけではなくしくみの構築や伴走型支援なども求められていくだろう。

本章はそれぞれの事例について実際に取組を行っている皆様にインタビューを行い、その結果をもとに執筆したものである。貴重なご意見とご協力をいただいたことに感謝申し上げる次第である。

【本章のポイント】
①本章では商店街の活性化に参考となる事例について、「○○×商店街」という形で五つの事例を挙げている
②商店街を商業、消費の場としてだけではなく多様なテーマと組み合わせて捉えることが重要となる
③行政も事業承継や創業支援など、しくみの構築や伴走型支援などが求められていく

参考文献

一般社団法人アルベルゴ・ディフーゾインターナショナル極東支部ウェブサイト　https://albergodiffuso.jp/
えびす街協同組合ふらっと中町ウェブサイト　https://r.goope.jp/furattonakamachi/
経済産業省（二〇二〇）『商店街の現状等に関する基礎資料』（第二回　地域の持続可能な発展に向けた政策の在り方研究会資料）
中小企業庁（二〇〇六）『がんばる商店街77選――大分県豊後高田市　豊後高田市内8商店街』
豊後高田市（二〇二一）『豊後高田市のすがた　資料集』
特別区長会調査研究機構（二〇二三）『令和四年度調査研究報告書　循環型経済の推進による持続可能な経済発展に向けて、特別区が取り組むべき施策～新しい自治体政策の事例～』
○と編集社（二〇二〇）『トビチ market　アーカイブブック』

矢作弘（一九九七）『都市はよみがえるか　地域商業とまちづくり』岩波書店
株式会社良品計画（二〇二三）『「商店街活性化プロジェクト」を群馬県前橋市と岡山県岡山市で開始！
商店街に賑わいを。』https://www.ryohin-keikaku.jp/topics/035233.html
若松商店街連合会ウェブサイト　https://wakamatsushoutengai.jp/

執筆者紹介

広井良典（ひろい・よしのり）【編者／はじめに・第1章】
カバー略歴参照

遠藤浩規（えんどう・ひろき）【第2章】
一九七六年生まれ。経済産業省近畿経済産業局総務企画部総務課課長補佐。京都工芸繊維大学大学院工芸科学研究科修士課程修了。広域経済圏における経済再生行動計画の策定、市民主導による地域おこし活動の振興、六次産業化の推進、商店街活性化振興、スタートアップ振興に従事。近畿経済産業局としての著書に『関西発！ 経済再生拠点化計画』『関西文化産業戦略』（以上、経済産業調査会）など。

千葉敬介（ちば・けいすけ）【第3章】
一九七二年生まれ。株式会社スピーク（東京R不動産）勤務。大学で建築を学んだ後、設計事務所勤務等を経て、東京R不動産で活動。団地R不動産、「ニューニュータウン」プロジェクトなどにも携わる。東京R不動産としての著書『団地に住もう！ 東京R不動産』（日経BP）、『団地のはなし』（編著、青幻舎）、『団地を楽しむ教科書 暮らしと。』（共著、青幻舎）などを担当。

今井隆太（いまい・りゅうた）【第4章】
一九九三年生まれ。日本商工会議所事務局／東京大学大学院工学系研究科修士課程。千葉大学大学院人文公共学府博士前期課程修了・専門社会調査士。専門は都市社会学、都市政策、商業政策。論文「商店街による利用住民への社会的・心理的効果の実証研究」（日本都市社会学会）、「政策による地域産業振興は可能か」（法政大学地域研究センター）など。

神﨑浩子（かんざき・ひろこ）【第5章】

一九六一年生まれ。プランナー。企画・広報、地域振興のコンサルティング等の職歴をへて、現在は商店街創生センター職員（コーディネータ等）、他。立命館大学大学院政策科学研究科修士課程修了。専門は地域振興、文化を核としたまちづくり。

前田志津江（まえだ・しずえ）【第5章】
京都府商工労働観光部労働政策室企画参事。京都府入庁後、広報課、国民文化祭推進室、公益財団法人京都産業21、京都市役所などにも勤務。二〇二〇年四月から商店街創生センター事務局長、二〇二三年四月より現職。

宇都宮浄人（うつのみや・きよひと）【第6章】
一九六〇年生まれ。関西大学経済学部教授。京都大学経済学部卒業。京都大学博士（経済学）。専門は交通経済学、経済統計。著書『地域公共交通の統合的政策』（東洋経済新報社）、『地域再生の戦略』（ちくま新書）、『鉄道復権』（新潮選書）など。

加藤 猛（かとう・たけし）【第7章】
一九六〇年生まれ。京都大学オープンイノベーション機構日立京大ラボ特定准教授。静岡大学大学院理学研究科物理学専攻修士課程修了後、株式会社日立製作所入社。専門は情報システム、社会システム哲学。著書『BEYOND SMART LIFE 好奇心が駆動する社会』（日立京大ラボ編著、日本経済新聞出版）など。

小池哲司（こいけ・てつし）【第8章】
一九九一年生まれ。株式会社ダイナックス都市環境研究所主任研究員。千葉大学大学院人文社会科学研究科修了。専門は自然エネルギー政策、コミュニティ政策。著書『コミュニティ経済に関する調査研究』（共著、全国勤労者福祉・共済振興協会）など。

柏尾哲哉（かしお・てつや）【コラム】
一九六六年生まれ。十勝シティデザイン㈱創業者・弁護士。専門は企業法務・新規事業創出・観光／関係人口。地元北海道帯広市の中心市街地に「ホテルヌプカ」を二〇一六年に開業、同ホテルを拠点に新規事業を展開しながらエリア全体の再活性化を目指す。

ちくま新書
1775

商店街《しょうてんがい》の復権《ふつけん》
――歩《ある》いて楽《たの》しめるコミュニティ空間《くうかん》

二〇二四年二月一〇日　第一刷発行

編　者　広井良典（ひろい・よしのり）
発行者　喜入冬子
発行所　株式会社 筑摩書房
東京都台東区蔵前二-五-三　郵便番号一一一-八七五五
電話番号〇三-五六八七-二六〇一（代表）
装幀者　間村俊一
印刷・製本　株式会社 精興社

ISBN978-4-480-07608-3 C0236

ちくま新書

914
創造的福祉社会
――「成長」後の社会構想と人間・地域・価値
広井良典
経済成長を追求する時代は終焉を迎えた。「平等と持続可能性と効率性」の関係はどう再定義されるべきか。日本再生の社会像を、理念と政策とを結びつけ構想する。

800
コミュニティを問いなおす
――つながり・都市・日本社会の未来
広井良典
高度成長を支えた古い共同体が崩れ、個人の社会的孤立が深刻化する日本。人々の「つながり」をいかに築き直すかが最大の課題だ。幸福な生の基盤を根っこから問う。

606
持続可能な福祉社会
――「もうひとつの日本」の構想
広井良典
誰もが共通のスタートラインに立つにはどんな制度が必要か。個人の生活保障や分配の公正が実現され環境制約とも両立する、持続可能な福祉社会を具体的に構想する。

317
死生観を問いなおす
広井良典
社会の高齢化にともなって、死がますます身近な問題になってきた。宇宙や生命全体の流れの中で、個々の生や死がどんな位置にあり、どんな意味をもつのか考える。

132
ケアを問いなおす
――〈深層の時間〉と高齢化社会
広井良典
高齢化社会において、老いの時間を積極的に意味づけてゆくケアの視点とは？　医療経済学、医療保険制度、政策論、科学哲学の観点からケアのあり方を問いなおす。

1333-1
持続可能な医療【シリーズ ケアを考える】
――超高齢化時代の科学・公共性・死生観
広井良典
高齢化の進展にともない増加する医療費を、将来世代にこれ以上ツケ回しすべきではない。人口減少日本の最重要課題に挑むため、医療をひろく公共的に問いなおす。

1129
地域再生の戦略
――「交通まちづくり」というアプローチ
宇都宮浄人
地方の衰退に伴い、鉄道やバスも消滅の危機にある。再生するためには「まち」と「公共交通」を一緒に変えるしかない。日本の最新事例をもとにその可能性を探る。

ちくま新書

1100
地方消滅の罠
――「増田レポート」と人口減少社会の正体
山下祐介
「半数の市町村が消滅する」は嘘だ。「選択と集中」などという論理を振りかざし、地方を消滅させようとしているのは誰なのか。いま話題の増田レポートの虚妄を暴く。

941
限界集落の真実
――過疎の村は消えるか？
山下祐介
「限界集落はどこも消滅寸前」は嘘である。危機を煽り立てるだけの報道や、カネによる解決に終始する政府の過疎対策の誤りを正し、真の地域再生とは何かを考える。

1150
地方創生の正体
――なぜ地域政策は失敗するのか
山下祐介
金井利之
「地方創生」で国はいったい何をたくらみ、地方をどう支配しようとしているのか。気鋭の社会学者と行政学者が国策の罠を暴き出し、統治構造の病巣にメスを入れる。

1602
地域学入門
山下祐介
近代化で見えなくなった地域の実像を、生態、社会、文化、歴史の側面からとらえ直す。限界集落や地方消滅問題に挑んできた気鋭の社会学者による地域学のすすめ。

1151
地域再生入門
――寄りあいワークショップの力
山浦晴男
全国どこでも実施できる地域再生の切り札「寄りあいワークショップ」。住民全員が連帯感をもってアイデアを出しあい、地域を動かす方法と成功の秘訣を伝授する。

1238
地方自治講義
今井照
地方自治の原理と歴史から、人口減少やコミュニティ、憲法問題など現在の課題までをわかりやすく解説。市民が自治体を使いこなすための、従来にない地方自治入門。

1367
地方都市の持続可能性
――「東京ひとり勝ち」を超えて
田村秀
煮え切らない国の方針に翻弄されてきた全国の自治体。厳しい状況下で地域を盛り上げ、どうブランド力を高めるか。都市の盛衰や従来の議論を踏まえた生き残り策。

1091
もじれる社会
――戦後日本型循環モデルを超えて
本田由紀
もじれる＝もつれ＋こじれ。行き詰まり、悶々とした状況にある日本社会の見取図を描き直し、教育・仕事・家族の各領域が抱える問題を分析、解決策を考える。

1094
東京都市計画の遺産
――防災・復興・オリンピック
越澤明
幾多の惨禍から何度も再生してきた東京。だが、インフラ未整備の地区は数多い。首都大地震、防災への備え、五輪へ向けた国際都市づくりなど、いま何が必要か？

1108
老人喰い
――高齢者を狙う詐欺の正体
鈴木大介
オレオレ詐欺、騙り調査、やられ名簿……。平均貯蓄額2000万円の高齢者を狙った、「老人喰い＝特殊詐欺犯罪」の知られざる正体に迫る！

1113
日本の大課題 子どもの貧困
――社会的養護の現場から考える
池上彰編
格差が極まるいま、家庭で育つことができない子どもが増えている。児童養護施設の現場から、子どもの貧困についての実態をレポートし、課題と展望を明快にえがく。

1114
これだけは知っておきたい 働き方の教科書
安藤至大
いま働き方の仕組みはどうなっているか？ これからどう変わり、どう備えるべきなのか？ 法律と労働経済学の見地から、働くことにまつわる根本的な疑問を解く。

1124
チームの力
――構造構成主義による〝新〟組織論
西條剛央
一人の力はささやかでも、チームを作れば〝巨人〟にだってなれる。独自のメタ理論を応用し、チームの力を最大限に引き出すための原理と方法を明らかにする。

1148
文化立国論
――日本のソフトパワーの底力
青柳正規
グローバル化の時代、いま日本が復活するカギは「文化」にある！ 外国と日本を比較しつつ、他にはない日本独特の伝統と活力を融合させるための方法を伝授する。

ちくま新書

1235
これが答えだ！　少子化問題
赤川学
長年にわたり巨額の税金を投入しても一向に改善しない少子化問題。一体それはなぜか。少子化対策をめぐるパラドクスを明らかにし、この問題に決着をつける！

1304
ひとり空間の都市論
南後由和
同調圧力が高い日本の、おひとりさま。だが都市生活では、ひとりこそが正常だったはずだ。つながりやコミュニティへ世論が傾く今、ひとり空間の可能性を問い直す。

1338
都心集中の真実
——東京23区町丁別人口から見える問題
三浦展
大久保1丁目では20歳の87％が外国人。東雲1丁目だけで子どもが2400人増加。中央区の女性未婚者増は男性の倍。どこで誰が増えたのか、町丁別に徹底分析！

1373
未来の再建
——暮らし・仕事・社会保障のグランドデザイン
井手英策
今野晴貴
藤田孝典
深まる貧困、苛酷な労働、分断される人々。現代日本の根本問題を抉剔し、誰もが生きる上で必要なベーシック・サービスの充実を提唱。未来を切り拓く渾身の書！

1445
コミュニティと都市の未来
——新しい共生の作法
吉原直樹
多様性を認め、軽やかに移動する人々によるコミュニティはいかにして成立するのか。新しい共生の作法が、既存の都市やコミュニティを変えていく可能性を探る。

1520
水都　東京
——地形と歴史で読みとく下町・山の手・郊外
陣内秀信
隅田川が流れる下町から、凸凹地形が魅力的な山の手、さらに古代の記憶が随所にみられる郊外まで、川、海、濠、湧水などに着目して、水の都市・東京を描き出す。

1540
飯舘村からの挑戦
——自然との共生をめざして
田尾陽一
コロナ禍の今こそ、自然と共生する暮らしが必要だ。福島県飯舘村の農民と協働し、ボランティアと研究者を結集してふくしま再生の活動をしてきた著者の活動記録。

ちくま新書